项目资助

本书由江苏高校哲学社会科学重点研究基地"江苏省特殊教育研究院"[苏教社政函（2020）20号]开放性课题（21tjfyjd20）、江苏省社会科学基金课题"中国百年义务教育教材国家形象建构研究"（21JYC001）资助。

语文教材国家形象表征研究

Research on National Image Representation in Chinese Textbooks

耿希 著

中国社会科学出版社

图书在版编目（CIP）数据

语文教材国家形象表征研究 / 耿希著. —北京：中国社会科学出版社，2023.7
ISBN 978-7-5227-1863-7

Ⅰ.①语… Ⅱ.①耿… Ⅲ.①语文教材—作用—国家—形象—研究—中国 Ⅳ.①H19②D6

中国国家版本馆 CIP 数据核字（2023）第 076367 号

出 版 人	赵剑英
责任编辑	赵　丽
责任校对	赵雪姣
责任印制	王　超

出　　版	中国社会科学出版社
社　　址	北京鼓楼西大街甲 158 号
邮　　编	100720
网　　址	http://www.csspw.cn
发 行 部	010-84083685
门 市 部	010-84029450
经　　销	新华书店及其他书店

印刷装订	三河市华骏印务包装有限公司
版　　次	2023 年 7 月第 1 版
印　　次	2023 年 7 月第 1 次印刷

开　　本	710×1000　1/16
印　　张	16.75
插　　页	2
字　　数	275 千字
定　　价	89.00 元

凡购买中国社会科学出版社图书，如有质量问题请与本社营销中心联系调换
电话：010-84083683
版权所有　侵权必究

序 言 一

基础教育抑或义务教育阶段各学科的教材，不仅能够反映国家形象的"已然"样态，而且可能表征国家的"未来"面貌，是透视"制度化语言形构国家形象"的窗口。本书正是因应新时代国家形象建构的新格局、新任务、新目标和新课题，具体从语文教材建设与国家形象表征的内外相关性着眼、入手、发力，选题十分及时重大，角度新颖独到，具有强化薄弱环节乃至填补空白的研究意义。

作为引进人才的校聘副教授耿希博士，是年青一代的教材研究者、课程研究者，对教材国家形象建设研究有着丰富的经验。她选择语文教材国家形象表征作为研究主题，具有一定的优势。在充分厘清语文教材国家形象的基础性概念、国内外关于教材国家形象建构的研究现状的基础之上，选定最具新时代属性的统编版语文教材为研究对象，系统地考察了语文教材对于中国国家形象的客体性建构与表达，从语文教材国家形象表征的理论层面到实践层面，都进行了系统的讨论与阐释。本书的学术独到之处在于，在对语文教材选文进行以国家形象为主题的分类研究的同时，聚焦语文教材国家形象生成的本质，努力探寻语文教材国家形象表征的内隐性特征。

本书利用德尔菲法建构国家形象表征的客体化框架，从"物质要素""文化要素""政治要素"与"国民要素"四个维度描述语文教材国家形象表征现状。物质要素方面，展现广袤的领土，多样的地理风貌，优美的自然风光，良好的生态环境，先进的科学技术；文化要素方面，展现丰富的文化遗产，和而不同的民族习惯；政治要素方面，描绘具有时代引领意义的政治人物，展现了为维护民族统一、国家独立而实施的政治行为；国民要素方面，描绘积极的助人行为，展现普通民众良好的精神风貌。与此同时，在这些维度方面均不同程度地呈现出学段特征、年级特征。

　　对于具象的国家形象表征，耿希博士有她自己的理解。她认为语文教材国家形象表征主要是借助系统化的符号语言将国家的实体样态，以学生可理解、可接受的方式进行创造性转化，实现语文知识体系与国家形象符号体系的融合。义务教育统编版语文教材国家形象表征是新时代党和国家对自身身份的形塑，将新时代中国在环境治理与科学技术发展、文化遗产与民族风俗保护、革命文化与革命精神传承等方面所做的努力，以具象化符号的方式展现给学生，以期培养学生的国家意识、家国情怀。耿希博士针对语文教材国家形象表征特征的研究结果，提出了一定的建议。她认为，义务教育统编版语文教材在未来修订时应增加国民要素的展现比重，也要增加科学技术主题的内容，以此促进语文教材国家形象的全方位、平衡化的表征。

　　本书摒弃了单纯依据文本材料的向壁虚造和闭门造车，为了进一步阐释语文教材何以如此表征国家形象，对教材编写者、教研员与一线教师进行结构化访谈，探索了影响语文教材国家形象表征的关键因素。基于对访谈研究一手资料以及语文教材国家形象表征状况的理性分析，认为语文教材国家形象的表征可以从国家形象生成的本体、国家形象纳入教材的前提性条件、语文教材国家形象表征的特异性要素以及学生发展的需求与特征四个层面来思考，并依此揭示新时代语文教材国家形象建构的应然样态。

　　阅览全书，我认为有以下三方面值得向研究者及读者推荐。一方面，本书以国家形象为主题切入对传统教材的研究，融合社会学、传播学、教育学、政治学等理论视角，使得本书可为其他学科研究提供新的思路；另一方面，本书对教材本质、语文教材本质、国家形象本质以及教材国家形象建构的理论基础进行详细讨论，在厘清基础性问题后开展深入研究，使得语文教材国家形象表征研究不是凌虚的，而是实在的、有着强烈问题意识的本真研究；再一方面，本书以义务教育统编版语文教材为研究对象而进行国家形象表征研究，契合新时代党和国家对于国家认同教育的战略性诉求，并为新时代国家认同教育提供新的实践思路，回应了时代所关切的重要教育问题。

　　本书作者耿希，现为南京特殊教育师范学院特殊教育研究院科研教学岗教师、江苏高校哲学社会科学重点研究基地"江苏省特殊教育发展研究院"专任科研人员。她一向治学严谨，深耕教材研究，尤其在教材国家形象研究方面有着独到的见解，学术研究方向凝练且聚焦于教材国家形象研究，曾在攻读博士学位期间在教育学权威期刊《教育研究》发表第一署名的教材国家形象研究领域的学术论文、工作以来申报的省部级课题均立足教材国家形象研究。本书正是基于江苏省哲学社会科学基金课题"中国百年义务教育教材国家形象建构研究"（21JYC001）与江苏高校哲学社会科学重点研究基地"江苏省特殊教育发展研究院"[苏教社政函（2020）20号]开放性课题（21tjfyjd20）的研究成果，是耿希近年来的代表性著作，集中体现作者良好的理论素养和实证研究功底，具有很高的学术性、极强的现实性以及较强的可读性。耿希博士借助此书，为中国教材领域研究发展做了一件富于意义的事，也为中国教材的国家形象建设肩负起了一份责任与担当，身为她职业生涯初年所在部门的负责人以及师叔，为她的职业发展、专业成长以及代表性学术成果的出版而高兴，特此作序。

2022年春于南京

序 言 二

《语文教材国家形象表征研究》一书是我的学生耿希博士,在自己的博士论文的基础上精心打造的学术力作,为教材的理论研究与实践奉献了饕餮美飨。

教材体现国家意志,承载着维护国家意识形态安全的重任和使命,在落实党和国家民族事权上具有不可替代的功能。语文教材作为国家统一编撰出版的母语知识、民族文化与时代精神的重要载体,担负着传承民族文化基因、构建民族记忆的重责。2016年,中共中央办公厅、国务院办公厅联合印发了《关于加强和改进新形势下大中小学教材建设的意见》,明确由国家层面统一编写语文、道德与法治、历史三科教材。这确立了统编语文教材在教化育人功能上的制度性地位。语文教材国家形象是客体国家在语文教材中进行的符号性转化,是一国应然样态的写照,反映了一国对自身身份的定位。因此,研究语文教材国家形象,回应了党和国家教材建设的重大之需。国家形象建设研究不仅在国际关系、政治学、传播学等传统领域受到重视,而且扩展到教育领域,甚至延伸至教材领域,这对教材国家形象建设的发展,对新时代国家认同教育的推进具有十分重要的作用。但是,我们必须认识到,就教材国家形象建设领域而言,存在诸多问题,包括:教材国家形象建设的基本概念不清、教材国家形象建设的基础理论薄弱以及教材国家形象建设的研究范式不规范等问题,特别是在教材国家形象客体性表征与主体性建构方面,尚缺少系统化的理论研究与实践探索。现有关于教材国家形象建设方面的研究多停留在基于国家形象主题的内容性研究,对于特定学科属性的国家形象建设问题,也只是在文本层面进行国家形象构成维度的类别化分析,针对语文教材国家形象、道德与法治教材国家形象、历史教材国家形象等具有鲜明意识形态属性的教材国家形象研究，未呈现出学科特异性特征，相反却呈现出较同一化的特点，致使现有教材国家形象建设研究过于聚焦国家形象主题本身，缺少了对教材国家形象形成的决定性要素、前提条件等的考察，使得研究流于表面，未能直击教材国家形象建设的本质。可见，现有研究的局限性已经影响了教材国家形象建设领域研究的深入开展，这与新时代中国国家形象重塑以及国家认同教育推进的诉求形成了极大反差，把握教材国家形象建设的本质，探究教材国家形象建设的学科属性特征，已成为现阶段教材国家形象建设的重要任务。

耿希博士在《语文教材国家形象表征研究》一书中系统梳理了义务教育统编版语文教材国家形象表征的学理脉络并进行了问题探究。一是本书从教材国家形象、语文教材国家形象等基本概念入手，理清了什么是教材国家形象、什么是语文教材国家形象，并将这些概念置于教育教学视阈加以阐释，澄清了以往关于国家形象基本概念的分歧，明确了语文教材国家形象表征研究的逻辑起点；二是本书总结了国内外教材国家形象建构的理论基础，无论是社会学、传播学、教育学等学科的理论思想，还是习近平关于国家形象的阐述，都为语文教材国家形象表征研究提供理论基础，也为其他学科教材国家形象体系建设提供根基；三是本书从客体化的"表征"视角切入语文教材国家形象，将社会性表征理论作为方法论基础，最终回归到语文教材国家形象的主体性建构，呈现了教材国家形象客体性表达到主体性建构的关键环节，丰富了教材国家形象建构的方法论；四是系统探讨了语文教材国家形象的基本表征及关键影响因素，回应了党和国家关于教材国家形象建设领域的时代诉求。概言之，本书作为落实新时代国家认同教育的实践成果，必将为教材落实国家事权研究奠定基础。

总之，耿希作为东北师大教育学部的莘莘学子，不负芳华，不辜负母校的辛勤培养，不仅出色地完成了自己的博士学业，也将自己韶华四年孜孜不倦的努力付出凝聚成厚重的学术专著，为国家教材领域添砖加瓦，贡献出了自己的光和热。最后诚挚祝愿我的学生耿希像鲲鹏一样，扶摇直上九万里，搏击未来的学术长空。殷殷期待，聊表为序。

2022 年 6 月写于东师校园

前　言

　　国家形象作为国家对自身的认知与其他国际行为体对其认知的总和，是国家权力的象征，也是国家综合国力的体现。教材体现国家意志，是落实国家事权的重要载体。"书同文，车同轨"，语文教材在国家建构统一化的语言标准过程中发挥不可替代的作用。语文教材国家形象表征即语文教材呈现的国家象征性符号，是通过制度化语言形构的国家，用以塑造学生对国家正确的认知与认同，是国家权力深入语文教材领域的实践化操作。党的十八大以来，中国国家形象的战略定位经历从大国向强国的历史性转变，这意味着中国人民对于国家的认知面临着重塑。现阶段语文教材国家形象表征样态是否能够反映国家战略性诉求成为当前重要议题。已有教材国家形象研究主要从国家形象建构主体性视角出发，关注国家形象在教材中主体性构建的问题。但事实上，教材国家形象建构还应从客体性视角切入，即国家形象表征，通过国家形象表征分析，反哺于教材国家形象建构，而现有研究对这方面关注较少。

　　本书旨在探究语文教材国家形象表征现状。以义务教育统编版语文教材为研究对象，采用内容分析法，借助建构的分析标准对语文教材进行基于国家形象的内容编码。采用访谈法，了解语文课标组专家、教研员与一线语文教师对于语文教材国家形象表征的影响因素的看法，并辅以理性分析，来探究影响语文教材国家形象表征实然样态的主要因素。基于上述分析，本书获得如下结论。

　　首先，关于语文教材国家形象表征现状及其特征。

　　其一，总体状况及其特征。语文教材国家形象表征上，物质要素占比最大，国民要素占比最小。语文教材国家要素表征中，物质要素最为丰富，国民要素最为贫乏。

其二，具体状况及其特征。物质要素上，地理风貌主题占比最大，科学技术主题占比最小，物质要素展现了最为丰富的国家地理样态，展现了最为贫乏的国家科技样态；文化要素上，文化遗产主题占比较大，民俗习惯主题占比稍小，文化要素展现较为丰富的历史文化遗产样态，以及相对贫乏的民俗习惯样态；政治要素上，政治人物主题占比较大，政治行为主题占比稍小，展现较为丰富的国家治理权力主体基本样态，以及相对贫乏的权力主体所支配的行为样态；国民要素上，精神风貌主题占比较大，典型行为主题占比稍小，展现较为丰富的国民精神风貌样态，以及相对贫乏的国民行为样态。

其次，关于语文教材国家形象表征学段间差异现状及其特征。

其一，学段间差异状况及其特征。各学段物质要素展现最多占比逐渐增大，呈现显著学段差异。各学段语文教材中物质要素的占比，更高的学段显著多于相对低的年级，各学段间差异显著。物质要素随着学段升高，其表征主题逐渐增加，表征内容逐渐丰富，呈现出显著学习进阶样态；文化要素占比较多，在第四学段较为突出，呈现随着学段提升而不断丰富的趋势，但在第二、第三学段间，无论是在文化要素的要点数量上，还是在文化要素的内容深度上，都呈现出较为一致的样态。总体仅呈现出学习进阶的趋势，大体遵循了心理发展规律进行表征；政治要素占比未出现显著学段差异，呈现出随着学段升高，而逐渐增多的趋势，但学段间差异不显著，所有学段的政治要素在表征要点数量上呈现出较为稳定、一致的样态，未遵照心理发展规律进行表征；国民要素占比呈现不完全学段差异，呈现随着学段提升而不断丰富的趋势，但在第二、第三学段间，国民要素的要点数量上呈现出较为稳定、一致的样态。总体上，仅呈现出学习进阶的趋势，大体遵循了心理发展规律进行表征。

其二，学段上差异状况及其特征。第一学段上，物质要素占比最大，国民要素占比最小，物质要素最为丰富，国民要素最为贫乏；第二学段上，物质要素占比最大，文化要素占比最小，物质要素最为丰富，文化要素最为贫乏；第三学段上，文化要素占比最大，国民要素占比最小，文化要素最为丰富，国民要素最为贫乏；第四学段上，物质要素占比最大，政治要素占比最小，物质要素最为丰富，政治要素最为贫乏。

再次，关于语文教材国家形象表征年级间差异现状及其特征。

其一，年级间差异状况及其特征。各年级物质要素展现最多，从低年级到高年级占比逐渐增大，呈现显著年级差异。物质要素随着年级升高而不断丰富，无论是在物质要素表征要点数量上，还是在物质要素的内容深度上，都呈现出显著的年级效应，总体上呈现极为连续的学习进阶样态；高年级文化要素占比较多，5—9年级上呈现显著年级差异。文化要素虽然在7—9年级上呈现随着年级升高而不断丰富的样态，即无论是在文化要素表征要点数量上，还是在文化要素的内容深度上，都呈现出显著的年级效应，但在1—6年级上文化要素的丰富程度较为一致。总体上，文化要素呈现出连续学习进阶的趋势，但具体年级间并未完全遵照心理发展规律进行文化要素表征；政治要素占比未呈现显著年级差异。所有年级间的政治要素在表征要点数量上呈现出较为稳定、一致的样态。这说明政治要素表征虽然遵循心理逻辑，但是并未达到跟随认知发展水平变化而显著变化的标准，也未出现显著学习进阶样态；国民要素占比未呈现显著年级差异。各年级上用以表征国家形象的国民要素在各年级均衡的分布，国民要素并未完全遵循心理发展规律表征，也未呈现纵向学习进阶的样态。

其二，年级上差异状况及其特征。1年级上，物质要素占比最大，国民要素占比最小，物质要素最为丰富，国民要素最为贫乏；2年级上，物质要素占比最大，国民要素占比最小，物质要素最为丰富，国民要素最为贫乏；3年级上，物质要素占比最大，政治要素占比最小，物质要素最为丰富，政治要素最为贫乏；4年级上，物质要素占比最大，文化要素占比最小，物质要素表征最为丰富，文化要素最为贫乏；5年级上，文化要素占比最大，国民要素占比最小，文化要素最为丰富，国民要素最为贫乏；6年级上，文化要素占比最大，国民要素占比最小，文化要素最为丰富，国民要素最为贫乏；7年级上，物质要素占比最大，文化要素占比最小，物质要素最为丰富，文化要素最为贫乏；8年级上，物质要素占比最大，政治要素占比最小，物质要素最为丰富，政治要素最为贫乏；9年级上，政治要素占比最大，文化要素占比最小，政治要素最为丰富，文化要素最为贫乏。

最后，关于语文教材国家形象表征的影响因素。

综合国力的实然样态、语文课程标准中国家形象内容目标的明确化程度、教材国家形象编写制度化水平、语文学科属性以及学生发展特征与需求影响国家形象表征。

在上述研究基础上，本书提出关于语文教材国家形象建构的建议：首先，应明确语文教材国家形象建构的方位性。一是重视国家意志引领教材国家形象建构的关键点；二是重视时代精神贯穿教材国家形象建构的重点；三是重视人的发展导向教材国家形象建构的终点。其次，建立多层面语文教材国家形象表征体系。包括第一表征层面上教育目标中的国家意志；第二表征层面上课程标准中关于国家形象的内容标准；第三表征层面上编写理念中国家形象转化的取向；第四表征层面上国家形象在单元主题中的表征。再次，探索由外而内的语文教材国家形象表征路径。一是从教育目标上把控语文教材国家形象的总体定位；二是依托语文课程标准，深化国家形象表征的学科属性；三是探寻单元主题中凸显新时代国家形象的具体形式。

目　录

第一章　绪论 …………………………………………………（1）
　第一节　问题提出 ………………………………………（1）
　第二节　研究的问题 ……………………………………（12）
　第三节　研究的内容 ……………………………………（13）
　第四节　核心概念界定 …………………………………（14）
　第五节　研究意义 ………………………………………（53）
　第六节　研究的创新之处 ………………………………（54）

第二章　文献综述 ……………………………………………（55）
　第一节　教材国家形象建构的理论研究 ………………（55）
　第二节　教材国家形象建构的实践转化研究 …………（88）
　第三节　教材国家形象建构的主题研究 ………………（97）
　第四节　反思与启示 ……………………………………（100）

第三章　研究设计 ……………………………………………（106）
　第一节　研究思路与分析框架 …………………………（106）
　第二节　研究方法 ………………………………………（117）
　第三节　研究对象的选取 ………………………………（121）
　第四节　研究资料的搜集与整理 ………………………（125）
　第五节　研究的信度 ……………………………………（133）

第四章　语文教材国家形象表征状况分析 …………………（135）

　　第一节　语文教材国家形象表征的总体状况 ………………（135）

　　第二节　语文教材国家形象表征的具体状况 ………………（138）

　　第三节　关于语文教材国家形象表征特征的讨论 …………（140）

第五章　语文教材国家形象表征学段差异分析 ………………（151）

　　第一节　语文教材国家形象表征的学段差异总体状况 ……（151）

　　第二节　语文教材国家形象表征的学段差异具体状况 ……（152）

　　第三节　关于语文教材国家形象表征学段差异特征的

　　　　　　讨论 ……………………………………………………（158）

第六章　语文教材国家形象表征年级差异分析 ………………（163）

　　第一节　语文教材国家形象表征的年级差异总体状况 ……（163）

　　第二节　语文教材国家形象表征的年级差异具体状况 ……（164）

　　第三节　关于语文教材国家形象表征的年级差异特征

　　　　　　讨论 ……………………………………………………（174）

第七章　语文教材国家形象表征的影响因素 …………………（178）

　　第一节　综合国力是决定国家形象得以表征的前提性

　　　　　　因素 ……………………………………………………（179）

　　第二节　语文课程标准决定语文教材国家形象表征的

　　　　　　目标指向 ………………………………………………（188）

　　第三节　语文教材国家形象编写制度化是国家形象表征的

　　　　　　决定因素 ………………………………………………（191）

　　第四节　语文学科属性是决定语文教材国家形象表征的

　　　　　　直接因素 ………………………………………………（195）

　　第五节　学生发展特征与需求是影响国家形象差异化表征的

　　　　　　主要因素 ………………………………………………（197）

第八章　研究结论与建议 …………………………………（200）
第一节　研究结论 ……………………………………（200）
第二节　研究建议 ……………………………………（207）

附　录 ……………………………………………………（230）

参考文献 …………………………………………………（233）

后　记 ……………………………………………………（253）

第一章
绪　论

中华人民共和国成立70余年来，伴随中国从站起来、富起来向强起来的迈进，以提高国家感召力与凝聚力为目的，以塑造国家认同为核心的国家形象建设迅速蔓延至教材领域。由此重视提升国家形象建设，重视教材国家形象的合理化建构，成为教材建设的重要问题。

本章详细介绍了语文教材国家形象表征研究的现实背景、具体问题以及核心概念等，是本书的逻辑起点。本章详细阐释了教材、语文教材、国家形象的本质，为厘清语文教材国家形象表征的本质奠定基础。

第一节　问题提出

随着中国国家实力的不断提升，国家形象建设不断深入教材领域，由此掀起了教材国家形象建构的浪潮。作为意识形态属性较强的学科教材之一，语文教材在建构国家形象方面起到不可替代的作用。当前，语文教材国家形象表征研究源于党和国家重塑国家形象的重大需要，强化教材彰显国家意志功能的需要、教材落实国家认同素养的需要以及语文教材中强国形象建构的诉求。

一　党和国家重塑国家形象的重大需要
（一）国家形象建构是党和国家拓展社会主义现代化路径的应然选择

中华人民共和国成立70余年的发展过程，经历了从站起来、富起来向强起来的历史转变。在此过程中，中国国家形象建构历程反映了不同时期党和国家对于国家建设的应然期待。中华人民共和国的成立，结束了外敌入侵、军阀割据的局面，中国社会在制度与文化层面发生巨大变革，国家形象由外源、被动生成走向内源、主动建构，呈现独立、民主、和平、统一的崭新形象。改革开放以来，经济领域的变革带动了中国社会全面转型，从单一公有制转向以公有制为主体的多种所有制并存，从封闭转向开放，阔步走向全面小康，展现了富强、民主、文明、和谐的社会主义现代化的国家形象。新时代以来，中国开启全面深化转型阶段。党的十九大报告指出"中国特色社会主义新时代是决胜全面建成小康社会、进而全面建设社会主义现代化强国的时代"。这里将国家形象建构定位为强国形象。所谓强国形象即是展现从经济发展的"一枝独秀"到各领域"全面开花"，从硬实力到软实力，从器物现代化到制度现代化，富强民主文明和谐美丽缺一不可、全面发展的现代化国家样态。国家形象建构定位，从凸显站起来（即确立社会主义制度，成为独立主权国家），到凸显富起来（即确立中国特色社会主义制度，大力解放生产力），到凸显强起来（即实现中华民族伟大复兴中国梦奋斗目标），反映了党和国家对于立国、富国与强国的基本诉求。

（二）国家形象建构是党和国家彰显软实力的直接手段

国家形象作为国家软实力的主要形式，是展现国家感召力的基本凭借。软实力的概念，最早由哈佛大学教授约瑟夫·奈在《美国注定领导世界？》一书中提出，他认为软实力"是一种依靠吸引力而非通过威逼或利诱的手段来达到目标的能力"[1]，通常体现为"一个国家或组织的文化中所体现出来的价值观、国内管理和政策所提供的范例，以及其处理外部关系的方式"[2]。通俗来说，即指与国家资源、军事、科技等具有客观、硬性指标相对应的主观的、柔性的能力，对外表现为感召力，对内表现为凝聚力。党和国家一直关注软实力建设。从毛泽东同志提出将中国"建设成为

---

[1] [美]约瑟夫·奈：《软实力：权力，从硬实力到软实力》，马娟娟译，中信出版社2013年版，第12页。

[2] [美]约瑟夫·奈：《软实力：权力，从硬实力到软实力》，马娟娟译，中信出版社2013年版，第12页。

一个工业化的具有高度现代文化程度的伟大的国家"[①]；到邓小平同志强调"我们要在建设高度物质文明的同时，提高全民族的科学文化水平，发展高尚的丰富多彩的文化生活，建设高度的社会主义精神文明"[②]；到江泽民同志强调"当今世界，文化与经济和政治相互交融，在综合国力竞争中的地位和作用越来越突出"[③]；到胡锦涛同志强调"要坚持社会主义先进文化前进方向，兴起社会主义文化建设新高潮，激发全民族文化创造活力，提高国家文化软实力，使人民基本文化权益得到更好保障"[④]；再到习近平同志提出"提高国家文化软实力，关系'两个一百年'奋斗目标和中华民族伟大复兴中国梦的实现"[⑤]。随着社会主义现代化进程的推进，党和国家越加重视文化软实力的提升，国家形象的自我化建构开始成为展现国家软实力的重要手段。一项由中国外文局对外传播研究中心与凯度华通明略（Kantar Millward Brown）等组织合作展开的，基于全球六大洲（亚洲、欧洲、北美洲、南美洲、非洲及大洋洲）22个国家1100个样本的《中国国家形象全球调查报告2016—2017》显示，中国国家形象整体稳中有升，超越多数发达国家，跃居世界第二位。[⑥] 中国国家形象的合理化建构，在一定程度上，提升了国家感召力。

（三）国家形象建构是党和国家铸牢中华民族共同体意识的重要依托

中华民族共同体意识即各族人民对于中华民族综合体的普遍认同与归属，是中华民族生生不息的动力之源，也是国家统一的基石。铸牢中华民族共同体意识是新时代国家安全建设的重中之重。2014年，在中央民族工

[①] 中共中央文献研究室：《建国以来重要文献选编（第5册）》，中央文献出版社2011年版，第399页。

[②] 中共中央文献研究室：《三中全会以来重要文献选编（上）》，人民出版社1982年版，第264页。

[③] 江泽民：《全面建设小康社会，开创中国特色社会主义事业新局面》，《江泽民文选》第3卷，人民出版社2006年版，第558页。

[④] 胡锦涛：《高举中国特色社会主义伟大旗帜　为夺取全面建设小康社会新胜利而奋斗——在中国共产党第十七次全国代表大会上的报告》，人民出版社2007年版，第33页。

[⑤] 习近平：《建设社会主义文化强国　着力提高文化软实力》，2014年4月，中国理论网（https://www.ccpph.com.cn/jbllhzdxswt_10174/ldjhhzywj/201404/t20140402_172663.htm）。

[⑥] 中国外文局、凯度华通明略、Lightspeed：《中国国家形象全球调查报告2016—2017》，2018年1月，中国政府网（http://www.gov.cn/xinwen/2018-01/06/content_5253734.htm）。

作会议暨国务院第六次全国民族团结进步表彰大会上，习近平同志提出"加强中华民族大团结，长远和根本是增强文化认同，建设各民族共有精神家园，积极培养中华民族共同体意识"①。2022年，在党的二十大报告中，习近平同志强调"以铸牢中华民族共同体意识为主线，坚定不移走中国特色解决民族问题的正确道路"②。从根本上说，铸牢中华民族共同体意识即是以中华民族共同体意识为联结各民族的纽带，通过建构各民族共同体意识，使各民族获得国家认同。然中华民族共同体意识不是想当然式存在的，而是通过特定国家形象建构方式来促进共同体内部成员对彼此以及对所属集体的确认与认同。无论是近代以前，以"天下观"塑造的大一统形象，还是近代以后，以"民族国家观"塑造的民族国家形象，都通过构建多民族统一的国家样态来渗透民族共同体意识，促进民族、国家的集体认同。如此说来，党和国家仍旧面临少数民族地区经济发展落后、西方意识形态大范围渗入等问题，亟待通过进行多元一体格局的国家形象建构，提高各民族之间向心力，来达到铸牢中华民族共同体意识的目的。

二　强化教材彰显国家意志功能的需要

"凡形之外者皆为象"，教材作为依据国家课程标准编写的教学材料，反映了特定时代下国家对"自我"的多方面认知。教材内容是特定意识形态表象化的结果，将"魂"化为"形"，勾勒出特定的人物、民族、文化、发展等方面的形象，这些要素构成了教材国家形象。

（一）国家形象纳入教材是教材的意识形态再生产之基本表征

19世纪初，"意识形态"最早来源于法国哲学家德斯杜特·德·特拉西《意识形态原理》一书，指"一种学习思想，表示在内心同感觉经验无关的抽象观念的形成"。20世纪初，马克思主义思潮的兴起，在"经济基础和上层建筑"的社会阐释范式中，"意识形态"成为"上层建筑"的重要组成部分，不仅成为解释世界的方式，也成为改造世界的路径，兼具价

---

① 《中央民族工作会议暨国务院第六次全国民族团结进步表彰大会举行》，2014年9月，中国政府网（http：//www.gov.cn/xinwen/2014-09/29/content_2758816.htm）。

② 习近平：《高举中国特色社会主义伟大旗帜　为全面建设社会主义现代化国家而团结奋斗——在中国共产党第二十次全国代表大会上的报告》，2022年10月，中国政府网（https：//www.gov.cn/xinwen/2022-10/25/content_5721685.htm）。

值与工具双重特征,广泛存在于政治、经济、文化等领域中。教材的意识形态再生产即社会权力结构通过教材这一制度化媒介进行的意义生产,它是将事实权力合理化、正当化的积极实践。教材中意识形态再生产表现为多种样态。在表现类别上,从教材中知识选择的偏向性,到教材中情感表达的主观性,再到教材中价值观念传递的制度性,都是意识形态内容再生产的表征;在表现形式上,从教材中主导话语体系的生成,到教材中多元话语体系的产生,都是意识形态话语逻辑再生产的表征;在表现媒介上,从教材中语言符号的选用,到教材中多模态符号的综合运用,都是意识形态形式再生产的表征。教材中意识形态再生产类别、形式以及媒介间的交互作用,促进了教材中微观社会结构的生成,形成带有价值负载的内容体系。多重表征本质上源于国家行为体对本国政治、经济、文化等领域的综合认知与判断,换句话说,正是基于国家顶层设计对本国发展现状的评估而选择了"有价值"的知识,并且这些知识已被打上"国家"的印记。在众多表征中,教材国家形象成为最主要的形式。有学者直言道"教材国家形象建构实质是'谁的知识最有价值'问题的延伸,它涉及知识存在与其背后意识形态间的勾连,表现为国家形象视角的教材知识体系重组"[①]。据此,教材国家形象将教材的意识形态再生产形化,进而实现"国家形象"的代际传递。

(二)国家形象纳入教材是"教材建设作为国家事权"的应有之义

国家事权是指法律赋予的、国家在社会公共事务中所拥有的权力,它是政治行为体职能具体化的表现。教材作为国家事权的载体,是国家在教材建设中权责具体化的基本依托,是国家主流意识形态走向的试金石。2016年,中办、国办印发的《关于加强和改进新形势下大中小学教材建设的意见》中指出"教材体现国家意志",同年,习近平同志在全国高校思想政治工作会议上指出"教材建设是育人育才的重要依托。建设什么样的教材体系,核心教材传授什么内容、倡导什么价值,体现国家意志,是国

---

① Nasser Riad, "Exclusion and the Making of Jordanian National Identity: An Analysis of School Textbooks", *Nationalism & Ethnic Politics*, Vol. 10, No. 2, October 2007.

家事权"①。国家意志引领教材体系的重建势在必行。教材国家形象建构的出发点是以塑造学生国家观、培养国家意识、获得国家认同为根本目标，在某种程度上，这与"教材建设作为国家事权"的本质相统一。一方面，教材国家形象是在"为谁育人"、"育人之人"和"如何育人"的语境下对国家教材治理目标的积极回应，是为加强党和国家对教材建设方向的把控。另一方面，教材国家形象也是落实国家主流意识形态的具体实践。教材国家形象作为国家教育意志导向下的基础性实践，必将担负落实核心价值观、塑造学生正确的国家观、坚定文化自信等教化育人的重责。因此，教材国家形象要以促进人的国家认同感获得为目标，以强化教材的物质要素、文化要素、制度要素与行为要素为内容，以形成具有中国特色社会主义的教材国家形象体系为重点，推进"教材建设作为国家事权"实践层面的深入发展。

（三）国家形象纳入教材是新时代教材建设的要旨

中华人民共和国成立70多年来，党中央以培养社会主义事业建设者和接班人为基点，高度肯定教材在塑造民族共同体意识、建构国家身份过程中所处的战略地位，并在各时期教材建设中凸显国家形象的建构。从中华人民共和国成立到改革开放以前，中国一方面经历与美国等西方国家关系从对立到缓和，一方面面对经济、政治、文化等领域发展从无序到走上正轨，教材建设中关于"国家"的主题经历由"模仿"到"自主建构"的转变。从改革开放初期到20世纪80年代末，中国对外逐步扩大开放，对内逐步扩大生产，教材建设中"国家"主题，从凸显民族意识到加强国际意识。从20世纪90年代初到21世纪初，中国迅速卷入全球化浪潮中，教材建设中"国家"议题，继续强化民族的凝聚与认同。然而进入新时代，中国处于从大国向强国迈进的历史方位中，教材改革进入攻坚期，一系列深层问题逐渐凸显。就现实而言，各级各类教材国家形象建设面临国家身份意识消解、国家话语力量式微、国家自我形象被弱化等问题，从指导思想到目标，从内容要素到存在类型，从生成结构到建构标准，普遍存在碎

---

① 《擦亮"中国底色"的统编三科教材》，2018年1月，中华人民共和国教育部网站（http://www.moe.gov.cn/jyb_ xwfb/moe_ 2082/zl_ 2018n/2018_ 03/201801/t20180115_ 324617.html）。

片化、间断化、分歧化、他者化，教材国家形象建构的形成机制、传递机制以及作用机制也尚未明晰。因此，中国教材国家形象建构要遵循教材建设过程中的规律，直面当前教材国家形象建设中的不足，至此，新时代教材改革过程中国家形象建构成为重要议题。

三 教材落实国家认同素养的需要

2012 年，党的十八大首次提出"把立德树人作为教育的根本任务"，2014 年，教育部为落实"立德树人"发布《关于全面深化课程改革 落实立德树人根本任务的意见》明确指出"研制各学段学生发展核心素养体系，明确学生应具备的适应终身发展和社会发展需要的必备品格和关键能力"，其中，突出强调对学生"家国情怀"的培养。基于核心素养的课程改革中"家国情怀"的落实，主要指向国家认同素养的落实。

（一）落实国家认同素养是基于国家发展的现实考量

课程改革深化中国家认同的落实，需将国家认同放在中国社会变迁与社会转型的背景下来思考。"国家认同是以自我为核心的社会连续体，将自我置于国家、世界的关系之中，从自我出发，在自我、国家与世界连续体中获得统一性"[①]。它是以自我为核心的个体在自身、国家与世界发展中获得平衡的重要支点。从社会变革中看国家认同，可以明晰课程改革深化的基本方向。

伴随中国加入全球化进程，中国社会经历着市场化、信息化、现代化的巨变，处于由计划经济向市场经济、由同质单一社会向异质多样性社会、由封闭性社会向开放性社会的社会转型发展的时期。这一时期，中国社会发展物质层面取得重要成果，精神层面也经历着重大变革，这双重变化投射到人民日常生活中出现了自我认知的错位，引发国家认同危机。有学者认为"现今处于从传统向现代价值观转型时期，面临着价值观现代化的挑战，人们在这一时期容易出现自我认同焦虑与价值观混乱"[②]，也有学者认为"市场经济、现代化带给人们诸多物质满足的同时，也带来某些心

---

① 高峰、艾辰：《国家意识形态安全论析》，《当代世界与社会主义》2013 年第 5 期。
② 刘茂军、孟凡杰：《课程改革的意识形态话语分析》，《国家教育行政学院学报》2015 年第 2 期。

灵秩序的'碎片化'和'无意义感',个人的无意义感、无归属感、孤独感,是许多现代人的精神心理状态"①。宏观层面上,人民自我认知错位、国家认同危机将对国家安全造成威胁②;微观层面上,个体自我认知错位、国家认同危机将阻碍自身成长与发展。③ 由于自我认知及国家认同的获得受学校、家庭、同伴、传媒等影响,因此,从教育领域入手,深化课程改革是解决中国社会变革中自我认知、国家认同危机是可行之路。

(二)落实国家认同素养是强化传统文化教育的应然要求

文化作为民族国家立足之本,是凝聚文化共同体成员的精神纽带。"在中国历史发展中,各民族人民相互交往、互融共存,形成了一脉相连、多元统一的文化格局,这一格局带来了中华民族文化的繁盛,奠定了中华民族伟大复兴中集体认同的基石。"④落实国家认同素养是传统文化教育的重中之重。如,1993年,中共中央、国务院印发的《中国教育改革和发展纲要》中指出加强"爱国主义、集体主义、社会主义思想教育","重视对学生进行中国优秀文化传统教育";2001年,教育部印发的《基础教育课程改革纲要》中指出新课程培养的目标之一即"是学生具有爱国主义、集体主义精神,热爱社会主义,继承和发扬中华民族的优秀传统和革命传统";2010年,《国家中长期教育改革和发展规划纲要》中指出"增强学生爱国情感","弘扬优秀传统文化"。在国家层面上,国家课程中加强中华民族传统文化建设来落实国家认同是从系统化、专业化的角度确保国家认同实施的科学性与有效性;在个人层面上,学生通过学习中华民族优秀传统文化,树立文化自信,获得文化自觉。有学者认为"文化是一种符号,这些符号体系的记忆与认可,从文化象征意义上将国家发展历史过程中的符号在情感上进行记忆,无疑给心理找到了归属,从而形成了对自己国家的认同"⑤。鉴于传统文化教育与国家认同素养形成间密不可分的关系,强化传统文化教育,在一定程度上,反映了落实国家认同素养的基本要求。

---

① 贺绍栋:《教科书"空无课程"现象的社会学分析》,《教育学术月刊》2012年第2期。
② 石鸥、赵长林:《科学教科书的意识形态》,《教育研究》2004年第6期。
③ 虞伟庚:《教科书与社会控制》,《社会科学战线》2013年第2期。
④ 费孝通:《中华民族多元一体格局》,中央民族大学出版社1999年版,第13页。
⑤ 达尼埃尔-亨利·巴柔、孟华:《比较文学意义上的形象学》,《中国比较文学》1998年第4期。

（三）落实国家认同素养是传递国家主流意识形态的主要手段

"国家主流意识形态是指特定民族国家范围内通过各种意识形态要素交互作用而生成的反映本民族国家根本利益的意识形态系统，其性质主要由在这一系统整体中处于主导地位的主流意识形态的性质来决定。"[①] 国家主流意识形态决定了个体政治层面身份的归属，将政治意识、大局意识、核心意识纳入国家认同之中，是现代民族国家构建政治共同体的基础。[②] 自中华人民共和国成立以来，中国课程改革的官方文件中将主流意识形态列为指导思想，各时期国家课程将国家意识、政权意识等成为隐性课程目标。如，1978 年，《颁发〈全日制十年制中小学教学计划试行草案〉的通知》中"毛主席的教育路线"；1992 年，《九年制义务教育全日制小学、初级中学的课程计划（试行）》中强调"坚定正确的政治方向放在第一位"；2001 年，《基础教育课程改革纲要（试行）》中指出"以邓小平同志关于'教育要面向现代化，面向世界，面向未来'和江泽民同志'三个代表'重要思想为指导"。2014 年，教育部颁布《关于全面深化课程改革 落实立德树人根本任务的意见》中指出"将立德树人落到实处""课程集中体现国家意志与社会主义核心价值观"。本质上，课程改革是一个制度性问题，集中体现了本国社会经济、政治和文化环境的特殊性。课程改革中意识形态话语是国家、政治、权力深度介入教育的结果，承载了特定的世界观和价值观。[③] 在此层面上，课程改革深化中国家认同的落实是主流意识形态借由课程深化国家意识、政权意识，使学生深入理解国家观的过程。

四 语文教材中强国形象建构的诉求

（一）语文教材国家形象建构源自语文学科意识形态变迁的内源性诉求

语文学科是随一国文化、意识形态以及政策导向等转变而变化的最敏

---

① 高峰、艾辰：《国家意识形态安全论析》，《当代世界与社会主义》2013 年第 5 期。
② 曾楠：《试论政治仪式强化国家认同的逻辑演进》，《高校马克思主义理论研究》2018 年第 1 期。
③ 陆韵：《人教版小学语文教科书儿童形象的课程社会学分析》，《现代中小学教育》2015 年第 5 期。

感的学科。"世界上没有哪个国家不是希望通过教育使其国民优秀、国家昌盛的。使国民善良、国家永久繁荣,其路径固然多种多样,但处于核心位置的、最有力的、效果最显著的莫过于语文教育……"[①] 语文学科意识形态是指语文学科所浸润的"整体性思维结构"即体系化的价值观念,是经过理论思维加工后的整体性世界观,它是一国文化、主流意识形态、特定阶段国家战略以及学科自身发展的系统性反应。语文学科意识形态变迁催生了语文教材国家形象内源性建构。自 1904 年《奏定学堂章程》颁布设置语文学科,到中华人民共和国成立之间,传统语文教育逐步解体,现代语文教育逐步建立。伴随语文教材现代化进程的不断推进,语文教材国家形象从凸显儒家伦理标准,到西学东渐过程中纳入科学性要素,到融入多方革命力量话语,再到确立国家权力之根本。在打破封闭话语体系建构的儒家义理标准到建立人民民主话语体系标准过程中,语文学科意识形态发生的系统性变迁导致语文教材国家形象建构的整体性变化。在建构主体上,经历从庙堂转向民间,从开明的知识分子转向多方革命群体,从革命主体转向中华人民共和国政府;在建构要点上,从封建价值体系,到民权体系框架,再到家国同构话语;在建构形式上,从文言文到白话文,从单一的文字语言到文字语言、图片语言相结合。语文教材作为学科内容的载体,集中反映了本民族文化精髓与现代风貌,是通过有计划、有目的的选择与呈现知识,将语文教育根本目标落实的直接要素。[②] 语文教材国家形象建构在语文学科内源性变革过程中,不断发展,不断完善。

(二)语文教材国家形象建构是语文教材构建国家身份的自觉要求

语文教材既是塑造国家形象的工具,也是认识自我身份的手段。有学者指出"人们对语文教材的重视远远超过语言及文字本身,她已成为时代变迁迅速反应的最重要载体之一"[③]。语文教材以语言文字为介,集中传递各时代主流意识形态,呈现国家时代形象。如,晚清时期(1906 年),刘师培编著的《中国文学教科书》,以分析字类、讨论句法、章法、篇法,

---

[①] 李广:《中日小学语文课程价值取向跨文化研究》,博士学位论文,东北师范大学,2008 年,第 21 页。

[②] 马云鹏:《课程与教学论》,中央广播电视大学出版社 2002 年版,第 214 页。

[③] 吴小鸥、雷熙:《新中国语文教科书 60 年之演进》,《湖南师范大学教育科学学报》2015 年第 10 期。

直至总论古体为主,将"尊经""存古"奉为宗旨,呈现出清王朝顽固、守旧的形象;北洋政府时期(1925年),穆济波编撰的《新中学教科书高级国语读本》中,除文言文内容,引入当时国民文学内容,彰显了新旧时代转变的典型形象;中华人民共和国成立后,教育部组织编写的语文教材开始构建了人民民主专政的国家意识形态,选取的内容中工人、农民、领袖、苏维埃政权等均是重要元素,呈现了典型的社会主义国家形象。语文教材以文载道,将语言文字中载以民族、文化、国家的时代元素,以一种隐性的方式向学习者传递时代的价值观,同时勾勒出所处时代的典型特征。而大量研究也表明语言文字及其负载的文化、价值观念,是个体自我身份建构的基础。研究者西奥德罗斯·基洛斯认为完整的自我不仅是能够有意识地操纵语言、寻求真理、贡献他人,而且能够借助这些构建自我价值观、获得自我规范。[①] 研究者基拉·霍尔与玛丽布·霍尔茨认为语言负载着文化,个体词语的选择、言语的表达以及言语思维的形成都具有鲜明的个体特征,这些特征是自我意识的展现。[②] 研究者玛利亚-何塞·里兹认为语言中蕴含着多种符号模式,每种符号模式是知识、价值观念的复合体,多种符号模式从不同角度促进了个体自我身份的建构。[③] 依照社会建构理论,语言文字是人们认识世界的工具,也是社会现实的组成部分。语文教材本质上是以语言文字为媒介次生的社会实践产物,它建构了学习者多种身份,包括文化身份、国家身份、民族身份等。通过语文教材中呈现的各时代形象,学习者进行了自我身份构建,同时达到教书育人的目的。

(三)新时代从大国向强国转变的历史方位对语文教材国家形象建构提出新要求

教材代表国家意志,是进行国家形象建构的制度化媒介。语文教材国家形象建构旨在通过制度性语言文化体系将国家形构于教材之中,以达到

[①] Kiros Teodros, *Self-Construction And The Formation of Human Values*: *Truth*, *Language*, *And Desire*, Santa Barbara: Greenwood Press, 1998, pp. 645-652.

[②] Hall Kira and Mary Bucholtz eds., *Gender Articulated*: *Language And The Socially Constructed Self*, London & New York: Routledge, 1995, p. 512.

[③] Luzón María-José, "Constructing Academic Identities Online: Identity Performance in Research Group Blogs Written by Multilingual Scholars", *Journal of English for Academic Purposes*, Vol. 33, No. 3, May 2018.

塑造学生认知之中"想象的共同体"的目的。党的十八大以来，中国国家形象的战略定位经历了历史性的转变。2013年，习近平同志在中共中央政治局第十二次集体学习时首次从战略高度提出"注重塑造我国的国家形象"①，并将展示"大国形象"作为时代主题。2022年，在党的二十大报告中，习近平同志指出新时代新征程中国共产党的使命任务，即"从现在起，中国共产党的中心任务就是团结带领全国各族人民全面建成社会主义现代化强国、实现第二个百年奋斗目标，以中国式现代化全面推进中华民族伟大复兴。"② 新时代的到来，将中国国家形象定位为"强国形象"。从大国形象到强国形象的战略定位转变，意味着中国人民对国家的认知也应经历重塑。在中国特色社会主义走进新时代、全面建设社会主义现代化强国的征程中，语文教材如何建构国家形象以强化学生新时代的国家意识是教材建设应解决的基本问题。而现有语文教材国家形象建构存在建构要素碎片化、建构逻辑无序化、建构形式单一化以及建构主题缺乏时代性等问题，这导致了语文教材国家形象表征不能切实体现"强国形象"，从而不能有效引领学生形成对国家的新认知以及塑造新时代国家观。鉴于现阶段语文教材国家形象建构与新时代历史方位下从大国到强国转变的要求存在现实差距，语文教材国家形象亟须重构。

第二节　研究的问题

基于上述研究背景以及先前关于教材国家形象研究显示，现有教材国家形象研究大体上涉及教材国家形象建构理论基础、教材国家形象建构的实践转化以及教材国家形象建构的具体主题等方面，这些研究从国家形象建构主体性视角出发，关注国家形象通过主体性建构在教材中转化的问题。但事实上，教材国家形象建构还应从客体性视角切入，即国家形象表征，通过国家形象表征分析，反哺于教材国家形象建构，而现有研究对这

---

① 《习近平谈治国理政》，外文出版社2014年版，第162页。
② 习近平：《高举中国特色社会主义伟大旗帜　为全面建设社会主义现代化国家而团结奋斗——在中国共产党第二十次全国代表大会上的报告》，2022年10月，中国政府网（https://www.gov.cn/xinwen/2022–10/25/content_5721685.htm）。

方面关注较少。因此，本书确定的研究问题是：语文教材国家形象表征状况及其影响因素。具体问题如下。

一　具体问题一

语文教材国家形象表征是什么样子的？
（1）语文教材国家形象表征的总体状况与具体状况。
（2）语文教材国家形象表征的学段差异状况。
（3）语文教材国家形象表征的年级差异状况。

二　具体问题二

语文教材国家形象表征的主要影响因素有哪些？
（1）语文教材国家形象表征总体状况与具体状况的影响因素。
（2）语文教材国家形象表征学段差异状况与年级差异状况的影响因素。

第三节　研究的内容

从研究问题出发，本书确定的研究内容包括以下四方面。

一　语文教材国家形象表征的总体样态及其特征

具体包括两方面：一是探究语文教材国家形象表征的总体分布情况，包括物质要素、文化要素、政治要素与国民要素的分布样态；二是探究语文教材国家形象各表征要素，包括物质要素、文化要素、政治要素与国民要素表征分别呈现出的特征。

二　语文教材国家形象表征的具体样态及其特征

具体包括四方面：一是探究语文教材中物质要素呈现的具体样态及其特征；二是探究语文教材中文化要素呈现的具体样态及其特征；三是探究语文教材中政治要素呈现的具体样态及其特征；四是探究语文教材中国民要素呈现的具体样态及其特征。

三 语文教材国家形象表征的差异样态及其特征

具体包括两方面：一是探究语文教材国家形象表征学段差异状况及其特征；二是探究语文教材国家形象表征年级差异状况及其特征。

四 语文教材国家形象表征的主要影响因素分析

具体包括两方面：一是在分析语文教材国家形象表征总体状况、具体状况与差异状况后，从理论层面初步厘清主要影响因素；二是对从事语文教材理论研究的专家进行半结构化访谈，对语文教材国家形象表征的主要影响因素进行分析。

第四节 核心概念界定

一 教材、语文教材

（一）教材

1. 教材本质的争论

教材本质即是对"教材是什么"的追问，它既包括对教材知识选择、呈现与表达及其组织结构的探究，也包括对教材存在所衍生的使用、审定等环节的思考。关于教材本质的讨论存在诸多争议，主要包括以下方面。

其一，教学材料与学习材料之争。"教学材料"之说是将教材视为权威的教育教学蓝本。在此视野下，"学科结构"教材、"圣经式"教材、"基于知识观"的教材等论述层出不穷，但其内涵较为一致，教材被看作一种存在的现实形态，既是系统知识体系的载体，又是教师教育教学的依托。"学习材料"之说是将教材视为教育教学的参考素材。此观点以教材"智慧观"为核心，认为教材并不是教师教学的唯一参照，而是发展学生能力的抓手。"教学材料"与"学习材料"之争的焦点包括两方面：一是教材之于课程的定位，即前者将教材视为课程的中心，而后者弱化了教材在课程实施中的中心地位；二是教材之于其使用者的定位，即前者强调教师对于教材的忠诚取向,后者偏重教师对教材的创生取向。

其二,社会经验与活动文本之争。"社会经验"之说是将教材看作囊括社会生活经历、体验与感悟的经验集合。在这一视野下,教材内容选择与组织不再局限于系统的知识观,而指向开放的经验观。无论是杜威的"教育即生活""学校即社会""做中学",还是陶行知的"生活即教育""社会即学校""教学做合一",抑或是怀海特的"教育只有一种教材,那就是生活的一切方面",或将身体层面经验纳入教材,或将心理层面经验纳入教材,或将身心以外的经验纳入教材,都以泛化的生态观看待教材,将教材视为社会经验的部分浓缩。"活动文本"之说是将教材本质归结为其教学性,把教材看作教学活动文本。在此视野下,教材是促进学生主动地、自主地、创造性地学习而形成的教学活动文本,其存在的根源即是促进学生主体性发展,它是"以人的依赖"为基础的。"社会经验"与"活动文本"之争的焦点包括以下方面:一是教材内容选择范畴。前者将泛化的经验视作教材内容的主要来源,而后者将具有促学助教属性的知识视为教材内容的来源;二是教材内容设计。前者忽视教材内容组织的系统性,后者注重教材内容组织的知识逻辑与心理逻辑。

其三,社会控制中介与文化启蒙之争。"社会控制中介"之说源于知识社会学对于"知识—权力—控制"关系的阐释,将教材看作法定知识的文本、阶级斗争的场所,是统治阶级意志的体现。[1] 从19世纪中后期,斯宾塞提出"什么知识最有价值",到20世纪后期,阿普尔提出"谁的知识最有价值",知识来源与意识形态间的纠缠已成为教材研究的重要议题。以布尔迪尔、伯恩斯坦、麦克·扬等为代表的社会学家将教材视为国家机器的口舌,阐释了教材知识选择、呈现与组织的意识形态性,使教材作为社会控制符号的观念成为教材本体研究的热点。而"文化启蒙"之说是将教材本质定位为文化标准的确立。这是中国学者针对教材作为文化再生产媒介的批判。持此观点的学者认为,教材并不代表统治阶级的利益,而是先进文化的反映。[2] "社会控制中介"与"文化启蒙"之争的焦点包括以

---

[1] 石鸥、赵长林:《科学教科书的意识形态》,《教育研究》2004年第6期。
[2] 吴小鸥:《教科书,本质特性何在?——基于中国百年教科书的几点思考》,《课程·教材·教法》2012年第2期。

下两方面：一是教材与统治阶层意志的关系。前者强调教材作为一种存在形式，其本源是国家政权的治理行为。而后者则认为教材是伴随新兴文化而生，其本源是文化的整合涵化；二是教材知识的来源。前者强调教材知识是官方的选择，后者指出教材知识是对先进文化的选择。

2. 教材本质的现实反思

首先，作为具体的存在，需厘清教材"人为"各层面的关系。"人为"与"自然"相对，即教材是人类改造世界过程中的产物，其本质必然通过应然的规范来体现。关于教材本质的争论实质指向应然规范的设定。无论是教学材料与学习材料之争将教材本质限定在"教"与"学"的语境下，还是社会经验与活动文本之争将教材本质限定在知识选择范畴下，抑或是意识形态与文化启蒙之争将教材本质限定在知识来源范围下，教材本质都是通过外化的、人为的描述来探寻其内在。现有研究仅是建立在"人为"的"水平线"上讨论，并未厘清"水平线"以上教材本质可能存在的不同层次以及层次间的关系。例如，理解知识选择与助学促教间的关系，知识来源与"教"与"学"间的关系等。这些有关教材本质的基础性问题尚需深入思考。

其次，教材本质必须考虑其存在的标准尺度。从根源上说，教材存在标准尺度是教材作为"人为"的产物，必然需要满足主体人的多方面需求。不同时代下，作为改造世界的主体人对教材需求的不同，呈现出多种标准尺度。以中国教材发展历程为例。在古代，四书、五经、六艺等教育经典承担了教材的功能，这一时期教材存在的标准主要由统治阶层需求所决定；在近代，西式教材大量引进（如，韦廉臣的《格物探源》），学堂自编教材（如南洋公学编纂的《蒙学课本》）、书坊出版教材（如商务印书馆的《华英初阶》）等，此时期教材存在的标准出现多样化，涉及民间、官方以及非主流知识分子各自设定教材标准；在现代，自编教材，如蔡元培编纂的《新时代国语教科书（小学初级）》、国统区教材（如，南京国民政府组织编写《三民主义教科书》《战时补充教科书——高中国文》）、解放区教材（如，晋察冀解放区组织编写《初中小新课本国语常识合编》），该时期教材存在的标准纷杂化，先进知识分子群体、南京国民政府以及解放区政府间有时各自为政、有时相互配合；在中华人民共和国成立后，教材从官方组织统一编写到新课程改革后的"一纲多本"再到新时代以来的统一编写，教材存在标准从国家设定走向国家治理。纵观不同时代教材存在标准设定主体的变迁，各时期对"好"教材有着不同的理解，根源在于主体需求的变化。鉴于教材的"人为"特质，教材本质需将教材存在的标准尺度考虑在内，回应"好"教材的应然样态。

最后，需从元层面思考教材本质。"元"即对应英文中"meta"，意为"超出""超越"。从元层面思考教材本质即是对教科书本质理解的理解，是以教材本质理解为对象，分析教材本质理解中存在的问题，以期加深对教材本质的理解。现有对教材本质的讨论集中在理解层面，并衍生诸多问题。"教学材料""学习材料""社会经验""活动文本""社会控制的中介""文化启蒙"等话语的逻辑起点或是教学论，或是学习论，或是知识论，各逻辑起点既有交叉，又有融合，造成教材本质理解呈现碎片化、模糊化、非系统化，体现为核心概念内涵有重合（如，教学材料与学习材料间，尽管前者强调"教"，后者强调"学"，但不能从根本上区分两者间的差异）、应用语境有交叉（如，社会经验与活动文本是置于泛知识观与活动观语境下来讨论的，由于"活动"在某种程度上也是一种"知识"，造成两种语境存在重叠）。为了解决教材本质理解中所存在的问题，需从元层面对教材本质理解逻辑进行反思，通过厘清各条逻辑间的关系来揭示教材本质。

3. 教材本质的重建

关于教材本质的讨论，基于前述内容与未涉及的，教材应然样态需从以下层面思考：首先，教材第一层面是揭示教材存在的本源性问题，反映的是意识形态更迭与人才培养诉求间的矛盾及其转化，如教材的思想性、主流价值载体、意识形态再生产等；其次，教材第二层面是揭示教材知识内容与"教"以及"学"间的交互作用，反映的是知识选择与人的发展之间的正向相关系统，如教材的科学性等；最后，教材第三层面是揭示教材知识的"教"与知识的"学"之间的平衡，反映的是教材知识选择组织与教材使用者间的内在关系，如教材的教学性。

由此来看，从以下方面来看待教材：第一，教材需将知识转变为人的智慧，即教材将个人发展视为最终目标，试图在自然、社会与人以及国家、群体与人的关系中寻求平衡。教材本质涉及的要点均是围绕这一问题逐层展开的。第二，为使教材达成育人目标，还需解决两类问题：一是教材知识的选择、呈现与表达的标准；二是教材知识转化为学生学习活动与教师教学活动的准则。简言之，需通过系统的知识选择、呈现、表达与转化来促进人的发展，这是教材本质的核心。但是，"人的发展"是教材本质元理解层面的概念，它必须以多层次概念网络为依托。而以"人的发展"为中心的教材知识系统建构，也需深入探讨。

基于以上所述，本书认为，教材本质是旨在实现人的发展的微观教学话语空间。"人的发展"是由教材本质理解层面上升至元层面的具体概念，而教材视作"微观教学话语空间"，则凸显了多主体与知识间交互作用中蕴含的权力逻辑，是以"人的发展"这一目标的实现而发生的动态空间。具体来说，教材本质内涵涉及以下四个方面。

第一，教材本质是基于"权力—知识—主体行动者"关系构成的微观教学话语空间。在语言学中，"话语"既涉及口头语言的延伸，也涉及书写语言的延伸部分，其重视言语者和被言语者之间的相互作用，或作者和读者之间的相互作用，或话语和书写的生产过程与解释过程。[1] 米歇尔·福柯认为，话语涉及用来建构知识领域和社会实践领域的不同方式。[2] 基于这一思路，教学话语是教育教学中的支配性话语，其指向语言在教育教学语境中个性化使用与呈现。在此基础上，微观教学话语空间即指向教育教学微观语境下语言的个性化使用与呈现的语境。依照尤尔根·哈贝马斯公共领域理论，此处的"空间"即是指与现实教育与实践相结合形成的领域。将教材看作微观教学话语空间，正是指出教材知识实质体现了对人发展方向、发展程度乃至发展结果的规约与形塑。理想状态下，知识被当作一种客观的"事实"，它独立于个体、社会，不受外在价值世界的影响，是客观实在的反映。然而，教材知识并不是存在于乌托邦之中，而是置于不同信仰、不同价值取向的世界之中，它是自然、社会权力实践的反映。阿普尔有言"学校知识体系——接纳或排斥某些内容，通常服务于意识形态的目的，因而正式的学校知识体系能成为一种社会和经济控制的形式，因为它们保存和分配了被知觉为'合法的知识'——这是我们所有人所必

---

[1] ［英］诺曼·费尔克拉夫弗：《话语与社会变迁》，殷晓蓉译，华夏出版社2003年版，第3页。

[2] 朱振明：《权力的消失：被扭曲的福柯——基于〈话语与社会变迁〉的分析》，《国际新闻界》2020年第42期。

第一章 绪论

须具有的知识。"① 以教材为载体的"合法的知识",意在通过系统的、规范的程序塑造人的发展轨迹。教材知识选择、呈现与表达,以及促学助教系统,不同类型、不同功能以及不同价值定位的知识相互耦合,既是对人"学习什么"的限定,还是对人学习进度、学习方法、学习分量等的规范,以解决人"如何学习"的问题。如福柯所言"权力是通过一个网状组织被运用和行使的"②,这即指出权力的实施涵盖多层策略,与教材知识的组织与表达策略存在内在联系。教材正是以"权力—知识—主体行动者"为关系构建的微观教学话语空间,权力通过教材知识下放的微观教学话语空间,塑造学生成为特定行动者。

第二,人的发展是教材作为微观教学话语空间的终极目标。教材作为微观教学话语空间,必然涵盖大量促进人定向发展的教育教学要素。在此层面上,教材不仅是知识承载者,还是人的定向发展塑成者,兼顾人在知识、情感与态度价值观方面的塑造。教材以人的发展为目标,通过对教材对教师的指导性,对学生的引导性,对教学内容的科学性、思想性的把控实践了这一目标。首先,教材知识组织中的心理逻辑,突出的是教材对学生身心发展规律的遵循,是对学生的关注,这一典型规则在教材实践中一直有所体现。其次,教材通过强调知识作为"人为"产物本质,凸显知识与教材使用者间的交互影响,这也是微观教学话语空间的表现。一般来看,教材知识只是语言符号与非语言符号的集合,尽管以静态形式呈现,但从认识论的角度出发,都是人类改造世界创造的,具有互动性。而教材中的促学助教体系,如文科类教材中写作训练、理科教材中实验设计,使得教材区别于其他类型材料,更加突出对微观教学话语空间的设定,从而促使其成为教师教学与学生学习的抓手,使得实在的教育教学活动得以顺利进行。最后,教材知识的选择、准入与改造,构建了教材微观教学话语空间,使其彰显特定意识形态、价值标准、道德准则,以此实现教材定向育人的功能。简言之,教材作为微观教学话语空间凸显了即便是权力纠缠中人的发展依然是重中之重。

---

① 潘洪建:《教学知识论》,甘肃教育出版社2004年版,第158页。
② [美]约瑟夫·劳斯:《知识与权力:走向科学的政治哲学》,盛晓明等译,北京大学出版社2004年版,第23页。

第三，教材编写者、教材审查者、教材选用者、教材评价者、教材使用者是共存于微观教学话语空间中的权力主体。教材的产生与使用涉及多个主体间的协同作用，编写者、审查者、选用者、评价者以及使用者共同存在于教材微观教学话语空间，他们以多种方式支配着教材。教材编写者从学科专业角度把控教材内容选择的源头、组织与表达方式，教材审定者从政策视角对教材编写者的意图进行审查，教材选用者以行政统合角度介入教材审定者对教材内容的审查过程，教材评价者以质量标准化视角对教材内容进行评估，教材使用者通过与教材内容间动态互动实现与其他权力主体间的隐性交流。依照美国学者约翰·古德莱德的课程实施理论指出，在课程决策过程中，不同决策主体"生产"了不同层次的课程，即理想课程、文件课程、理解课程、运作课程与经验课程，不同教材权力主体处于课程实施不同层面上，各层面间自上而下互相制约。中国学者谢翌等进一步提出课程变革层次，将课程改革作为一种文化重建的实践活动，涉及课程文本层面的改变与课程实践层面的改变两个步骤，并依照中华人民共和国成立以来课程改革现状，对照古德莱德五层次理论总结了课程改革的13个层面，细化了对课程层面的认识。① 尽管学者研究重心不在教材本体，但却揭示了教材生产、变革的本质，指出教材是受制于多层次权力主体，每一主体的变革与更新，都可能营造不同的教材微观教学话语空间。教材固然不是单一权力主体运行的场所，而是有待各权力主体间协同处理的积极对象。各权力主体也不是受教材规约的对象，将教材看作微观教学话语空间，意味着各权力主体间不是静态的、强制性的存在，而应是一种平衡的、动态的权力关系。教材编写者、教材审定者、教材选用者、教材评价者、教材使用者间的关系应该是"分而治之、协同共治"的平等关系。这种权力关系的建立，教材知识的组织与表达已不是其本质的核心，其本质焦点转向了知识选择背后的权力配置关系。无论是课文的选择，还是课后习题题干的设置，抑或是衔接各章节之间的导语撰写，纳入教材这一举措即是权力关系的实践。各权力主体在教材生产、变革中的不同地位，决定了教材的实然样态。

---

① 谢翌、马云鹏、张治平：《新中国真的发生了八次课程改革吗？》，《教育研究》2013年第2期。

第四，教材知识的选择、呈现与表达是对教材微观教学话语空间中多主体权力平衡的表征。教材作为一个以编写者、审定者、选用者、评价者与使用者为权力主体的，以实现人的发展为目的的微观教学话语空间，其根本上是促进人之为人的活动。由于各权力主体于教材的价值定位不同，他们参与加工教材知识的活动方式有所不同。其一，教材编写者需依照学科知识内在逻辑与规律，从已有文化知识中选取符合学科运作规律的知识加以组织。教材编写者的知识选择、组织与表达的系列活动受制于国家课程标准，政策导向、时代精神以及主流意识形态影响着教材编写过程。其二，教材审定者需从国家教育发展全局出发，对教材编写者所呈现的内容加以考察与确认，确保教材知识体系的总体政治方向。其三，教材选用者需解决地方或区域需求与国家要求的平衡度问题，即以区域视角对审定后的教材知识加以评定，既要满足地方需求，又要体现国家要求。这一过程不是实际地参与剪裁教材知识，但却是教材从静态知识场域变为动态活动场域的必经之路。其四，教材评价者从质量监督的角度出发，对教材知识予以标准化处理，使得教材成为教育教学规范化、系统化、可操作化的范本。其五，教材使用者需解决促学助教知识体系的实际应用性问题。一方面，教师要做好教材知识与实际教育教学活动之间的衔接。这即是说，教师必须参与教材静态知识转化为教学活动的动态体系中，对教材知识进行重构，促进教学活动。另一方面，学生要解决教材知识与自身发展间的适配问题。该过程强调学生作为教材使用主体，通过与教材知识间的互动，以实现知识的内化，从而促进自身成长。基于以上所述，教材知识的选择、组织与表达实质经历了各权力主体的多层次加工，最终呈现的教材已是多种权力平衡后的产物。

（二）语文教材

1. "语文"的含义

"语文"的词源解析。依照《康熙字典》中显示，"语"可指"说话"，如《周易·颐卦》中"君子以慎言语，节饮食"；"语"可指"与他人讨论"，如《孔子家语》中"孔子之郯，遭程子于途，倾盖而语终日"。在《说文解字》中，"语"即为"论也。从言无声"，可指"讨论"。"文"在《康熙字典》中指出，最初通"纹"，表示"纹理"。其引申含义较多。

可指"字，文字"，如《古今通论》中"仓颉造书，形立谓之文，声具谓之字"；可指"文采，才华"，如《史记·乐书》中"礼自外作，故文"；可指"美德，文德"，如《左传·僖二十三年》中"吾不如衰之文也"；可指"修饰，文饰"，如《礼记·玉藻》中"大夫以鱼须文竹，刘昌宗读"。在《说文解字》中，"文"即为"文字"。在现代汉语中，依照上海辞书2014年出版的《大辞海》中"语文"指语言和文字的合称。泛指与语言或文字有关的事项。

"语文"的学理探讨。关于"语文"含义的讨论大体存在以下三种观点。其一，"语言说"。这种观点从语言运用的视角解释"语文"的含义，如叶圣陶先生指出的"口头为'语'，书面为'文'"。其二，"语言文化说"。这种观点从语言演化的视角解释"语文"的含义，如徐新建指出"语言和文字是界定一个民族凝聚一种文化的核心要素"[1]；其三，"语言文学说"。这种观点从语文学视角揭示"语文"的含义，如陆善来指出"运用语言规律所形成的言语作品的总和"[2]。

对于"语文"的反思。基于"语文"的词源与学理解析，现有对"语文"的理解思路遵循着两个起点：一是以语言形式及其内在规律为起点，如"语言""文字"（书面语言）的运用；二是以语言所负载的实质内容为起点，如"语言文化""语言文学"。上述逻辑起点并非完全独立，而是相互联系。前者涉及内在认知与语言形式相统一的过程，后者涉及认知、语言内容相统一的过程。可以说，前者是后者的前提，后者是前者的延伸。如此来看，以往"语文"含义是对认知与语言结构化成果进行的阐释。然而，认知与语言结合的基本前提是客体存在的体现，客体存在、认知与语言是处于同一认识链条上的三要素，谈及认知与语言也应考虑客体存在。因此，"语文"的内涵应以三要素的认识链条为起点来进行阐释。

关于"语文"的再思考。综上所述，"语文"是主体人对实在认知后外化的语言活动总称，涉及语言形式与语言内容的实践化，既包括以系统实践化为指向的语文学科，也包括以非系统实践为指向的广泛的语文。

---

[1] 徐新建：《语言的裂变与文化的整合——瑶族多语文现象的时代特征》，《贵州民族研究》1994年第3期。

[2] 陆善来：《语文学实用汉语》，学术出版社1993年版，第4页。

2. 语文教材的含义

关于语文教材大体存在以下观点。一是语文教材是用于语文教育教学的材料。如《中国中学百科全书·语文卷》中指出"基于一定的教育方针和学生的发展阶段，经过选择的、编排好的、适于教学的语文用书，是简化了的系统地反映语文学科内容的教学用书"。二是语文教材即母语教材，是母语知识与文化的主要来源。如洪宗礼、柳士镇与倪文锦指出母语教材即"作为民族文化的一个重要载体"①。三是语文教材是获取语文知识的凭借，也是母语文化的表征。如韩艳梅认为"语文教材不仅是习得知识、技能、态度的媒介或工具，更是一种文化，是一种深深植根民族土壤的母语文化"②。上述观点以传统"语文"与"教材"的内涵为起点，一方面从教材的教学性出发，将语文教材视为落实语文学科知识要求的文本，另一方面从语文社会功能内涵出发，将语文教材视为母语文化的载体。

语文教材本质的思考方向。上述对"语文教材"的理解，将语文教材本质锚定在教育教学凭借与母语文化表征两个点上，这并非能够揭示语文教材本质的完整面貌，应以人与客观存在之间的内在关系为出发点，以语言、文化为锚定点，以此重新思考语文教材本质。首先，语文教材本质应考虑系统的、结构化的语言形式主体与内容主体的本源层面，以及以应然规范为纲的规范性层面。无论是将语文教材视为"教育教学凭借"，还是"母语文化表征"，都着重定位其应然规范框架下的内涵，缺少对其本源的阐释。其次，语文教材本质应探讨语文教材的纲领性定义，从根本上区分与其他学科教材的差异。依照教育哲学家伊斯雷尔·谢弗勒提出的三种定义，即描述性定义（需客观反映某一事物的各种实际用法）、规定性定义（概念使用者所下的定义）与纲领性定义（明确或隐含地指出事物应该怎样、应该如何）③。以纲领性定义指导语文教材本质探寻就是要明确语文教材的应然样态到底怎样以及与其他学科教材的本质差异到底是什么。最后，语文教材本质的讨论应从"表象"回归"内里"。"表象"即语文教材外化的、常规的、可被感知的层面，即语文教材是教育教学凭借、文化

---

① 洪宗礼、柳士镇、倪文锦：《〈母语教材研究〉总论》，《全球教育展望》2007 年第 7 期。
② 韩艳梅：《语文教科书编制研究》，博士学位论文，华东师范大学，2004 年，第 2 页。
③ 叶波：《教科书本质：历史谱系与重新思考》，《课程·教材·教法》2018 年第 9 期。

等陈述，而在学生获得语文知识的载体、母语文化之外，还有更深层的、隐性的、不可直接感知的层面，如这些语言形式、语言内容背后的思维逻辑，也是语文教材本质的范畴。

语文教材本质的再定位。关于语文教材本质，基于先前所述与未提及的，其大致可分为三个层次：第一个层次，揭示语文教材存在的本源性问题，反映的是主流语言形式、语言内容以及个体发展间的关系；第二个层次，揭示语文教材作为系统化语言体系与语言教学间交互作用的产物，是语文教材与其他学科教材的本质区别；第三个层次，揭示语文教材"表象"与"内里"双重内涵，反映语文教材语言形式与语言内容间的相互关系。基于此，语文教材本质是借助语文教材中语言形式与语言内容的系统化呈现促进人内在思维、外在语言、整体文化等方面发展的凭借。因此，语文教材必将纳入符合纲领性标准的知识，以具有学科特征的编排，构成结构性语言形式与语言内容体系。至此，现如今认为，语文教材是意在促进人语言形式与语言内容系统化发展的微观教学话语空间。"语言形式与语言内容"指向语文教材囊括的知识内涵。"微观教学话语空间"突出语文教材中存在的权力关系，即涉及国家、各级行政部门、教师与学生多主体与语文教材知识间所形成交互影响。

具体来说，首先，语文教材是以"权力—语言—主体人"为主要关系的微观教学话语空间。教学话语空间原指教学参与者按照教育教学规律共同建构的话语语境。微观教学话语空间特指教材中多种权力主体遵照权力逻辑、事实逻辑与教育逻辑的要求共同建构的、集中表征人类知识与文化符号的话语语境。依照费尔迪南·索绪尔所言，话语是被社会结构所构成的，并受到社会结构的限制，受制于社会层次上的阶级和其他关系，受制于诸如法律或教育等特殊机构所特有的关系。[①] 话语语境是这些关系的统一化反映。将语文教材的本质定位于微观教学话语空间，就是要指出语文教材内在语言形式与语言内容充满了主体人之间的对话性张力。从一般意义上来看，语文教材是以语文学科知识及其逻辑为主要内容，并不存在权力关系。但是，语文学科知识的核心是系统化的语言形式与语言内容，语

---

① ［英］诺曼·费尔克拉夫弗：《话语与社会变迁》，殷晓蓉译，华夏出版社2003年版，第59—60页。

言的内化是主体人的思维,其实质包含了"谁的语言""谁的思维"的假定。以结构化语言为主要内容的语文教材,已将"语言"与"教材"中蕴含的双重权力逻辑内化,通过显性或隐性的方式促进人的外化语言与内在思维的发展。联合国教科文组织指出"教育体系中选择的语言,通过在正式教学中的运用,能赋予各种语言某种权力和威望。这里不仅仅代表地位和象征性的一面,还有涉及以这种语言表达的共同的价值观和世界观的思维方式的一面"[①]。这即是语文教材利用内化的权力逻辑塑造人的写照。

其次,主流语言系统化教学的开展是语文教材微观教学话语空间存在的基本指征。主流语言指向特定国家与地区内部由官方指定的语言。一般意义上讲,主流语言可成为个体习得的第一语言,即母语。语文教材涵盖的结构化的主流语言形式与语言内容通过实际课堂教学来促进学生内在思维、外化语言以及文化的系统化发展。在这一层面上,语文教材是对主流语言形式与语言内容教学转化的首要凭借,这与其他学科教材存在本质区别。语文教材不是单纯地进行语言形式与语言内容的传递,它在传递它们的同时,促进学生形成语言逻辑、语言思维,获得文化、价值观,成长为具有民族性的个体。语文教材从根本上定位于微观教学话语空间就是对教材教学性的回应。语文教材不仅采用"显性"与"隐性"双线逻辑编排内容,还设置了多种语境呈现语言符号,突出强调语文教材的教学适用性。简言之,主流语言形式与语言内容得以通过语文教材实现文化符号的系统化衍生。

最后,语文教材中主流语言形式与语言内容的选择、呈现与表达是语文教材作为微观教学话语空间中权力主体的行为表征。语文教材作为微观教学话语空间,其权力主体不仅包含传统权力主体即教材编写者、审查者、选用者、评价者、使用者,还隐含了无数创造、改造文化的实践者,以主流语言系统化教学的开展为外在表现,归根究底是主体人借助语言符号改造世界的产物。从实践者的角度来说,其活动主要是在人类历史长河中不断涵化整合、去伪求真,处理新生文化与旧文化间、文明与野蛮间的关系矛盾,在自身实践活动中吸纳、整合、内化并加以符号化。此隐性权

---

① Unesco, *Education in A Multilingual World*: *UNESCO Education Position Paper*, Pairs: Unesco, 2003, p. 15.

力主体在语文教材的微观教学话语空间中尤为凸显,这是因为主流语言形式与语言内容正是经历无数实践者选择的结果。以此为基础,其他传统意义上的权力主体,即教材编写者、审查者、选用者、评价者、使用者,表现出从关注语文知识与人类语言知识间的关系,到关注语文知识与国家政策之间的关系,到关注语文知识与地方政策之间的关系,到关注语文知识与语文教材质量标准间的关系,到关注语文知识与使用者间匹配关系。正是多主体在语文教材微观教学话语空间中的权力平衡,语文教材中主流语言形式与语言内容得以有目的、有计划的选择、呈现与表达。

3. 语文教材基本构成及其要素

鉴于语文教材意在促进人语言形式与语言内容系统化发展的微观教学话语空间的本质,以及其学科本位属性与社会本位属性,让人不禁思考到底语文教材应由哪些要素构成,这些要素间如何产生联系,这些基础性问题直接影响语文教材本体价值的发挥。

(1) 语文教材构成要素的讨论

语文教材构成要素的讨论大体基于两个层面:其一,语文教材构成的一般要素。在该层面上,语文教材与其他学科教材构成要素呈现出共同性,都是基于教材的基本构成要素。既然是以教材基本构成要素为基础,应以此为讨论起点。纵观教材基本构成要素的研究,学者们对教材基本构成的分析有着不同看法。张燕华与郑国民将教材基本构成划分类别属性,包括内容属性、教学属性、物理属性与编审出版属性四类。其中,内容属性(包括习作设计、插图设计、编排组元等)、物理属性(包括印刷、装订、耐用性等)属静态教材实体部分,教学属性(包括教学设计、师生角色、教学使用等与教材的课程堂教学使用的部分)与编审属性(包括教材编写、审查、出版等)属教材动态部分。[①] 胡定荣从教材分析和课程标准分析出发,认为教材分析包括对教材和课程标准的目标、内容、实施和评价要素进行比较分析、包括对教材目标、内容、实施与评价要素及其背后合理化原理的分析。[②] 曾天山从教材质量角度入手,将教材构成划分为编

---

① 张燕华、郑国民:《教科书属性分类的理论框架及运用——以语文教科书为例》,《课程·教材·教法》2013 年第 4 期。

② 胡定荣:《教材分析:要素、关系和组织原理》,《课程·教材·教法》2013 年第 2 期。

写目标、教材内容、教材内容呈现、教材的装帧设计等方面。① 其二，语文教材构成的特殊要素。在该层面上，语文教材呈现出学科特异性，是对教材基本结构的具体延伸。不同学者对于语文教材构成有着不同看法。陈菊先从语文教材内容构成出发，认为语文教材构成要素包括范文、知识、作业、提示注释四部分构成。② 张文岩与郭术敏从教材体系出发，认为综合型语文教材包括阅读训练、写作训练、语文知识教学等方面，并采用读、写结合的编排方法，把课文按一定的标准分成若干单元，写作训练、知识短文都安排在同一单元里，每一单元就是一个完整的教学单位。③ 刘淼认为语文教材包括范文系统、知识系统、练习系统与助读系统四个相互联系的构成要素。④

（2）对语文教材构成要素的分析

依照先前研究以及尚未谈及的，语文教材构成的一般要素是以教材基本要素为基础，大体上包括目标要素、内容要素、教学要素、物理要素等方面。除此之外，还应包含指导思想要素。回看语文教材各版本的变迁，无论是纵向时间维度（如人民教育出版社不同年代出版的语文教材），还是横向维度（如一纲多本时期，不同出版社所出版的语文教材），都是在党和国家不同时期教育方针政策或者不同编者理念引导下进行编写，在一定程度上，定位了语文教材的整体价值基调。而对于语文教材构成的特异性要素，是对语文教材一般构成要素的具体化呈现，具体包括选文系统、知识系统、练习系统、助读系统等方面。此外，由于语文教材是以特定标准划分的单元构成，因此，包括单元组织系统与联结各单元间的引言系统。

（3）语文教材构成要素的具体内容

语文教材具体构成要素包括选文系统、知识系统、练习系统、助学系统与单元组织系统。选文系统是语文教材的主体部分，该部分主要落实语文课程标准中规定的课程目标，将这些目标融入其中，以实现语文教材的育人功能。知识系统是从选文系统中抽选出的语文基础知识，以供学生学

---

① 曾天山：《教材论》，江西教育出版社1997年版，第19—20页。
② 陈菊先：《语文教育学》，华中师范大学出版社1994年版，第165页。
③ 张文岩、郭术敏：《中学语文教育学》，青岛海洋大学出版社1991年版，第71—72页。
④ 刘淼：《当代语文教育学》，高等教育出版社2005年版，第126页。

习与积累。练习系统是基于选文系统、知识系统而设定的,用于巩固、训练学生习得的语文知识与技能。助读系统用于标注、解释选文中内容、选文作者意图以及选文中其他信息,以促进学生语文学习过程。单元组织系统是用于编排语文教材,将选文依照特定标准加以科学地、系统地整合。总体来看,语文教材构成要素是以选文系统为核心的复杂助学促教体系,包括以下几点。

选文系统。选文系统是语文教材的主体部分,是语文教材区别于其他学科最鲜明的特征。"识字与写字""阅读""写作""口语交际"与"综合性学习"五大门类都通过选文系统来落实,选文系统承担着语文基础知识的教学、语文基本能力的训练、思想情感的陶冶等多种任务。选文划分类型的标准由选文的属性所决定。选文依照体裁类型,可分实用文(包括记叙文、说明文、议论文、固定程式的应用文等)与文艺文(散文、小说、诗歌、戏剧、童话、曲艺、民间故事)。选文依照语体类型,可分为白话文与文言文。选文也可依照其所属年代,划分为古代选文、近代选文、现代选文与当代选文。中国语文教材自古以来是"文选型",选取优秀的语文作品作为选文纳入语文教材是语文教材编写的基本做法。[①]

知识系统。知识系统是语文教材中内容要素的组成部分。该部分以语言基础知识为主。包括汉语语音、汉字、词汇知识;语法、修辞、逻辑的知识;文言基础知识,文学及文章章法知识;各类文体的鉴赏方法性知识。知识系统主要为学生直接提供陈述性语文知识,这些知识引导学生积累并正确运用祖国的语言文字。[②]

练习系统。练习系统是语文教材中最具实践性的部分。练习系统分为多个类型。从练习的时间设计上,包括课前预习、课中配合练习、课后巩固性练习。从适应学生心理发展状况上,包括知识技能发展层级上的基础知识练习、基本技能练习、提高技能练习、课后拓展练习、综合性实践练习等,练习期望达成的内容目标上的记忆、理解、应用性以及开放性练习等。练习系统为学生巩固知识系统提供了具体、可操作性的方法。[③]

---

① 朱绍禹:《中学语文课程与教学论》,高等教育出版社2005年版,第42页。
② 王文彦、蔡明:《语文课程与教学论》,高等教育出版社2002年版,第127页。
③ 朱绍禹:《中学语文课程与教学论》,高等教育出版社2005年版,第42页。

助读系统。也称导学系统或提示系统，是对学习要求、学习重点与难点与学习方法的提示，包括对疑难问题的解释、对选文作者的介绍，对相关资料的引述等。① 助读系统的作用在于揭示选文的中心思想以及作者的意图，确定教学的目标。

单元组织系统。单元组织系统是语文教材选文编排的重要方式。单元组织系统运行遵循学生心理发展规律与知识发展的逻辑规律，通过从选文中提取出的异同点，来进行有机整合排列。②

二　国家形象、中国国家形象

（一）国家形象

1. "国家"与"形象"的含义

（1）国家的含义

"国家"一词含义涉及多个层面。依照《康熙字典》中显示，"国"可指国家，如《周礼·夏官·量人》中"掌建国之法，以分国为九州"；"国"可指拥有土地的政权，如《孟子》中"大国，地方百里，次国，地方七十里，小国，地方五十里"；可指具有主权的国家，如《李陵·答苏武书》中"闻子之归位，不过典属国"；可指有土地、人民、政权的政体，如《宋程大昌备北对边》中"汉西域诸国，有城郭国，有行国"。《说文解字》中关于"国"的解释为"国，邦也；从口从或"，参见繁体"國"字，小"口"表示人口，"－"表示土地，"戈"表示军队，大"口"表示范围。"家"在《康熙字典》中有多种含义，可指"住所"，如《尔雅》中"户牖之间谓之扆。其内谓之家"；可指"家庭"，如《孟子》中"女子生而愿为之有家"；可指朝廷，如《左传·襄公二十九年》"大夫皆富，政将在家"；也指"家产""流派""亲属"等。在现代汉语中，依照《大辞海》中"国家"可指阶级统治的机构，主要由军队、警察、法庭、监狱等构成；可指一个国家所领有的整个区域。在英文中，依照《朗文英语词典》，"land""state""power""nation""country"都有"国家"之意。

---

① 刘淼：《当代语文教育学》，高等教育出版社2005年版，第126页。
② 孙素英：《论语文教材的单元组织》，《首都师范大学学报》（社会科学版）1998年第1期。

"land"指国土；"state"指国家的政府或政治组织，政治概念上的国家；"power"指国家或政府的政治控制权；"nation"指国家的人民、民族以及其社会、经济结构；"country"指国家政府控制的区域。

从中英文对"国家"一词的认识来看，中西方对"国家"的理解较为一致。国家包含多个要素：人民、民族、土地、政府与权力机构、政权。在中文中，"国家"一词中，"国"中包含人、土地、领域以及代表权力的军队，"家"中包含人、住所、家产、家中权威（家训、家规等），如此来看，"国"与"家"是结构相似的共同体，"国"是"家"的集合，"家"是"国"的缩影，而"国"在"家"之前，凸显了政府、权力、政权要素的重要性。在英文中，多个表示"国家"的词汇分别表征了"国家"不同层面的内涵，如，从民众要素出发，胡果·格劳秀斯认为"国家是那些为了保护权利和利益联合起来的自由民的结合"①；从民族要素出发，特约翰·戈特利布·费希特认为"国家是对于一个民族内单纯的人进行持久的、循序渐进教育的目的与手段"②；从政权与领土要素出发，雅各布·克里斯托弗·布尔克哈特认为"国家是统治者及其追随者以及领土在内的全部生存情况的总和"③。在综合中西方对"国家"的认识的基础上，当前，狭义上，国家是由人民、领土与主权组成的，指在一定领土范围内、对其全体国民进行控制并拥有最高主权的一种特殊社会形式，广义上，国家是指一定领土范围内在特定政权统治下，各民族、文化、历史的社会群体形成的具有绝对主权的共同体，以制度、组织、行为、理念、文化、道德等形式表现出来。

（2）形象的含义

"形象"一词早前通常用于描述人或物。依照2014年商务印书馆出版的《古代汉语词典》第2版，"形"在古语中有多种释义，可指形体，如《老子》四十一章中"大象无形"；可指形状、形象，如《孙子·虚实》中"故兵无常势，水无常形"；可指形势，如《韩非子·解老》中"夫秦、韩不得无同忧，其形可见"；也可做动词，意思为"表现、显露"，如

---

① 杨代雄：《伦理人概念对民法体系构造的影响——民法体系的基因解码之一》，《法制与社会发展》2008年第6期。
② 周泽之：《费希特政治哲学初探》，《深圳大学学报》（人文社会科学版）1993年第4期。
③ [德]弗兰茨·奥本海：《论国家》，沈蕴芳等译，商务印书馆1994年版，第15页。

第一章 绪论

《孟子·告天下》中"有诸内必形诸外";还通"型""刑"等。"象"含义也较为广泛,可指形象,凡形之于外者皆称"象",如《周易·系辞上》中"在天成象,在地成形";可指模拟、描摹,如《孟子·梁惠王上》"仲尼曰:'始作俑者,其无后乎!'为其象人而用之也";可指相似、相像,如,韩愈《送高闲上人序》中"则其于书,得无象之然乎";还有"象征""效法"等含义。在现代汉语中,《大辞海》中,"形象"可指"形状相貌",也指"文学、艺术把握现实和表现作家、艺术家主体思想感情的一种美学手段";"是根据现实生活各种现象加以艺术虚构所创造出来的负载着一定思想情感内容、因而富有艺术感染力的具体生动的图画"。从语言学构词角度来说,"象"属于黏着词素,作为名词词素时,不能单独使用,需与其他自由词素结合构词,"形象"一词中的"象"本身具有"形状、样子"的意思。在英文中,"形象"对应的词汇为"Image",韦氏词典中,"Image"一词的词源复杂。11世纪拉丁语中"*imaginem*",表示"复制品(copy),仿制品(imitation),相像(likeness);塑像(statue),图片(picture);幻影(phantom),特异景象(apparition)";12世纪古法语"*image*",表示"形象(image),相像(likeness);画像(figure),图画(drawing),肖像(portrait);映像(reflection);雕像(statue)";14世纪初,拉丁语中"*imaginem*"增加了心理意义,14世纪末英语中"Image"增加了"镜中的映像(reflection in a mirror)"的含义;19世纪初,"Image"开始表示"公众印象(public impression)"。在现代英语中,"Image"在保留词源含义基础上有所发展,表示"人或者事物的复制、仿制";"对事物的心理图片(picture)或印象(impression)";"一个群体成员共同的心理概念,象征着一种基本的态度和方向";"(人、机构、国家)计划通过大众媒介传播的事件"。

从中英文中"形象"的使用习惯来看,中西方对"形象"概念的认识存在着相似性与差异性。在"形象"概念的内涵上,中国传统意义上"形象"是一方面指实体(包括人或物)客观的样子,另一方面指实体"形"之外的、与实体相对应的"象"。西方语境下"Image"是指人或事物借助媒介呈现的像。"形象"第二层面的意义与"Image"本质上是一致的,"形"为实,"象"为虚,"形"是产生"象"的基础,"象"从"形"中来,而"象"借助一定媒介来呈现。由于早前人们对媒介使用的差异,中西方"形象"概念的外延范围不同。中文中包括艺术、文学等作品中塑造的形象。英文中包括以外显媒介下呈现的形象（如，艺术形象、公共形象），以内隐媒介呈现的形象（如"印象""共同的态度"等）。因此，结合中西方使用"形象"的传统，"形象"的概念可理解为：人或事物的其内在与外在要素通过媒介呈现的象，依照媒介的不同，包括艺术图画、个人映像、群体态度、公众评价等，所选取不同的媒介捕捉实体人或物的不同特征，体现了个人、群体、机构等的价值观与审美观。

2. 国家形象的基本内涵

（1）国家形象概念过往的解析

"国家形象"一词的含义来源于"国家"与"形象"，但并不是两个概念的简单结合，有其特定的内涵。关于国家形象的内涵众说纷纭，主流观点大体分为以下四方面：第一，国家形象是一种认识与评价。管文虎在《国家形象论》中认为"国家形象是一个综合体，它是国家的外部公众和内部公众对国家本身、国家行为、国家的各项活动及其成果所给予的总的评价和认定。"[1] 密歇根大学教授肯尼思·艾瓦特·博尔丁作为较早研究国家形象的学者，在《国家形象与国家关系》一文中认为"国家形象是对国家的一种认知，包括国家对自我的认知以及国际社会其他行为体的认知的结合，是一系列信息输入与产出的结果"[2]。美国研究者苏曼·李认为国家形象是本国与他国公众对一国特征与属性的总体认识与感知。[3] 第二，国家形象是一组信念体系（Belief System）。美国国际政治学者艾尔·霍尔斯蒂认为国家形象是感知一个国家所形成的"信念体系（世界观）的一部分"[4]。美国学者英格丽德·马丁与埃尔奥卢·塞夫金认为"国家形象是对某一具体国家描述性、推断性、信息性的信念总和"[5]。第三，国家形象是

---

[1] 管文虎：《国家形象论》，电子科技大学出版社2000年版，第3页。

[2] Boulding Kenneth E., "National Images and International Systems", *The Journal of Conflict Resolution*, Vol. 3, No. 2, February – March, 1959.

[3] Lee Suman, *A Theoretical Model of National Image Processing and International Public Relations*, New York：Syracuse University, 2004, p. 6.

[4] ［加］卡列维·霍尔斯蒂：《和平与战争：1648—1989年的武装冲突与国际秩序》，王浦劬译，北京大学出版社2005年版，第271页。

[5] Martin Ingrid M. and Sevgin Eroglu, "Measuring a Multi – dimensional Construct：Country Image", *Journal of Business Research*, Vol. 28, No. 3, November 1993.

一种品牌符号。伴随全球化的推进，国家的政治边界正在弱化，取而代之的是"国家意识"的观念，即国家具有"存在感"的关键在于是否能够在国内与国际上产生代表国家的具体"品牌"。国际品牌专家伊塔·洛伊·井下认为国家品牌是一种意向，"被构造出来、用来代替真实的'共同体'"，是"一个意识形态的建筑物，利用某种符号'固化'国家形象"[①]。第四，国家形象是一种国际映像。国际映像是指国家在国际大环境下的"他者像"。中国传媒学研究者李寿源认为国家形象是"一个主权国家和民族在世界舞台上所展示的形状相貌及国际环境中的舆论反映"[②]，王晴川与方舒也认为"国家形象是国家的客观状态在国际公众舆论中的投影"[③]。王家福、徐萍认为国家形象是"国家结构的外在形态，是国家传统、民族传统与文化传承在当代世界空间的特性化脉动的映像化张力，是物质文明、精神文明和政治文明在历史化传承中所形成的国家素质及其信誉的总尺度"[④]。

综合来说，学者对"国家形象"认识存在共通之处。首先，关注全球化视野下国家间"形象"的博弈。几种代表性观点中"国内""国际""国外"揭示了"国家形象"产生的理论起点，即国家形象是国家间政治、经济、文化融合过程中的产物；其次，注重国家的"他者像"。研究者们以"他国公众""国际舆论"等作为国家形象的评价主体，强调"国家形象"是他者对国家的看法；最后，侧重"国家形象"心理层面的含义。各观点中的"认识与评价""符号"与"映像"揭示"国家形象"是有关国家的信息在人脑中的成像，强调国家形象的主观性。

（2）对国家形象概念的反思

以上对过往国家形象概念的梳理，可以看出，研究者们集中在传媒、国际关系语境下界定国家形象概念，反映了国家形象概念的部分侧面，但

---

① Sinha Roy Ishita. "Worlds Apart: Nation-branding on the National Geographic Channel", *Media, Culture & Society*, Vol. 29, No. 4, July 2007.

② 李寿源：《国际关系与中国外交——大众传播的独特风景线》，北京广播学院出版社1999年版，第305页。

③ 王晴川、方舒：《北京奥运与建构国家形象的思考》，《当代传播（汉文版）》2008年第4期。

④ 王家福、徐萍：《国际战略学》，高等教育出版社2005年版，第115页。

还存在一定的局限性,具体方面如下。

①国家形象不限于"实体像",也是"主体像"

国家形象概念中"国家"是"形象"的主体,这一主体具有特殊性,因为它实际存在,又常借由国家的主体来反映,这就决定了"国家形象"一方面是实体的像,另一方面是借由国家的主体反映的像。对于前者,"国家"通过实体中组成部分来表征,国家形象借由抽取的部分被具体化,如,人口数量、民族种类、领土面积、经济产值、政治体制、军事力量、环境质量等[①],这些描述国家的客观指数,都是国家形象的客观写照。对于后者,作为国家主体的国民、政府工作人员等[②],他们在公开与私人场合下表现出的思维能力、行为方式以及人格特质等,都是他国民众眼中具体的"国家形象"。

②国家形象不仅是"客体像",也是"主观像"

"国家形象"是客体的呈现,也是主体的主观认识。一方面,"国家形象"的呈现包括国家基本组成部分的客观呈现。人口数量、民族种类、领土面积等客观存在的、不以人的意志为转移的要素,不受主体主观认识的影响。因此,这些要素决定了国家形象的客体性。另一方面,"国家形象"的传播与媒介有着密切的关系。国家形象借由媒介被反映、描述、评价,经由媒介之后,由于角度、方法等的不同,最终呈现出的国家形象带有个人主观色彩。伴随时代与科学技术的发展,从最初口口相传到平面媒体再到今天的数字化媒体,"媒介"的表现形式多样化、受众范围扩大[③],导致人们认识外界的途径增加,但信息来源庞杂。因此,人们眼中的"国家形象"可能已是"他者"重塑后的像。

③国家形象不仅是"他者像",也是"自我像"

基于"形象"一词的内涵,形象的形成经历"人或物—心理加工—形

---

① 李格琴:《大国成长与中国的国家形象塑造》,《现代国际关系》2008年第10期;冯惠玲、胡百精:《北京奥运会与文化中国国家形象构建》,《中国人民大学学报》2008年第4期;蒙象飞:《中国国家形象建构中文化符号的运用与传播》,博士学位论文,上海外国语大学,2014年,第3页。

② 徐蓉:《核心价值与国家形象建设》,复旦大学出版社2013年版,第88页。

③ 曾润喜、杨喜喜:《国外媒体对中国公共政策议题的舆情解读与形象建构——基于计划生育政策议题的案例分析》,《西南民族大学学报》(人文社科版)2017年第2期;邵静:《〈纽约时报〉和〈华盛顿邮报〉的涉华报道研究》,博士学位论文,上海大学,2011年,第15页。

成映像"的过程，由于认知主体文化、背景信息等的差异，形象呈现出多种样态，因此，国别作为加工形象主体的重要变量之一，国家的国际形象与国内形象是最凸显的两种国家形象现实样态。一方面，国际层面上，国际关系学中，研究者普遍认为国家形象的塑造是外交的重要手段，国家对外施行的政策与行为影响着国际社会对一国的认识与评价。① 因此，国家形象常与国家利益、国际机制等问题相关。另一方面，国内层面上，社会学研究者认为政府权力运用方式、国内政策决策、实施过程中，国民会对国家形成一定认识与印象。② 国际形象与国内形象两者并不是独立的，而是相互影响，互为"镜像"，因此，国家形象不仅是"他者像"，也是"自我像"。

（3）国家形象的本质蕴含

基于以上分析，可以发现国家形象涵盖范围甚广，涉及与国家相关的方方面面，与国家实体组成部分、主体实践、媒介的选取以及这些要素的整体构建密切相关，他们共同影响国家形象的形成。具体来说，第一，国家形象是国家作为活动主体在国内与国际范围行为活动的结果，国内范围行为活动包括政府与国民、国民内部等多种交互活动，国际范围行为活动包括国家间的政府、国家政府与国外民众、国内外民众间的互动等，这些都会积淀为国家形象；第二，国家形象是由国家实体成分与主体要素共同构建而成；第三，国家形象的构建需借助一定的媒介。媒介提供者的能力、立场等都会影响国家形象的呈现。

综上所述，国家形象本质上是认知主体对国家各方面（实体要素与主体要素等）的映像、态度与评价。国家形象所描述的是国内范畴内"我是谁"与国际领域范畴内"他是谁"的问题，认知主体的内在评价标准作为国家形象的"参照系"，通过其对国家不同层面的认知与评价，进而确定国家的"自我"。因此，国家形象最终反映了作为形象主体的国家自我身份定位的问题。

---

① Wang Hongying. "National Image Building and Chinese Foreign Policy", *China：An International Journal*, Vol.1, No.1, March 2003；胡晓明：《国家形象：探究中国国家形象构建新战略》，人民出版社2011年版，第17页。

② Xie Tao, and Benjamin I. Page., "What Affects China's National Image? A Cross-national Study of Public Opinion", *Journal of Contemporary China*, Vol. 22, No. 83, May 2013.

3. 国家形象的本质特性

（1）已有关于国家形象本质特性的探讨

自民族国家兴起，人们对国家形象的理解可谓林林总总，导致了现实中对国家形象本质特性的理解莫衷一是。若每一角度对国家形象的本质特性的分析都会生成一种对国家行为的理解，那么，对国家形象本质特性的分析将给予人们理解国家形象多重视角，对塑造、传播乃至认识国家自我身份有着指导意义。

①国家形象之物质特性

国家形象是在物质国家的基础上产生，是国家形象的内在本质特性。国家古意中涉及"人民、土地、军队以及领土范围"等内涵。国家形象的产生与发展伴随着国家间与国家内部对物质资源的竞争、重组与平衡。如，1648年《威斯特伐利亚和约》签订，传统帝国（阿拉伯帝国、奥斯曼土耳其帝国、罗马帝国等）分裂，领土范围、土地等重新划分，建立起新的世界格局。可以看到，物质上的分裂、差异，划分了物质层面国家间的界限，从实体角度展现了国家所拥有的物质形象。① 这些客观可见、可测的实物，落实到现代国家中，称为硬实力，它是国家综合国力的重要组成部分，哈佛大学教授约瑟夫·奈指出"硬实力是指一个国家在国际事务中，凭借其可以实实在在使用的诸如人口、领土、自然资源、经济实力、军事实力、科技实力等强制性、支配性能力而强迫其他国家服从自己领导、指挥的力量、权力"②。因此，国家形象之物质属性已成为"国之为国"的基础。

②国家形象之双重特性

国家形象涉及"实体与主体""客体与主观""他者与自我"三方面内涵，呈现出多层面的双重特性。③ 就国家形象表征载体而言，国家形象可通过一个国家中具有历史文化意义的符号来呈现，如，埃及金字塔、美国自由女神像、中国长城等；也可由国家的主体，即一国之公民来呈现，

---

① 董海洲：《从"身份"到"场所"——属人法连结点的历史与发展》，《法学家》2010年第1期。

② [美] 约瑟夫·奈：《硬权力与软权力》，门洪华译，北京大学出版社2005年版，第6页。

③ 县祥：《当代中国国家形象构建研究》，博士学位论文，西南财经大学，2011年，第23页；董军：《国家形象是如何可能的——"中国威胁论"的话语生产》，博士学位论文，复旦大学，2013年，第9页；张毓强：《国家形象刍议》，《现代传播》2002年第2期。

如国外的华人等；就国家形象表征形式而言，国家形象可由"实"与"虚"来呈现，"实"像即为国家内部实物的样子，"虚"像即为媒介塑造、受众的认知形象，它们是实物再加工后形成的像；就国家形象表征的主体而言，国家形象可由国家内部与外部民众表征。如国内民众与国外民众对中国国家形象的不同看法。可见，国家形象的双重属性是整体与部分、原生与再造、绝对与相对的统一与对立，是对国家形象多层面的认识。

③国家形象之可塑特性

国家形象的可塑特性即国家形象的形成、传播、认识各环节中都易受到外界因素影响而产生变化。国家形象的可塑特性是国家形象典型的外在属性，即国家形象中那些可变化、可操纵的属性，它是通过对传播媒介的受众的影响而进行塑造。研究者从不同角度分析了国家形象的可塑性。如，有研究者在探究20世纪上半叶美国电影中的中国形象时，发现西方视角下的中国，展现了从古代早期美好的、负面的、平实的形象到近代的邪恶形象，国家形象的变迁反映了美国对中国不同时期的态度[1]；也有研究者探讨了北京奥运会与文化中中国国家形象构建间的关系，分析了国内外重要报纸中对北京奥运会的文化叙事，认为文化中国的形象构建需考虑表达主体、传播内容、媒体策略、对话对象、议题管理五方面入手，明确指出了塑造策略与实施途径[2]；还有研究者对影响中国国家形象的现实因素进行了分析，认为国民素质、社会的诚信问题以及"中国威胁论"的泛滥等是影响塑造当前中国国家形象的重要因素。[3] 宏观层面上，国家形象的可塑性体现了一国对他国的基础价值判断；中观层面上，国家形象的可塑性反映了"塑造"过程的系统性；微观层面上，国家形象的可塑性受国家内部主体、客体等因素影响。可以说，正是由于国家形象的可塑属性的存在，才使国家形象学的研究不断拓展、延伸。

---

[1] 张建琴：《20世纪上半叶美国电影中的中国形象》，博士学位论文，辽宁大学，2016年，第163—166页。

[2] 冯惠玲、胡百精：《北京奥运会与文化中国国家形象构建》，《中国人民大学学报》2008年第4期。

[3] 阿幕由：《影响中国国家形象的现实因素分析》，《中国报业》2016年第22期。

(2) 国家形象本质特性的思考

基于上述对国家形象本质特性的理解，本书认为国家形象的本质特性并非仅停留在形象学本身（如前所述，国家形象的物质特性、双重特性与可塑特性均是从形象的产生、发展、变化、传播的角度思考的），应将国家本质特性考虑在内，从而形成对国家形象本质特性的综合认识。为了达到此目的，我们将国家形象置于国家这一实体产生、流变以及发展的视野下进行思考，旨在揭示国家形象的本质特性。

① 以民族共同体为前提

民族共同体作为现代国家建立的前提，是国家形象功能特性的本质内涵。国家形象伴随着国家这一行为体的出现而产生。受经济发展的影响，西方较早的建立国家制度，伴随着历史的推演，国家形象思想逐渐凸显民族性。古希腊时期，以雅典城邦为代表的古希腊城邦开始建立起完备的奴隶制国家制度，这一时期国家形象思想着力点在于处理自由贫民与富有奴隶矛盾，如，柏拉图"整齐划一"的国家形象观追求国家内部各等级和衷共济、各得其所，公民生活、社会分工与所有制形式采用统一模式、同一格调。① 而亚里士多德则强调"多元共生"，认为国家内部各阶级应呈现和谐、平等的形象②；西方资产阶级革命时期，西欧各国经济结构和政治制度呈现出资产阶级色彩，这一时期国家形象思想开始以隐性的方式强调国家对民众的责任与人民的权力，如，意大利文艺复兴时期思想家马基雅维利指出的"抑制权势者的过分野心和腐化"，主张建立统一民族国家来抵御外敌。③ 而英国资产阶级政治思想家霍布斯在谈及人民基本权利时指出人民具有"买卖或其他契约行为的自由，选择自己的住所、饮食、职业及按照自己认为适宜的方式教育子女的自由等等"④；德国古典哲学时期，国家形象思想开始转向国家意志与个体意志关系的讨论。康德的"理性意志"观，认为"制定法律的权力应给予人民，而且国家主权也只能属于人

---

① 郭澍：《试论国家的观念发展的几个阶段》，《政治学研究》1989 年第 5 期。
② 邵东方：《孟子和亚里士多德的早期国家观》，《江淮论坛》1987 年第 1 期。
③ 宋立顺：《论马基雅维利〈君主论〉一书中的"重民"思想》，《学理论》2012 年第 20 期。
④ 张锡金：《霍布斯人权思想论要》，《学海》2002 年第 5 期。

民的联合意志,即理性意志"①。黑格尔的"国家是伦理理念的现实",认为国家是一种"民族精神"或者"普遍意志"。② 其是一种崇高的伦理精神,统治者通过这种伦理精神将民族凝聚为统一的共同体。纵观西方国家形象思想的发展,关注点从君权到人权,从等级有序到平等自由,从贵族意志到人民的联合意志,逐渐透出"民族"的意味,形成现代国家形象的样态。有学者指出"'民族国家'成为应对现代国家建立之后如何自我认同的主要措施,个体本位和民族认同共同铸就了现代国家"③。以民族共同体为存在方式的国家是现代国家形象的基本内涵。纵观西方历史,古代雅典帝国、波斯帝国、罗马帝国,中世纪的罗马帝国,较晚的奥匈帝国,这些传统帝国在近代大多分裂为民族国家的形式,在力量上均势,形成以民族为核心的凝聚力,展现出基于平等地位的、消除内部差异的民族国家形象。

②以文化为根基

"国家就是文化的丛集体,没有文化便没有国家。文化是因,国家是果"④。文化是民族国家发展的精神源头,也是国家形象产生、发展及传播的基础。研究表明,一国之形象必然被打上自己文化的印记,无论经历"自我"还是"他者"的塑造,都掩盖不了其文化的内涵。一方面,自我塑造过程中体现了文化的凝聚。以国内国家形象研究为例,研究者们集中讨论了国家形象产生机制、多维塑造策略、传播模式等,攫取典型意义的文化符号作为国家的意向性表达,将文化作为联结塑造者与受众的内在主线,形成集体文化认同与归属。⑤ 另一方面,他者塑造过程中强化了文化的隔阂。他国文学、传播学等作品对中国的宗教、习俗以及政权等为主要研究对象,勾勒出历史不同时期的中国,从"繁荣富有""文明智慧"到

---

① 王宝贵:《生之为人的尊严:意志自由与理性自律——康德道德人格分析》,《重庆交通大学学报》(社会科学版) 2011 年第 1 期。
② 郁建兴:《黑格尔的国家观》,《政治学研究》1999 年第 3 期。
③ 孙向晨:《民族国家、文明国家与天下意识》,《探索与争鸣》2014 年第 9 期。
④ 常乃惪:《中国思想小史》,上海古籍出版社 2014 年版,第 121 页。
⑤ 县祥:《当代中国国家形象构建研究》,博士学位论文,西南财经大学,2011 年,第 23 页;董入雷:《服装符号与中国国家形象建构研究》,博士学位论文,外交学院,2017 年,第 74 页;沈琬:《中国国家形象之建构:一种品牌国家形象的研究》,博士学位论文,复旦大学,2013 年,第 85 页。

"理想国",再到"幻灭的神话"等形象,从对中国文化的赞美、崇拜,到厌恶与鄙夷,逐渐显现自身文化的优越性与合理性。[①] 他者呈现中国形象为"表",其折射出的文化意识为"里","里"强调文化的差异,"表"强调文化的共荣,显然,伴随历史的推进,差异的凸显有助于他国国家自我的定位。

③为话语权持有方所辩护

社会学经典命题探讨了"什么知识最有价值?"到"谁的知识最有价值?",相对地,"国家形象"作为一种经验性知识,自然回避不了这一来自知识本质的拷问。国家经过塑造、传播等中间环节后在受众头脑中形成映像,中间环节的话语权对国家形象的形成起着至关重要的作用。某种程度上,国家形象是话语权所有者所勾勒的图景。以中国国家形象为例,在西方社会中,西方对中国国家形象已形成固有的话语体系,这些体系成为具有支配性的符号。八个世纪以前蒙古人征战欧洲,中西方开始大规模接触,从中世纪时期的《马可·波罗游记》,到地理大发现时期的《大中华帝国》,到思想启蒙时期的《世纪中国潮》,再到20世纪的《"龙"的幻象》,乃至21世纪的《论中国》等,西方话语体系下的中国从繁盛到危亡再到崛起,为世界各国提供了透视中国的窗口[②];而在国内,近代以来,受西方话语体系的影响,中国精英知识分子从最初"西学东渐"到"中国道路"的演变展现了中国自身经历了从对西方话语体系的接受到对民族话语自我表达的探索历程。[③] 西方话语体系下中国形象的变迁与中国话语体系下自我形象的探寻,实质揭示了建构自我过程中话语权力的争夺。在这里,"谁建构"的意义远大于"建构了什么"。

(3) 国家形象本质特性的再思考

无论从形象学本质还是从国家本质出发思考国家形象本质特性都是单维、平面的,而从国家形象产生机理结构来看其本质属性是多维度的、系

---

① 邹雅艳:《13—18世纪西方中国形象演变》,博士学位论文,南开大学,2012年,第220—225页。

② 邹雅艳:《13—18世纪西方中国形象演变》,博士学位论文,南开大学,2012年,第226—229页。

③ 罗志田:《探索主体性:近代天下崩解后国家与文化的紧张——兼及"中国本位文化"的争论》,《社会科学战线》2018年第1期。

统的。我们认为国家形象的产生是主体对客体的选择与再造,参照认知心理学中"注意选择——过滤器模型"的原理①,涉及"客体国家—多层面建构—国家形象"这一序列(见图1-1),国家形象多结构中包括"实体与主体""客体与主观""他者与自我"三方面,它们对照法国社会学家让·鲍德里亚形象的三重性,即"现实""象征"与"想象",涉及三个层面,即客体层面、媒介层面、认知层面。同时国家形象的结构中又存在"实与虚""呈现与再造"等的区分,各自相对独立且紧密相连。结合国家形象概念与国家形象产生机理,本质属性涉及政治属性、意识形态属性、文化属性。

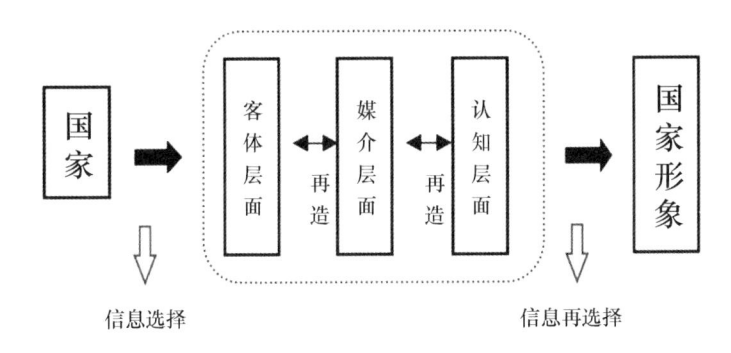

图1-1 国家形象产生的机理结构

① 政治特性

政治特性是国家形象的客体呈现,表征了国家政权的归属。早在甲骨文中以"ᗜᠯ"呈现,造字本意即为"武力守卫的一方疆域"。之后,其外加"口"为"國",即为诸侯封地而建的有武力守卫的城邦。如此,古意中的"国家形象"特指政权统治下的区域。有研究者认为"对于任何新生政权而言,国家形象建构是国家建设的重要内容"②。国家形象的构建伴随政权更替而变化。纵观中国几千年的历史,历朝历代的中国印记均带有政治色彩。如,秦之"扫六合"开启大一统时代,汉之"与民休息"的民生样态以及唐之"天朝盛国"的繁盛景象等。可以说,国家形象是特定政权

---

① 王甦、汪安圣:《认知心理学》,北京大学出版社2006年版,第80页。
② 陈金龙:《新中国初期的纪念活动与国家形象建构》,《新视野》2012年第4期。

下治国成果的显现,将政治体制、民生文化、经济发展等形象化的结果。换言之,当提及国家形象时,已含有"政权归属"之意。

②意识形态特性

意识形态特性是国家在再造过程中显现出的特性(见图1-1中"再造"),体现了中间媒介对"谁建构国家形象"话语权的争夺。《马克思主义与语言哲学》中认为"意识形态是一种观念或思想体系,它包括任何一个社会阶层或团体的信仰或世界观"①。在此意义上,国家形象的意识形态特性是某阶层、团体或个人价值观念的表达。意识形态特性体现在国家形象的建构中,涉及三个层面:首先,政府机构的政治信念。其一,以国家主流价值体系为指导进行的活动。② 具体来说,政府代表国家主导的政治、经济、军事、外交等活动,如,国家领导人讲话、重大国际事件的组织等。③ 其二,代表国家意志发布的内容。如国家法律法规、方针政策等④;其次,社会组织的价值理念。以企业这一营利社会组织为例,一国企业是国家形象建构中的重要媒介。例如,人们通过波音、高通了解美国,通过松下、丰田认识日本,在购买、使用乃至后期享受产品服务中,感受到企业的文化、价值理念,间接认识了产品所在国家;最后,个人的价值观念。国民是国家的重要成分,国民的样态是国家形象的映射。随着全球化进程的加剧,国民走出国门,外国人走入中国,在此情况下,个人不仅是他自己,还代表了自己的国家,其价值观念、行为方式等无不成为国家形象的建构依据。有研究者通过对中国大陆出境旅游公民的媒介形象的研究发现,外媒对中国游客的报道主题与道德文明、公民素养等紧密相关。⑤

③文化特性

塞缪尔·亨廷顿在《文明的冲突与世界秩序的重建》中说"人们因文化而凝聚,因意识形态而分离",一语点明文化的价值与意义。而文化特

---

① 石鸥、赵长林:《科学教科书的意识形态》,《教育研究》2004年第6期。
② 张毓强:《国家形象刍议》,《现代传播》2002年第2期。
③ 孟慧丽:《话语权博弈:中国事件的外媒报道与中国媒体应对》,博士学位论文,复旦大学,2012年,第164页。
④ 程曼丽:《大众传播与国家形象塑造》,《国际新闻界》2007年第3期。
⑤ 蒙慧林:《中国大陆出境旅游公民的媒介形象研究——以联合早报网为例》,博士学位论文,西南大学,2016年,第25页。

性是主体人对客体层面、媒介层面的国家形象再造中显现的,突出人在国家形象形成过程中的主体作用。国家形象的文化特性一方面指向对国家内部主体的向心力,另一方面指向对国家外部主体的感召力。① 全球化推动了"国家公关时代"的到来,各国利用国家形象的文化特性在建构国民文化自觉、获得文化自信方面实施了大量举措。美国利用其经济、军事、科技的优势,跳出民族国家传统界限,以文化这一软性的形式传递美国式自由、民主、博爱的国家形象,向本国与他国人民传递美国式价值观。2016年,德国捷孚凯市场咨询公司对全球50个国家和地区进行国家形象指数分析,采访了20353名受访者,美国高居首位②;英国建立纯熟的大文化管理机制,于1997年提出发展创意产业,借助广告、建筑艺术、文化遗产等方面,旨在摆脱人们心中没落帝国形象,重塑时代强者形象;法国对外将文化外交作为国家战略,教育、文化、经济等多个领域的网络覆盖上百个国家,对内以立法形式规定电台法语节目的比重,力求向世界各国与本国人民传递法兰西的价值观念、标准。③ 国家形象文化属性剑指文化自我,以经济、军事、文化遗产等为基础,旨在将精神自我植入本国国民意识之中,吸引他国国民成为文化传递者。如约瑟夫·奈所说"归根结底,控制人类共同命运努力成败取决于具有极端重要意义的哲学和(或)文化层面"④。

4. 国家形象的基本特征

国家形象建构是一个历史继承性、现实实践性与未来想象性相融合、相统一的历史实践过程。国家形象的历史实践过程表现为国家形象的多维性与整体性相统一、具象性与抽象性相统一、静态性与动态性相统一、民族性与世界性相统一。

(1) 多维性与整体性相统一

国家形象是由一个国家实体多维性要素构建起来的、系统整合后的整

---

① 张伟:《国家形象的文化塑造——基于价值认同的视角》,《理论视野》2017年第3期。
② 童黎(编译):《美媒:最新国家形象德国居首,西方国家在前十有绝对优势》,2017年11月,观察者网(https://www.guancha.cn/global-news/2017_11_19_435490.shtml)。
③ 曾河山:《从英法韩文化战略看国家形象的塑造》,《对外传播》2007年第2期。
④ [美]约瑟夫·奈:《软力量:世界政坛成功之道》,吴晓辉等译,东方出版社2005年版,第7页。

体性表现。从这个意义上来讲，其一，国家形象是基于国家多维实体要素建构起来的，而这些具体化实体要素是可衡量的、可具体化的要素，如，人口数量、领土面积、军事力量等，它们不以人的意志为转移；这些具体实体要素还可以作为被评价、被描述的关键要素，如，民族精神、文化标准、价值准则等，它们通过人与外界互动而生成。这体现了国家形象的多维性。其二，国家形象建构还是多维要素整合结果的整体性表现。国家形象几乎涵盖国家的方方面面，但多维实体要素各自定位、各自发挥功能，互为表里、互动协同，形成具有整体性与功能性的有机整体，进而呈现国家形象的整体性全貌。因而，国家形象既是多维性的，又是整体性的，两者相统一。

（2）具象性与抽象性相统一

国家形象是主体人对客体国家的总体评价与认定。从这个意义上来讲，国家形象的形成是基于对客体形成主观认识，国家是作为主体认识的对象，它是具体的、可感知的，如文化形象、经济形象、国民形象等。它们都是可以找到现实存在的具体符号来表现的。同时，国家形象也会因不同的文化表征符号而表现出不同的方面。如日本以樱花情结与武士道精神作为国家符号，两种符号却反映了日本文化、民族的两面性。美国以"自由女神像""好莱坞""山姆大叔"等作为国家符号，反映了国家形象的多面性。实践也同样表明，人们对某一国家的认知正是基于对这些具体符号整体性印象的评价与认定。也就是说，虽然国家形象是具象的、可感知的，但是国家形象并非是一个实体形象所能够完全表征的。在形成最终整体印象与整体性评价之前，认知主体通过对具象符号形成主观联想的符号，进而抽象出对国家客体的基本评价，这一过程也受主体情感态度、价值观念等主观意识形态影响。因而，国家形象是具象性与抽象性相统一的。

（3）静态性与动态性相统一

国家形象是以国家实体符号为表征，这意味着，国家形象是静态的、稳定的。如物质要素中的地理环境、自然资源及生态环境，一定时期内是静态的，是不以人的主观意识为转移的。如中美欧被称为"大陆国家"，日本、英国、印度尼西亚等国被称作"岛国"。但与此同时，国家形象也会因国家经济、政治、文化等要素的时代变迁，并在持续动态的历史演变中不断转换。国家形象是通过认知主体对国家客体评价与认定来建构的，因而国家客体的变化必然导致国家形象实然样态的变化。例如，中华人民共和国的成立，从没有主权的半殖民地半封建国家转变为拥有独立主权的社会主义国家；从最初的积贫积弱到当前的世界第二大经济体；从中华人民共和国成立初期的"中华民族新文化"到现今的"文化自信"。所有这些来自国家客体的发展成果将国家形象的表征要素进行了更新，造就了认知主体对特定国家进行评价时不得不考虑新兴要素，从而促成了国家形象的动态性。因而，国家形象是静态性与动态性相统一的。

（4）民族性与世界性相统一

现代国家能够从众多原始"共同体"中生存、转化并最终保留下来，与其所宣称的"民族"有很大关联，"民族"使得民众对共有的记忆和文化形成认同并建构意义。而国家形象在很大程度上就是民族形象的表征和体现。在全球化的今天，大部分国家都印有其特定民族的印记。比如，基于对武士道精神、富士山精神等日本民族精神的认知，不论是日本人还是他国人，都有很大比例的人认为日本的整体形象是精致、整洁的，日本人具有严谨、忠诚、重视荣誉等特征；基于对骑士精神、日不落文化等英国民族精神和文化的认知，不论是英国人还是他国人都有很大比例的人认为英国的整体形象是古典、雅致、贵气的，而英国人是绅士、有修养的。民族历史、民族印记、民族精神是民族形象的烙印与精神印刻，民族性彰显着国家形象。同时，国家形象又是世界文化的一部分，不同的民族国家形象构成了全球的整体形象，国家形象又具有世界性。因而，国家形象是民族性与世界性相统一的。

5. 国家形象的理论阐释

"国家形象"的研究广泛存在于各类学科之中，包括政治学、国际关系学、社会学、文化学、心理学、传播学等，各学科从不同视角出发，结合学科现有理论对"国家形象"进行了丰富的理论阐释，较为典型的阐释如下。

（1）马克思与恩格斯论述的"国家形象"

马克思与恩格斯在对资本主义经济、政治、文化等多方面批判的基础之上，讨论了资产阶级革命演变过程中国家形象的不同方面。

首先，国家政权形象——服务于无产阶级的中央集权。马克思与恩格斯认为资产阶级革命进程中，建立中央集权的民族国家是历史发展的必然趋势。他们认为"资产阶级日甚一日地消灭生产资料、财产和人口的分散状态……由此必然产生的结果就是政治上的集中。各自独立的、几乎只有同盟贡献的、各有不同利益、不同法律、不同政府、不同关税的各个地区，现在已经结合为一个拥有统一的政府、统一的法律、统一的民族阶级利益和统一的关税的统一的民族"①。而建立统一中央集权是利于资产阶级与无产阶发展的有效途径，"人数众多、强大、集中而有觉悟的无产阶级的生存条件的演变，是与人数众多、富裕、集中而强有力的资产阶级的生存条件的发展同时进行的"②。马克思和恩格斯还分析了中央集权的局限性，他们认为1848—1849年德国作为中世纪残余思想影响较深的国家，建立中央集权的目的是将老旧思想、体制推翻，肃清地方政权发展的障碍，并在此基础上谈论自由、自治的问题。③ 马克思与恩格斯勾勒了民族国家在特定条件下建立中央集权的图景，旨在为无产阶级革命提供指导，反映了他们对国家权力结构的评价与认知。

其次，经济形象——按劳分配与按需分配。马克思与恩格斯认为资产阶级革命的最终目标是实现共产主义，针对共产主义社会不同阶段构建了经济蓝图。他们指出共产主义社会中，就生产资料而言，"资本主义的占有方式让位于那种以现代生产资料的本性为基础的产品占有方式：一方面由社会直接占有，作为维持和扩大生产的资料，另一方面由个人直接占有，作为生活和享乐的资料。"④ 他们开创新的分配制度，认为在共产主义低级阶段与高级阶段分别遵从"按劳分配"与"按需分配"制度，在低级阶段，"每一个生产者，在作了各项扣除之后，从社会方面正好领回他所给予社会的一切。他所给予社会的，就是他个人的劳动量"，而高级阶段，"迫使人们奴隶般地服从分工的情形已经消失""脑力劳动和体力劳动的对立消失""个人的全面发展生产力也增长起来"⑤。依照恩格斯与马克思的观点，进入共产主义阶段，经济形象呈现出自由的价值导向，此时真正实现人类最高层次的经济愿景。

---

① 《马克思恩格斯文集》第9卷，人民出版社2009年版，第297页。
② 《马克思恩格斯文集》第2卷，人民出版社2009年版，第356页。
③ 《马克思恩格斯文集》第2卷，人民出版社2009年版，第197页。
④ 《马克思恩格斯文集》第3卷，人民出版社2009年版，第319页。
⑤ 《马克思恩格斯文集》第3卷，人民出版社2009年版，第10—12页。

最后，人文形象——自由人与自由环境。马克思与恩格斯认为，当步入共产主义社会，社会中的人与环境都将与政治、经济发展共同发生变化。马克思与恩格斯认为共产主义社会是"自由人的联合体"，他们完成了人类全面解放，获得了自由的人格，摆脱了旧观念，建立了新型人际关系。[①] 同时，所处环境的自由与平等，更加促进了个体德智体美等全面发展，如此循环往复，达到人类生存、生活的最佳状态。

在马克思与恩格斯构建的理论中，他们勾勒了理想的国家形象，将政权、经济、人文理想状态完美呈现。实际上，马克思与恩格斯对于国家形象的论述回答了"我将来是谁"的问题，通过未来国家形象来定位国家的"自我"，这对塑造国家形象有着启发意义。

（2）现实主义理论的"国家形象"

现实主义理论主张从国家间的冲突与竞争来看待国家之间的关系，将权力看作是国家利益的直接因素。

现实主义理论发展过程中，代表人物汉斯·摩根索对权力与国家利益进行了详细讨论。在《国家间政治：权力的斗争与和平》一书中，摩根索提出现实主义六原则，形成对现实主义理论框架基本建构。他认为国家的所有行为动机仅归功于权力的获得、维持与增加，并提出"威望政策"，其核心观点即：武力是国家向他国展示自身实力并使其留下印象的重要手段。因此，军事力量作为最强实力的核心是显示国家实力最直观方式。[②] 基于此，现实主义者认为国家形象是国家利益的重要组成部分，国家的政治、军事、经济实力是国家硬权力的象征。

美国著名国际关系专家理查德·赫尔曼以现实主义理论为基础，提出国家形象理论，认为外交决策者应强调相对国力的重要性，相对国力限制了国家实施外交决策的范围，从外交谈判到全面战争，强国在外交决策方面有较大的回旋余地，而弱国的选择余地则较小。还要判断对象国对本国构成的是威胁还是提供了机遇。[③]

[①] 《马克思恩格斯文集》第20卷，人民出版社2009年版，第310页。
[②] 陈昌升：《权力的祛魅——论摩根索在〈国家间政治〉中对威望因素的遮蔽》，《国际论坛》2007年第3期。
[③] Herrmann Richard K., et al., "Images in International Relations: An Experimental Test of Cognitive Schemata", *International Studies Quarterly*, Vol. 41, No. 3, September 1997.

总的来说，现实主义理论对国家形象的诠释强调国家硬实力对国家形象的影响，忽视了硬实力之外其他方面对国家形象的作用，具有一定的片面性。

（3）自由主义理论下的"国家形象"

自由主义根植于西方自由主义哲学思想，是西方国际关系理论的重要流派，其理论渊源是洛克的权利政治与个人主义理念、格劳秀斯国际社会与法制思想、康德世界永久和平理论以及斯密的自由市场理论等。新自由制度主义是20世纪80年代中期发展起来的重要国际关系理论，是在学理上与现实主义相抗衡的自由主义理论流派。20世纪70年代末，美国哈佛大学教授罗伯特·基欧汉和约瑟夫·奈出版了《权力与相互依赖：转变中的世界政治》一书，提出了复合相互依赖概念，用复合相互依赖理论将自由主义和现实主义结合起来，为新自由制度主义理论的出现奠定了基础。[①]其后，基欧汉对国际机制与国际制度进行系统研究，并在1984年出版了著作《霸权之后：国际政治经济中的合作与争斗》，这是新自由制度主义的第一部重要著作。他用个体主义方法论，承认国际体系中权力与财富分配对国家行为的重要影响，建立了自己的体系层次理论——国际制度理论。[②]

自由主义理论强调了软权力对国家形象形成的作用。"软权力"这个概念是美国哈佛大学教授、新自由制度主义理论重要代表人物约瑟夫·奈在1990年出版的《注定领导世界：美国权力性质的变迁》一书中首先提出的，成为冷战后使用频率极高的名词。软权力又被称为说服性权力，是与硬权力相对的，指使他者期望你所期望的目标的能力。而硬权力又称为强制性权力，主要指依靠军事和经济实力迫使他人服从自己，从而达到自身目的的能力。[③] 简要来说，软权力就是吸引力和影响力，其包括文化吸引力、意识形态或政治价值观念的吸引力、塑造国际规则和决定政治议题的能力等几个方面。

（4）建构主义理论下的"国家形象"

建构主义理论是20世纪80年代后期，在对自由主义理论和现实主义

---

① 门洪华：《罗伯特·基欧汉学术思想述评》，《美国研究》2004年第4期。
② 门洪华：《建构新自由制度主义的研究纲领——关于〈权力与相互依赖〉的一种解读》，《美国研究》2002年第4期。
③ [美] 约瑟夫·奈：《硬权力与软权力》，门洪华译，北京大学出版社2005年版，第6页。

理论的批判和反思中发展起来的，逐渐成为最有影响的理论范式之一。建构主义把文化作为其主要研究对象，身份和利益是建构主义理论的核心概念。建构主义理论认为，国家的身份是由国际体系文化建构的，而国际体系文化则是通过国家的互动形成的。国家的身份与国家利益和行为密切相关：身份决定利益，利益又决定行为。建构主义代表人物亚历山大·温特认为，国家共有四种利益，即生存、独立、经济财富、集体自尊。①"所谓集体自尊就是指一个集团对自我有着良好感觉的需要，对尊重和地位的需要。"② 根据建构主义理论，国家形象不是"自然物"或"自在物"，而是体现为一种国际社会关系，是一种在国际社会内与对象国互动过程中所形成的相互承认、认同的关系，脱离他国或国际社会的承认、认同，就形不成一国的国家形象。③ 因此，国家形象不是靠一个国家单方面自我设计、定位出来的，而是在与他国的互动中形成共同观念，在相互认同的基础上建构起来的。

（5）民族主义理论下的"国家形象"

同一的民族意识是构建现代民族国家的基础。民族主义理论是从民族的视角出发，解构国家建构过程中区分"自我"与"他者"界限的关键要素。有学者认为民族的概念具有自然属性，因为它是由人类诞生以来，具有血缘关系的家庭、部落演化而成，地域、语言等因素与其形成、发展存在密切联系。④ 现代民族国家构建的现代国家体系被称为民族国家（nation－state）体系，民族与国家建构有着密切的联系。也有学者认为民族是具有社会属性的概念，它是人类主观建构而成。⑤ 还有学者认为民族的本质是"族群—象征主义"，这种观点是在自然属性与社会属性基础上

---

① ［美］亚历山大·温特：《国际政治的社会理论》，秦亚青译，上海人民出版社2000年版，第230页。
② ［美］亚历山大·温特：《国际政治的社会理论》，秦亚青译，上海人民出版社2000年版，第230页。
③ 方长平、冯秀珍：《国家利益研究的范式之争：新现实主义、新自由主义和建构主义》，《国际论坛》2002年第4期。
④ ［英］安东尼·史密斯：《民族主义：理论、意识形态、历史》，叶江译，上海人民出版社2006年版，第88页。
⑤ ［英］埃里克·霍布斯鲍姆：《民族与民族主义》，李金梅译，上海人民出版社2006年版，第10页。

提出，认为族群是民族的基础，其共同且持久的文化是形成现代国家的基础。① 三类观点共同指出：其一，在民族形成的基础上，均强调群体以共同物质、精神为根基而结合；其二，在民族的构成上，强调"本族"与"外族"的界限，无论是自然意义上的血缘，还是文化意义上的同一性，都是区分"我"与"他"的基础；其三，在民族形成的目的上，均演变为共同体。因此，民族主义理论下的国家形象注重国家之间的差异，强调国家自我的形成与发展。

（二）中国国家形象

中国国家形象是指对中国整体国家样态的认识与评价。认知主体来自国内，特指面向国内的中国国家形象，认知主体来自国外，特指面向中国国际形象。本书中，"国家形象"特指面向国内的中国国家形象。

三　表征、国家形象表征

（一）表征

1. 表征的含义

"表征"一词在中英文中含义各有侧重。在中文中，"表征"在《辞海》中释为"揭示、表明"，以及"显露于外的征象"。在英文中，"表征"即"representation"，依照《朗文英语词典》，等同于"symbol"，意为"象征、符号、代号、记号"。中文中，"表征"即表示事物外显出来的象，而在英文中，用于指代具体事物。前者是指实体的事物，后者是指用来指代具体事物的符号。从中英文词源来说，"表征"一词的含义即指"象征、代表、代号"。

在理论研究中，"表征"的概念在文化领域占据着较为重要的地位，其常置于文化语境中加以讨论。有学者认为"表征意味着用语言向他人就这个世界说出某种有意义的话来，或有意义地表述这个世界"②；也有学者认为"表征是某一文化的众成员间意义产生和交换过程中的一个必要组成部分"③；

---

① 叶江：《当代西方的两种民族理论——兼评安东尼·史密斯的民族（nation）理论》，《中国社会科学》2002年第1期。
② 苏特·加利、李开：《斯图亚特·霍尔：最后的访谈》，《国外社会科学》2017年1月。
③ 邹威华、刘波：《斯图亚特·霍尔的"撒切尔主义"研究》，《南京社会科学》2012年第11期。

还有学者认为"表征包括语言的、各种记号的及代表和表述事物的诸形象的使用"①。在众多研究者看来，表征将意义与语言相连，是在我们头脑中通过语言对各种概念意义的生产，即是将具体概念与语言之间联系起来，这种联系使人们既能认识真实人、事、物的世界，又能想象虚构的人、事、物的世界。

综合词源以及研究者的观点来看，"表征"的概念有三种内涵。其一，表征是"指代"，即从事物本体衍生而来的象征物。其二，表征是"用符号表述世界"，即以象征物来表达世界。其三，表征是"意义与符号间的联结"。总的来看，表征即是以符号来指代世界，使意义得以共享与交换的象化结果。

2. 表征的形式

由于"表征"来源于主体人对客观世界的加工，表征的形式由主体人处理信息的方式所决定。从感知信息通道出发，表征的形式分为语义表征与表象或图像表征②；从提取过程是否有意识参与的角度出发，表征的形式分为陈述性知识表征与程序性知识表征③；从加工信息的深度出发，表征的形式分为浅层表征与深层表征。④

3. 表征的理论阐释

具体事物转化为符号得以表征，大体有三种理论可用来阐释这一过程。

其一，反映论。"在反映论中，意义被看作是置于现实世界的客体、人、观念或事件中的，符号如同一面镜子那样起作用，反映真实的意义，就像意义已经存在于世。"⑤ 前4世纪，希腊人用模仿的观念，解释语言乃

---

① 韩彩英、殷杰：《认识活动实在性的语言符号表征》，《科学技术与辩证法》2005年第2期。

② Rasiwasia Nikhil. *Semantic Image Representation for Visual Recognition*, San Diego: University of California, 2011, p. 67.

③ Poonam T., T. V. Prasad, and M. S. Aswal, "Comparative Study of Three Declarative Knowledge Representation Techniques", *International Journal of Advanced Trends in Computer Science And Engineering*, Vol. 2, No. 7, July 2010.

④ Elgueta – Cancino Edith, et al., "Motor Cortex Representation of Deep and Superficial Neck Flexor Muscles in Individuals with and without Neck Pain", *Human Brain Mapping*, Vol. 40, No. 9, May 2019.

⑤ [英] 斯图尔特·霍尔：《表征：文化表征与意指实践》，徐亮等译，商务印书馆2013年版，第24页。

至素描和绘画是如何反映或者模仿自然的,他们将荷马的著作《伊利亚特》看作是对一个英雄事件系列的"模仿"。因此,这种认为符号是以反映或者模仿已经存在于世的真相的理论,也称作"模仿论"。

其二,意向论。在意象论中,意义被看作为是说者、作者通过符号把他的独特理解强加于世界的结果。"符号的意义即是作者认为它们应当具有的意义。这一理论的逻辑基点即是,作为主体人,使用符号来传递与交流对我们以及我们所处世界的观念,这本是极具个性化意义的实践。"① 但是,作为经由符号得以表征的一般理论,意象论有其不足之处,即是即使作为主体人,我们也不可能成为符号意义的唯一来源,因为意义是靠共享的符号规则来达到共同理解的。② 这意味着,意向论在一定程度上,只是受共同规则制约、妥协于约定俗成文化信码的局部意向而已。

其三,构成主义理论。在构成主义理论中,符号被看作是具有公众的、社会的特性。该理论认为,事物自身与符号的个别使用者不能确定符号的意义。事物本没有意义,作为主体的我们,运用表征系统(即各类概念和符号)构成了意义。持有这一观点的研究者不否认物质世界的存在,但认为传递意义的并不是物质世界,而是用来表征我们各种概念的符号系统。③ 正是社会行为者使用他们文化的、语言的各种概念系统以及其他表征系统去建构意义,使得世界富有意义并向他者传递有关这个世界的丰富意义。

(二)国家形象表征

国家形象表征的含义是"国家形象"与"表征"内涵相结合,再加以综合阐释。"国家形象"的内涵指向社会认知主体对国家各方面(实体要素与主体要素等)的映像、态度与评价,其落脚点即为"集体的认识与评价"。"表征"的内涵指向以符号来指代世界,使意义得以共享与交换的象化结果,其落脚点即为"指代世界得以意义交换"。国家形象表征,即为

---

① [英]斯图尔特·霍尔:《表征:文化表征与意指实践》,徐亮等译,商务印书馆2013年版,第25页。
② [英]斯图尔特·霍尔:《表征:文化表征与意指实践》,徐亮等译,商务印书馆2013年版,第26页。
③ [英]斯图尔特·霍尔:《表征:文化表征与意指实践》,徐亮等译,商务印书馆2013年版,第24页。

社会认知主体对国家的认识与评价,以象征性符号加以指代,使得国家实体的意义得以共享与交换。归根结底,国家形象表征即社会认知主体对国家的集体性认识与评价得以符号化并获得共享意义,这一符号化的目的是使共同体内部成员以及共同体外部成员能够建立抽象化实体国家的图式。

第五节 研究意义

一 理论意义

本书的理论意义包括三方面:一是为语文教材中关于国家形象的编写提供理论支撑。本书以语文选文系统中附着的国家形象要素为具体研究对象,通过分析语文教材选文中国家形象表征总体样态与各年级、学段语文教材国家形象表征样态,这些方面的研究结果可为语文教材选文提供基于国家形象建构的选入标准,丰富了语文教材编写理论。二是为国家形象建构提供理论依据。本书聚焦语文教材国家形象表征,其落脚点为"国家形象表征"。通过对国家形象表征实然样态以及其影响因素的分析,可以推演出国家形象表征的体系以及国家形象表征的路径等,可为国家形象主动建构提供具体依据。三是丰富教材研究方法论体系。本书采用内容分析方法对语文教材国家形象表征进行科学量化分析,为监测语文教材国家形象表征样态提供可用手段。本书采用内容分析法,对语文教材国家形象各表征要素间关系,不同年级、学段中国家形象各表征要素间关系都进行系统化、数量化呈现,这不仅为语文教材国家形象表征样态分析提供系统化手段,还丰富了教材方法论研究。

二 实践意义

本书是以国家形象视角切入教材研究,为将"教材建设作为国家事权"具体化落实提供新视角。本书关注语文教材国家形象表征,其研究对象的具体范畴落在"义务教育统编版语文教材"上,这决定了本书带有强烈的时代色彩。2016年,中办、国办印发的《关于加强和改进新形势下大中小学教材建设的意见》中指出"教材体现国家意志",同年,习近平同志在全国高校思想政治工作会议上指出"教材建设是育人育才的重要依托。建设什么样的教材体系，核心教科书传授什么内容、倡导什么价值，体现国家意志，是国家事权"①。2020年1月，国家教材委员会印发《全国大中小学教材建设规划（2019—2022年）》，针对教材建设作出顶层规划。统编版语文教材诞生在"教材建设作为国家事权"的背景下，其内容选择标准由国家统一设定，代表国家意志。而国家形象表征对于国家的形构，其内在动力结构性要素是国家意志，因而对于义务教育统编版语文教材国家形象表征研究，其本质是探寻在国家事权的导向下，教材到底如何表征国家话语体系下的国家自我身份。本书对于义务教育统编版语文教材国家形象表征实然样态的分析，为"教材建设作为国家事权"的具体落实提供可思考方向。

第六节　研究的创新之处

一　理论创新

本书从国家形象表征视角切入语文教材内容领域，从国家形象表征维度层面系统分析了义务教育统编版语文教材国家形象表征的总体特征；分析了义务教育统编版语文教材国家形象表征具体特征；分析了义务教育统编版语文教材国家形象表征差异特征；同时，对义务教育统编版语文教材国家形象表征的影响因素进行深入分析，开拓了语文教材国家形象研究的新视野。

二　实践创新

本书利用内容分析法对义务教育语文教材国家形象表征进行数量化分析，揭示义务教育统编版语文教材选文中国家形象各表征要素间的数量化关系。这为未来语文教材选文标准创设提供了实践证据。

---

① 《擦亮"中国底色"的统编三科教材》，2018年1月，中华人民共和国教育部网站（http：//www.moe.gov.cn/jYb_Xwfb/moe_2082/zl_2018n/2018_03/201801/t20180115_324617.html）。

第二章
文献综述

本章对教材国家形象建构的理论研究、教材国家形象建构的实践转化研究与教材国家形象建构的主题研究进行详细的阐述,包括国内与国外教材国家形象建构的理论基础、教材国家形象建构的要素、形式与路径以及教材国家形象建构的国家治理主题、学科属性主题与内容本体主题。本书通过对前人关于教材国家形象建构研究的反思,为语文教材国家形象表征研究的开展提供理论基础。

第一节 教材国家形象建构的理论研究

一 国外教材国家形象建构的理论基础

（一）国外教材国家形象建构理论的发展脉络

国外教材国家形象建构研究,从20世纪50年代末发展至今经历萌芽、发展与成熟三个关键期,教材国家形象从被动生成走向主动建构,在社会转型、政治格局变迁、经济形势变化、文化思潮导向等诸多要素的推动下,形成致力于教材国家形象形成、传播与实践的理论网络。

1. 教材国家形象建构理论初创（20世纪50年代至20世纪80年代末）

第二次世界大战结束,美苏争霸以及新兴民族国家开始主动融入全球化,世界秩序与国际力量格局发生了结构性变迁。战后的美国经济、军事、科技迅速发展,并开始寻求文化、价值观等软性实力提高国际影响力与国内凝聚力。在此背景下,教材国家形象建构进入研究视野。1959年,美国经济学家肯尼思·艾瓦特·博尔丁提出国家形象概念、构建国家形象生成模型,指出塑造人的制度化权力推动国家形象形成,并通过学校教育、教材实现代际传递。[1] 20世纪60年代,美国学者赫伯特·克曼、劳特·拜林等人讨论了学校教育中学生如何建构国家形象,以及教材国家形象的代际传递机制。[2] 20世纪70年代,伴随西方发达国家由工业社会向后工业社会的过渡,社会生活的信息化发展促进基于科学主义与人本主义两大思潮结合的后现代主义哲学的诞生,催生了人们对事物基于"主体际"视角的省察。在此阶段,教材国家形象建构开始吸收多学科理论思想,如米歇尔·福柯关于权力与知识的论述、让·鲍德里亚对类象社会的批判以及弗雷德里克·詹姆逊对后工业社会中资本与文化生产的探讨等。凭借对多重理论的反思与吸收,教材国家形象建构从经验转向理论。

2. 教材国家形象建构理论的系统构建(20世纪90年代至21世纪初)

东欧剧变与苏联解体,国际力量格局从两极对立转向一超多强。在此之后,全球化浪潮加速推进,后现代主义哲学从发达国家逐渐延伸到发展中国家,并成为一种世界性思潮。受此影响,世界各国在争取民族解放、建设主权国家的过程中重视精神、文化的重塑,以教材国家形象建构为手段,建构国家身份、塑造国家认同。在此时期,杰西·加西亚、保罗·科曼等学者进行系统研究[3],教材国家形象建构的哲学观逐步形成。首先,认识论上,教材国家形象建构是与权力、利益相结合,没有普遍的"形象",只有生成普遍"形象"的规则;其次,方法论上,教材国家形象建构重视解构中心、排斥绝对,倡导以多元、平等的相对主义审视种族间、民族间、地区间的关系;再次,历史观上,教材国家形象建构源于人们对

---

[1] Boulding Kenneth E., "National Images and International Systems", *The Journal of Conflict Resolution*, Vol. 3, No. 2, February – March 1959.

[2] Kelman Herbert C., and Lotte Bailyn, "Effects of Cross – cultural Experience on National Images: A Study of Scandinavian Students in Americal", *The Journal of Conflict Resolution*, Vol. 6, No. 4, December 1962.

[3] Garcia Jesus., "The Changing Image of Ethnic Groups in Textbooks", *The Phi delta kappan*, Vol. 75, No. 1, September 1993; Coman, Paul, "Reading about the Enemy: School Textbook Representation of Germany's Role in the War with Britain during the Period from April 1940 to May 1941", *British Journal of Sociology of Education*, Vol. 17, No. 3, July 1996.

第二章 文献综述

理性、主体性矫正的诉求，展现了对历史衍生出的道德价值、意识形态等作出的自觉性防范；最后，价值观上，教材国家形象建构以渗透人文理念为主，对人类之于自然、社会的改造加以反思。到 20 世纪末，后现代主义已广泛渗透于政治学、语言学、教育学等意识形态诸多领域，基于多元理论对国家形象内涵及教材本质的审视，教材国家形象走向系统的主观建构。例如，瑞内·奥利戈以政治学理论中"民族国家""权力与权利"等观念为核心，结合民族学理论中"民族共同体"形成的路径，揭示德国历史、地理与文化教材国家形象建构的实然样态。① 尼亚茨·齐兹瑞克以社会学理论中"集体记忆"概念为切入点，重建教材的社会文化本质，挖掘教材国家符号的社会文化意义，揭示土耳其塞普路斯教材国家形象建构历程。②

3. 教材国家形象建构理论与实践的融合（21 世纪初至今）

21 世纪以来，伴随中国加入世界贸易组织，第三世界国家成为一股联合的独立力量，他们为巩固自身统一与独立，争取国际话语权而积极抗争，促进了世界新秩序与国际新力量格局的生成。在此时期，教材国家形象建构的理论与实践不断融合。据全球最大同行评议文献数据库 Scopus 统计，1959—2019 年，以"教科书和国家形象（Textbook And National Image）"为主题的论文共 139 篇，其中，2000 年后共 128 篇，研究主体从发达国家拓展到发展中国家，研究内容包括本国教材与对外语言教材国家形象表征现状、国家形象建构逻辑、国家形象对师生形成国家概念的影响等方面。在理论层面上，这些研究对教材国家形象建构的本质、发展趋势等作出初步解答；在实践层面上，这些研究为教材国家形象建构过程中的要点提供详细指导。理论深度与广度的拓展以及实践研究的增加标志着教材国家形象建构的理论走向成熟。

（二）国外教材国家形象建构理论的核心蕴含

在教材国家形象建构理论发展中，社会学、传播学与教育学等起到不

---

① Ohliger Raine, *Representing The "National Other": Textbooks and the Formation of Ethno-national Identity in Germany* 1871-1945, Braunschweig: Internationale Schulbuch for Schung, 1999, pp. 103-124.

② Kizilyürek Niyazi, *National Memory and Turkish-Cypriot Textbooks*, Braunschweig: Internationale Schulbuch for Schung, 1999, pp. 387-395.

可替代的作用。在这些理论指引下，教材国家形象从被动生成到主观建构成为可能，充分解构了教材国家形象建构的向度、逻辑与旨归，为教材国家形象系统建构提供理论基础。

1. 社会学基础：国家形象建构的"三维"向度

社会学理论侧重阐释人类行为的产生、发展及其与社会间的交互作用。该理论视域是将教材理解为法定文本，是人类知识再生产、传递与转换的场所，并将教材国家形象建构看作社会力量与社会结构作用的产物。

（1）意识形态间对话：教材国家形象建构的内在驱力

意识形态作为一种精神现象，是社会特定时期各类观念、思想演变的风向标，它为社会的革命变化提供动机。该层面强调教材国家形象建构受所处时代社会意识形态间互动的影响，即教材国家形象建构与教材研制年代的文化思潮（社会文化意识形态）、执政党意志（政治意识形态）有关。诸如，受19世纪中后期科学理性的感召，斯宾塞提出"什么知识最有价值"；20世纪后半叶，受人文价值引导，阿普尔提出"谁的知识最有价值"，意识形态与知识间的纠缠已置于教材内容选择的隐性规则中。以皮埃尔·布尔迪厄、麦克·扬、爱德华·伯恩施坦、简·安杨为代表的社会学家皆强调国家机器对教育系统的影响，重视教材在塑造社会集体意识中的作用。20世纪90年代以来，意识形态从推动教材知识选择到推动教材知识重构，多方面促进了教材国家形象建构。在民族国家建立过程中，多种意识形态间碰撞与整合贯穿教材国家形象建构过程。例如，李润美认为，1894—1910年，韩国教材国家形象变迁是以现代性与民族性融合为主线。[1] 有学者认为，民族国家统一阶段政权更迭带来的意识形态转变促进教材国家形象重塑。例如，尼克劳斯·萨勒姆偌韦与罗夏丽·迈楚认为，缅甸内部新旧政权交替引发国家身份重建，促进了历史教材国家形象建构。[2] 有学者提出，民族国家后发展阶段民族间意识形态的平衡指引教材国家形象建构。例如，艾尔·奥与爱莲娜·肖哈密认为，以色列希伯来语与阿拉伯语教材国家形象建构要素的差异性是国家内部主体民族与少数民

---

[1] Lee Yoonmi, *Modern Education, Textbooks, and the Image of the Nation: Politics And Modernization And Nationalism in Korean Education*: 1880 - 1910, New York: Routledge, 2012, p. 10.

[2] Salem-Gervais Nicolas, and Rosalie Metro, "A Textbook Case of Nation-building: The Evolution of History Curricula in Myanmar", *Journal of Burma Studies*, Vol. 16, No. 1, June 2012.

族间均衡化的体现。①

(2) 历史书写: 教材国家形象建构的史实依托

历史书写是时空进程与人文话语的双重叠加, 是现代国家基于政治合法性诉求而对过去发生事件的建构, 意在生成一种国家记忆模式, 整合国家主权范围内不同群体, 强调国家、民族与个人休戚与共, 形成共同心理认同, 推进现代国家形象建构。② 它是历史社会学视域中的核心问题, 涉及对历史知识、历史观以及历史发展内在逻辑的反思与批判。教材国家形象生成于不同历史文化要素构成的知识网络中, 经过分化、综合、迁移等环节而得到形塑。每一国家形象要素均具备历史共识性与历时性, 这些要素以特定史实为依托、以特定民族史观为导向, 整合成国家形象, 包含多个层面。有学者认为, 教材从空间层面促进国家形象形成。例如, 曾田直树指出, 英殖民时期马来西亚地理教材与历史教材社区概念、空间概念的历史发展脉络为马来国家形象建构提供依据。③ 有学者认为, 教材从时间层面的国家形象形成。例如, 赫尔格·布拉克基斯鲁德与诺齐莫娃·沙赫诺扎认为, 塔吉克斯坦当局通过历史教材重构与苏联间历史的独立性与连续性, 建构新的国家形象。④

(3) 整合涵化: 教材国家形象建构的文化转向

整合涵化, 即不同文化在社会变迁过程中经过接触、同化到相容的历程, 是社会关系与结构变化引起的文化系统变革, 也是社会文明更新与进步的动力。在此视角下, 教材国家形象是社会的集体想象, 经过文化的时空建构, 在社会演进中生成一种社会性意义。教材国家形象建构的文化转向, 历经主客逻辑、生命逻辑与进化逻辑三个层次演变。首先, 是从基于文化在地区发展中的独特性贯以"二元对立"的主客逻辑。例如, 瑞艾

---

① Or Iair G. and Elana Shohamy, *Contrasting Arabic And Hebrew Textbooks in Israel: A Focus on Culture, Language, Ideology And Education*, New York: Routledge, 2015, pp. 109 – 126.

② Grever Maria, and Tina Van der Vlies, "Why National Narratives Are Perpetuated: A Literature Review on New Insights from History Textbook Research", *London Review of Education*, Vol. 15, No. 2, July 2017.

③ Soda Naoki, "The Malay World in Textbooks: The Transmission of Colonial Knowledge in British Malaya", *Japanese Journal of Southeast Asian Studies*, Vol. 39, No. 2, September 2001.

④ Blakkisrud Helge and Shahnoza Nozimova, "History Writing and Nation Building in Post – independence Tajikistan", *Nationalities Papers*, Vol. 38, No. 2, March 2010.

德·纳赛尔认为,约旦历史教材国家形象建构中将阿拉伯半岛上其他国家作为相对客体,以此凸显独立国家主体的存在。① 其次,是基于文化在民族变迁中多样性生成"多元一体"生命逻辑。例如,卡塔尔拉·哈姆西与保罗·莫里斯指出,新加坡历史与社会研究教材国家形象建构表现出从单一民族独大,到多民族文化平等共存的特征。② 最后,是基于文化在时间延续中蕴含"融合内化"的进化逻辑。例如,雷尼·姆与郑宇基指出,20世纪90年代至21世纪,受全球民主思潮影响,韩国社会研究与伦理教材国家身份建构过程中深化了公民权利的内涵。③

2. 传播学基础:国家形象建构的"三维"逻辑

传播学理论注重揭示人类一切传播行为、传播过程发生发展规律及其内在机制。该理论强调教材是知识文化传播的媒介,搭建起知识生产者与知识接受者间的纽带,并将教材国家形象建构理解为社会文化符号的衍生。

(1)语境设置:教材国家形象建构的意义生成

语境,即信息传递的语言环境,是为特定信息提供背景线索,促进信息意义的生成。而教材国家形象的意义生成是由教材微观语境设置所决定的。教材微观语境是特定时代背景、社会背景、地域背景等因素的投射,是对特定时期的历史文化语境的浓缩。综观国外教材国家形象建构的微观语境,其核心指向"自我"与"他者"并存的语境设置,两者间的张力变化,决定了教材国家形象建构的不同价值内涵。例如,鲁比纳·赛戈尔指出,巴基斯坦中学社会研究教材设置了"多重他者"语境,包括国家(印度、孟加拉)、种族(犹太人、印度人)、语言(孟加拉语)等方面,通过疏远"他者"来强化国家自我,使国家形象建构带有警惕意味。④ 宇杰

---

① Nasser Riad, "Exclusion and The Making of Jordanian National Identity: An Analysis of School Textbooks", *Nationalism & Ethnic Politics*, Vol. 10, No. 2, October 2007.

② Khamsi Khatera and Paul Morris, Constructing The Nation: Portrayals of National Identity in Singapore's School Textbook Narratives of The Japanese Occupation. Controversial History Education in Asian Contexts, New York: Routledge, 2014, pp. 92 – 108.

③ Moon Rennie J. and Jeong – Woo Koo, "Global Citizenship and Human Rights: A Longitudinal Analysis of Social Studies and Ethics Textbooks in The Republic of Korea", *Comparative Education Review*, Vol. 55, No. 4, November 2011.

④ Saigol Rubina, "Enemies within and Enemies without: The Besieged Self in Pakistani Textbooks", *Futures*, Vol. 37, No. 9, January 2005.

尔·沃尔与厄祖奥祖亚尼克·扬克指出，北土耳其塞普路斯中学历史教材设置了"弱化他者"的语境，将"自我"（土耳其塞普路斯人）与"他者"（希腊塞普路斯人）之间界限弱化，强调基于塞普路斯领土的整体国家身份，减少对"他者"暴力描述，使国家形象建构具有积极色彩。① 杰尼·厚恩指出，肯尼亚中学教材设置了"多层自我与单一他者"语境，"自我"通过国家哲学、茅茅运动、泛非主义等方面呈现，把欧洲作为"他者"，使国家形象建构表现出反侵略、反压迫、维护团结的抗争之意。②

（2）脉络组织：教材国家形象建构的叙事联结

脉络即条理、系统，是信息呈现过程中上下文的内在联系，脉络组织方式是信息传递者组织逻辑的外在体现。教材中的国家叙事是一种单向度的、权威的内容生产范式，是由一系列次级叙事、神话、隐喻等组织而成。范式中细节结构的变化，将产生不同的意义生成模式。不同的脉络组织方式展现了教材国家形象建构背后不同的"统绪"意图：从叙事整体架构出发，教材中国家叙事重心的变化。例如，史蒂芬·克莱因指出，荷兰新旧版历史教材借助一些国家叙事消失而另一些国家叙事得到强调的叙事结构变化，策略性地建构国家自我。③ 从叙事立场出发，教材中国家叙事视角的变化。例如，比较分析1949—1989年意大利、东德与西德中学历史教材第二次世界大战叙事，丹妮拉·韦纳指出，意大利采用爱国主义视角，将第二次世界大战最后两年描绘成对外"自由战争"，东德采用社会主义视角，在阶级斗争背景下解读民族主义及其罪行，西德采用自我批评视角，以赎罪叙事为中心，基于对过去的自我批评传递民族价值观。④ 从叙事方向出发，表现教材中国家叙事逻辑的变化。例如，缇娜·范德指

---

① Vural Yücel and Evrim Özuyanık, "Redefining Identity in the Turkish – Cypriot School History Textbooks: A Step towards a United Federal Cyprus", *South European Society And Politics*, Vol. 13, No. 2, June 2008.

② Holmén Janne, "Nation – Building in Kenyan Secondary School Textbooks", *Education Inquiry*, Vol. 2, No. 1, March 2011.

③ Klein Stephan, "Preparing to Teach a Slavery Past: History Teachers and Educators as Navigators of Historical Distance", *Theory & Research in Social Education*, Vol. 45, No. 1, March 2017.

④ Weiner Daniela RP, "Tendentious Texts: Holocaust Representations and Nation – rebuilding in East German, Italian, And West German Schoolbooks, 1949 – 1989", *Journal of Modern Jewish Studies*, Vol. 17, No. 3, November 2018.

出，英国历史教材国家叙事可以不同事件、地点与时间的组合来表达不同的意义，传递不同的隐喻性内涵。①

（3）符号表征：教材国家形象建构的媒介选择

符号表征，即用于特定事物、观念等存在的形式，在特定情况下，具有一定的象征意义。在后现代主义思潮下，学界普遍认为，无论是科学知识还是社会现实都是以语言或其他符号为媒介来表征的，符号不是客观实在的直观反映，而是建构事物的凭借，即教材国家形象建构是以符号为媒介传递信息价值。教材国家形象建构所借助的符号媒介包括话语和图像。其一，以话语为媒介。该部分关注"谁的话语建构国家形象""哪种言说方式建构国家形象"以及"话语建构的国家形象传递了什么"等问题。如杰吉拉·阿萨诺瓦指出，苏维埃时代哈萨克斯坦文学教材国家形象建构涉及中心话语明晰程度、话语表达信念强度、话语方向性，以及话语背后传递的爱国信念、民族认同意识等。② 其二，以图像为媒介。该部分关注教材国家形象的视觉生成。如尤瓦尔·德罗尔认为，1918—1948年，以色列建国前，犹太地理教材的插图（国家主题类与地理意义类），从空间意义上建构了国家形象。③ 艾尔·G.奥等人认为，以色列阿拉伯语教材的插图展现了阿拉伯人风貌，具有典型东方主义色彩，塑造了保守的阿拉伯国家形象。④

3. 教育学基础：国家形象建构的"三维"旨归

现代教育学诞生于19世纪末，在两个世纪的发展中，其主要以"育人"为中心展开讨论，即"为谁育人""所育何人"与"育人之人"。教育学理论重点阐释人类教育活动及其一般规律。该理论视域将教材看作教育教学的凭借，并将教材国家形象建构理解为教材中国家知识、国家情感与国家价值观等教育内容的呈现。

---

① Van der Vlies Tina, "Multidirectional War Narratives in History Textbooks", *Paedagogica Historica*, Vol. 52, No. 3, March 2016.

② Asanova Jazira, "Teaching The Canon? Nation – building and Post – Soviet Kazakhstan's Literature Textbooks", *Compare*, Vol. 37, No. 3, June 2007.

③ Dror Yuval, "Textbook Images as A Means of 'Nation/State Building': Zionist Geographical Textbooks 1918 to 1948", *History of Education Review*, Vol. 33, No. 2, October 2004.

④ Or Iair G. and Elana Shohamy, *Contrasting Arabic And Hebrew Textbooks in Israel: A Focus on Culture, Language, Ideology And Education*, New York: Routledge, 2015, pp. 109 – 126.

(1) 为谁育人：教材国家形象建构的国家意志

为谁育人，强调教材国家形象建构着眼于国家战略需要，以意识形态重建与国家记忆重铸为起点，协助塑造国家身份。国家既是育人的执行者，又是育人的回馈对象，教材国家形象建构的根本出发点即实现国家在国家认同教育建设上的基本诉求。例如，自2009年起，丹麦政府开始实施《历史卡农方案》，该方案源自2005年发布的《新目标》政策，并落实白皮书《世界上最好的初等教育和中学教育——视野与策略》中提出的丹麦民族未来发展方向以及适应全球竞争的策略。① 方案内容包括重新按时间顺序组织丹麦民族历史起源的主控叙事，把多元文化元素纳入历史教材，旨在全球化背景下重塑国家形象，使学生获得集体认同，最终使全民集体认同重塑。2011—2015年，时任教育部长建议取消该方案，但议会多数人拒绝了此项提议。② 自20世纪90年代开始，智利政府实施以改变独裁建立民主意识为取向的新公民教育。2016年，智利国会颁布《第20911号法律条款》（Law 20,911），要求所有公立、私立中小学实施新公民教育方案，并规定学校必须整合民主、人权和多样性方面的指南③；自2018年起，新编中等教育公民教材开始施行，以重塑国家价值观，建构新式公民身份为目标。

(2) 所育何人：教材国家形象建构的目标定位

所育何人，关注教材国家形象建构与育人目标之间的关系。学生是育人的最终落脚点，其发展方向与水平是检验育人效度的直接指标，教材国家形象建构的最终目标是使学生养成国家意识、获得身份归属，将自我发展与国家命运紧密结合，实现人的社会价值。例如，萨米拉·阿拉扬分析了巴勒斯坦中小学历史教材本国与他国形象叙事，评价了历史教材对学生获得历史知识与公民身份认同的影响，认为教材的国家叙事促进学生记忆

---

① Haas Claus R, "The History Canon Project as Politics of Identity: Renationalizing History Education in Denmark", *History Education Research Journal*, Vol. 15, No. 2, October 2018.

② Haas Claus R, "The History Canon Project as Politics of Identity: Renationalizing History Education in Denmark", *History Education Research Journal*, Vol. 15, No. 2, October 2018.

③ Cox Cristián and Carolina García, *Evolution of Citizenship Education in Chile: Recent Curricula Compared*, Rotterdam: Civics And Citizenship, Brill Sense, 2017, pp. 85-103.

历史知识、获得公民身份,但缺少高水平思维训练。① 黛博拉·亨德森与约瑟夫·扎杰达认为,澳大利亚和俄罗斯联邦历史教材国家叙事将历史知识、历史思维以及历史观容纳其中,这些要素直接或间接地促进学生获得公民身份认同。②

(3) 育人之人:教材国家形象建构的教师传递

育人之人,关注教师在教材国家形象建构育人实践中的中介作用。教师作为育人的施行者,是使教材静态国家形象与学生国家认同感之间进行动态效能转化的中间桥梁:既与教材国家叙事进行互动,又参与教材国家叙事的传递。例如,通过改变乌克兰历史教学计划与教材国家叙事,考察在课堂教学中教师使用的叙事(这些叙事可使学生产生身份认同)的变化,凯瑞娜·科尔斯特莱纳发现,教师描绘的国家过去、现在与未来叙事中表达了他们对国家和政治秩序的看法,带有他们价值观念的国家叙事使集体记忆得到制度化传递。③ 马修·旺姆·侯从学校教育视角探讨了20世纪阿根廷、墨西哥和秘鲁民族主义轨迹,认为教材提供了官方话语的国家概念,教师的民族国家观念与教学实践为国家意识形态在学生以及其他社会群体中被合理接受提供了窗口。④

(三) 国外教材国家形象建构理论的价值取向

上述理论虽相对独立但又相互联系。这些理论从马克思主义哲学、尼采哲学以及历史主义中的民族观、国家观与知识观出发,阐释了教材国家形象建构受社会力量与社会结构变迁、文化衍生语境与符号选择及教育目标指向等因素影响。在教材国家形象建构过程中,社会结构性变革,如权力、配置、文化等结构的变化,产生的宏观语境不同,最终体现在教材国

---

① Alayan Samira, *History Curricula And Textbooks in Palestine*:*Between Nation Building and Quality Education*, New York: Oxford University Press, Politics of Education Reform in The Middle East, Self and Other in Textbooks and Curricula, 2012, pp. 209 – 236.

② Henderson Deborah and Joseph Zajda, *The National Curriculum and History School Textbooks in Australia and the Russian Federation*, Springer, Cham: Globalisation, Ideology and Politics of Education Reforms, 2015, pp. 25 – 39.

③ Korostelina Karina, "Constructing Nation: National Narratives of History Teachers in Ukraine", *National Identities*, Vol. 15, No. 4, October 2013.

④ Vom Hau Matthias, "Unpacking The School: Textbooks, Teachers, And the Construction of Nationhood in Mexico, Argentina, And Peru", *Latin American Research Review*, Vol. 44, No. 3, January 2010.

家形象建构的实践样态上。这些理论为打破教材国家形象建构过程中静态、非连续视域提供基础，使人们认识到：教材国家形象建构不应遵循单一脉络和逻辑，而应作为遵照社会变迁过程的动态脉络，形成教材国家形象建构系统。

1. 教材国家形象建构充分表达国家意志与文化传承相统一

国家意志与文化传承相统一是教材国家形象建构的核心要旨。国家意志即为国家意识与国家行为的总体趋向，属上层建筑范畴，是国家权力的集中体现。国家意志决定教材国家形象建构的政治导向。文化传承是文化在共同体成员间的纵向复制、衔接与发展，是民族血脉与民族精神延续的根基。文化传承决定教材国家形象建构的文化导向。在教材国家形象建构过程中，国家意志与文化传承相统一，体现着政治导向与文化导向相融合的基本要求。国外教材国家形象建构受政治与文化双重导向，充分体现国家意志与文化传承相结合。一方面，国家意志统领教材国家形象建构的方向。例如，为了落实《马来西亚教育蓝皮书（2013—2025）》计划中"强化伊斯兰教育、德育与公民成分教育"国家意志，马来西亚公民教材营造了和平民主的马来西亚，作为多种族和谐统一的国家映照。① 另一方面，教材国家形象建构也体现着文化传承。例如，印度尼西亚历史教材以塑造多元文化价值观进行国家形象建构，并创建基于多元文化的国家叙事模式。② 依照江忆恩的战略文化理论，不同国家有其独特国家符号构成的战略文化系统，这一系统影响国家行为。③ 在此意义上，作为政治行为体的国家，国家意志决定其特定时期战略文化的走向，继而影响进行教材国家形象建构的国家行为；反之，战略文化的出现其背后必然存在特定政权意志的推动，两者间的一致性是教材国家形象建构的先前基础。因此，教材国家形象建构须国家意志与文化传承相统一。

---

① Tan Bee Piang, Noor Banu Mahadir Naidu and Zuraini Jamil, "Moral Values and Good Citizens in a Multi-ethnic Society: A Content Analysis of Moral Education Textbooks in Malaysia", *The Journal of Social Studies Research*, Vol. 42, No. 2, Apirl 2018.

② Saripudin Didin and Kokom Komalasari, "The Development of Multiculturalism Values in Indonesian History Textbook", *American Journal of Applied Sciences*, Vol. 13, No. 6, June 2016.

③ 江忆恩:《文化现实主义和毛泽东时代的中国战略》，北京大学出版社2009年版，第208页。

2. 教材国家形象建构坚持民族性与全球性相统一

民族性，指向民族共同体的建构。民族共同体是在共同语言、历史与文化之上形成的群体，并且群体内部成员对所属群体产生认同、积极的情感倾向及团结统一行为的维护。它是国家民族集体性与整体性的彰显，是国家统一、民族团结及精神力量之源泉，反映了国家最高利益之所在。民族性决定教材国家形象建构的民族导向。教材中民族共同体建构一直是各民族国家教材建设的重中之重。什雷亚·戈什认为，孟加拉国历史教材以民族区域共同体叙事为主体，把民族集体意识融入叙事之中，以此建构现代民族国家。[①] 特雷弗·居利韦指出，加拿大第二语言教材以民族性为取向，借助语言教材传递民族意识建构国家身份。[②]

全球性，指向国际共同体的呈现。"国际共同体"源于国际法，是指民族国家基于共同的价值观念、国际规则、利益等构成的区域层面、世界层面的主权国家集团。它反映了国际社会共同意志，是国家间战略互动形成合力的集中体现，是全球层面国家行为体间协同合作的重要基础。全球性决定教材国家形象建构的超民族导向。教材中国际共同体呈现是国际社会的共识。例如，在分析欧洲五国历史和公民教材欧洲一体化的社会表征后，稻荷·萨基认为，这些国家从本国立场建构了欧洲共同体。[③] 继而通过对法国法语、英语教材的研究，他认为，法语教材的欧洲一体化是基于共同的战后集体记忆与欧洲古典概念建立的，英语教材则通过与本国政策的联系来建立。[④]

在教材国家形象建构过程中，民族性与全球性相统一，体现着民族导向与超民族导向相结合的基本要求。国外教材国家形象建构以民族导向与超民族导向相结合为引领，强调民族性与全球性的融合。首先，国家身份空间与决策空间的嬗变。国家身份空间与决策空间，即民族国家所占有的

[①] Ghosh Shreya, "Identity, Politics, And Nation-building in History Textbooks in Bangladesh", *Journal of Educational Media, Memory, And Society*, Vol. 6, No. 2, November 2014.

[②] Gulliver Trevor, "Banal Nationalism in ESL Textbooks", *Canadian Journal of Education*, Vol. 34, No. 3, October 2011.

[③] Sakki Inari, "Social Representations of European Integration as Narrated by School Textbooks in Five European Nations", *International Journal of Intercultural Relations*, Vol. 43, No. 10, August 2014.

[④] Sakki Inari, "Raising European Citizens: Constructing European Identities in French and English Textbooks", *Journal of Social and Political Psychology*, Vol. 4, No. 1, June 2016.

地理空间与权力边界空间,两者间的一致是保证民族国家政权独立、完整的基本条件。但民族性与全球性的相融使两者间出现不一致。分析了1945—2002年法国地理教材国家身份建构与欧洲身份建构,奥利维尔·门茨指出,随着时间推移地理教材绘制了更多欧洲的图景,呈现了相互关联的国家联盟,强化了联盟间的情感联系,将国家身份置于欧洲身份之内,扩大了权力施行范围。① 其次,文化同质性与民族独特性的交汇。文化同质性与民族独特性,即全球化背景下民族国家间文化发展呈现出一体、普遍或趋同与保留个性、差异或异质之间的双重轨迹。民族性与全球性相融合促使这双重轨迹交叉且碰撞。比较了78个国家1955—2011年出版的576本中学社会科学教材民族国家叙事,茱莉亚·莱尔希等人认为,教材世界文化形态与民族性文化形态共存,大部分国家通过减少国家军队的叙事来调和世界文化与民族文化间的新关系,而对于存在分裂历史的国家,其教材国家形象建构更具民族性。② 最后,主流意识形态与民族身份的重建。民族国家主流意识形态与民族身份在全球性与民族性双向互动中进行了调整与重塑。分析了经济全球化背景下韩国语文教材新意识形态的生成,李东裴指出,韩国语文教材形成了新的伦理、社会、经济与文化秩序,建构新式民族形象。③

3. 教材国家形象建构力求话语与传递路径相统一

话语,特指语言及其构成的人与人之间的世界,是社会文化与心理认知共同作用的产物。它不仅可描述与反映社会实在和社会关系,还可建造与构成社会实在与社会关系。话语决定教材国家形象建构的方式。传递路径是话语实现描述、建构与互动功能的手段,也是话语再生产的凭借。传递路径决定教材国家形象建构再生产的方式。在教材国家形象建构过程中,话语与传递路径相统一,体现国家形象话语建构与话语再生产相结合

---

① Mentz Olivier, "The Development of Nation and Europe in French Geography Textbooks since 1945", *International Research in Geographical And Environmental Education*, Vol. 12, No. 3, September 2003.

② Lerch Julia C., S. Garnett Russell, and Francisco O. Ramirez, "Wither the Nation – state? A Comparative Analysis of Nationalism in Textbooks", Social Forces, Vol. 96, No. 1, July 2017.

③ Lee D. B, "New Ideologies of Everyday Life in South Korean Language Textbooks", *Struggles over Difference: Curriculum, Texts, And Pedagogy in The Asia – Pacific*, 2005, pp. 117 – 129.

的基本要求。国外教材国家形象建构将话语建构方式与话语再生产方式结合起来,充分表达了话语与传递路径的统一。一方面,教材国家形象建构注重国家话语的建构。从斯洛伐克历史教材第二次世界大战叙事入手,黛博拉·迈克尔斯指出,在经济与军事力量有限的条件下,斯洛伐克当局将国家身份建构话语置于多种官方和超越国家话语大融合之中,把国家身份纳入更强大邦联实体中,重新建构国家话语以满足国家发展需要。① 另一方面,教材国家形象建构也关注传递路径的创设。首先,构建对话性场域。分析1910—2008年瑞典历史教材"欧洲"一词的使用情况及其意义,亨里克·阿斯特·埃尔默斯认为,瑞典历史教材从信息的整体布局与动态细节变化两个向度构建对话性场域,以20世纪欧洲叙事为整体,呈现从民族国家和欧洲文明叙事转向一个包含共同政治文化叙事的变化历程,逐渐从关注瑞典对欧洲的影响转向欧洲对瑞典的影响,使瑞典国家身份呈现出欧洲化。② 其次,传递中介的选择。分析1923—1928年土耳其地理教材的"新土耳其",塞米尔·布鲁·卡塔尔认为,由奥斯曼帝国转变为民族国家土耳其,官方选择以地理图示界定国家身份,从物理界限上剥离旧的国家自我。③ 最后,话语模式的形成。帕特里夏·布罗姆利对1970—2008年来自67个国家的501本高中历史、公民及社会研究教材进行的研究表明,各国在扩大多样性和人权话语方面存在系统的、全球性的模式。④

二 国内教材国家形象建构的理论基础

(一)习近平新时代中国特色社会主义思想中有关国家形象的阐释

全球化视野下,党和国家提出要提高国家文化软实力,塑造良好的国

---

① Michaels Deborah L, "Holocaust Education in The 'Black Hole of Europe': Slovakia's Identity Politics and History Textbooks Pre – and Post – 1989", *Holocaust Education: Promise, Practice, Power And Potential*, Vol. 24, No. 1 – 2, May 2013.

② Aström Elmersjö Henrik, "The Meaning And Use of 'Europe' in Swedish History Textbooks, 1910 – 2008", *Education inquiry*, Vol. 2, No. 1, March 2011.

③ Kartal Cemile Burcu, "The New Turkey – National Geography: National Identity in Geography Textbooks 1923 – 1928", *International Journal of Turcologia*, Vol. 11, No. 23, Apirl 2017.

④ Bromley Patricia, "Legitimacy and the Contingent Diffusion of World Culture: Diversity and Human Rights in Social Science Textbooks, Divergent Cross – national Patterns (1970 – 2008)", *Canadian Journal of Sociology*, Vol. 39, No. 1, Jaunuary 2014.

家形象。2012年，党的十八大指出"文化是民族的血脉，是人民的精神家园。全面建成小康社会，实现中华民族伟大复兴，必须推动社会主义文化大发展大繁荣，兴起社会主义文化建设新高潮，提高国家文化软实力"①。2013年，习近平同志在中共中央政治局第十二次集体学习时提出"要注重塑造我国的国家形象，重点展示中国历史底蕴深厚、各民族多元一体、文化多样和谐的文明大国形象，政治清明、经济发展、文化繁荣、社会稳定、人民团结、山河秀美的东方大国形象，坚持和平发展、促进共同发展、维护国际公平正义、为人类作出贡献的负责任大国形象，对外更加开放、更加具有亲和力、充满希望、充满活力的社会主义大国形象"②。习近平关于国家形象的论述，从全局角度明晰了中国国家形象的基础与原则性问题，为当前与今后国家形象的塑造、提升国家文化软实力指明了方向。

1. 习近平关于国家形象的论述的理论溯源

第一，全球化时代的发展与冲突是习近平关于国家形象的论述形成的外在诱因。自改革开放尤其是20世纪90年代以来，中国以迅猛的速度融入全球化浪潮中。国与国之间的竞争已逐渐由资源、经济、军事等硬实力转向文化、价值观念等软实力上，并将软实力作为综合国力的重要指数之一。中国改革开放40多年来，经济发展取得卓越性进展，但与其相比，软实力发展略显滞后，并造成不良影响。在国际上，由于历史传统、文化背景等不同，以美国为首的西方国家对中国充满偏见。"红色中国""中国威胁论""殖民非洲"等论调甚嚣尘上，有研究者针对2000年至2001年间《纽约时报》《华盛顿邮报》《洛杉矶时报》中有关中国的报道进行研究发现，"贪婪""肮脏"等多为关键词。③ 在国内，由于东西方意识形态、价值观念等的差异，国内民众面临着原有价值观念与多重价值体系的碰撞，尤其对于未形成稳定价值观的群体而言，这样的碰撞带来自我认同等方面的危机，正如研究者所言"中国在现代化过程中存在'自我'主体意义的

---

① 胡锦涛：《坚定不移沿着中国特色社会主义道路前进，为全面建成小康社会而奋斗——在中国共产党第十八次全国代表大会上的报告》，人民出版社2012年版，第30页。

② 习近平：《建设社会主义文化强国 着力提高国家文化软实力》，2014年4月，中国理论网（https://www.ccpph.com.cn/jbllhzdxswt_10174/ldjhhzywj/201404/t20140402_172663.htm）

③ 李凯：《全球性媒介事件与国家形象的建构和传播——奥运的视角》，博士学位论文，复旦大学，2005年，第28—31页。

缺失，西方国家不断对华进行意识形态渗透、价值观输出，给我国社会主义事业造成了极大阻碍"①。以习近平同志为核心的党中央十分重视国家软实力在促进国际地位提升与引领国民获取自我身份认同中的作用，但当前国家软实力的发展面临内涵不明确、体系构成不完善等问题。习近平同志在分析世界形势与中国发展大势，了解国民需求，认识历史规律的基础上提出了关于国家形象的系列论述。习近平关于国家形象的论述是习近平新时代中国特色社会主义思想的重要组成部分，也是实现中华民族伟大复兴中国梦的组成部分，体现了他对国际政治、经济、文化发展的准确掌控。

第二，中华文化的积淀与传承是习近平关于国家形象的论述形成的内在基础。中华文化是中国现代化发展的原动力与根基。国家综合国力的提升是在遵循历史传统、吸取民族文化精华的基础上实现的。2016年，习近平同志在哲学社会科学工作座谈会上明确指出"我们要坚定中国特色社会主义道路自信、理论自信、制度自信，说到底是要坚持文化自信"②。中华民族上下五千年的文明孕育了深厚的哲学思想、积淀了数千年的知识智慧与理性思辨，为当代中国发展提供了大量的思想资源与多元智库。这是中国现代化发展的独特优势。"文化自信"是习近平关于国家形象的论述的思想源泉，不仅是对中华民族传统文化历史脉络的掌控，更是对其精神实质的发展与创新。首先，习近平关于国家形象的论述充分吸取中华民族传统文化中有关"国家形象"的经典思想。如，对中国历代圣贤有关"国家形象"的本质、价值等的深刻理解的秉承与弘扬。其次，习近平关于国家形象的论述借鉴了中国共产党历代领导人的先进国家文化建设的思想。如，毛泽东的"建立中华民族的新文化"③思想、邓小平的"不但要有高度的物质文明，而且要有高度的精神文明"④的观点、江泽民的"精神力量也是综合国力的重要组成部分"⑤的战略构想、胡锦涛的"培养高度的文化自觉

---

① 谢晓光、李彦东：《构建社会主义核心价值观的国际话语权："自我"与"他者"语境》，《江南社会学院学报》2017年第3期。

② 习近平：《在哲学社会科学工作座谈会上的讲话》，2016年5月，新华网（http://www.xinhuanet.com/politics/2016-05/18/c_1118891128.htm）。

③ 《毛泽东选集》第2卷，人民出版社1991年版，第663页。

④ 《邓小平文选》第2卷，人民出版社1994年版，第367页。

⑤ 江泽民：《在全国抗洪抢险总结表彰大会上的讲话》（1998年9月28日），《十五大以来重要文献选编》（上），人民出版社2000年版，第549页。

与文化自信"①的论述等。习近平关于国家形象的论述是中华文化历史积淀与多代共产党人推陈出新过程中共同酝酿而出的理论精髓。

第三,家国天下情怀的彰显与延伸是习近平关于国家形象的论述形成的直接助力。"家国天下情怀是个人看待人民、民族与国家的基本观念,是对人民身心和谐、家庭和睦、族群相安、国家政治上全体国民和平共处与国家间政治上全体人类和平共处的共和格局的理想追求。它是一种人道主义理想,是中华文明发展中为人、立世、立国的根本"②。家国天下情怀饱含了习近平同志对人民、国家与世界的深沉大爱。2013 年,习近平同志在莫斯科国际关系学院演讲中提到"这个世界各国相互联系、相互依存的程度空前加深,人类生活在同一个地球村里,生活在历史和现实交汇的同一个时空里,越来越成为你中有我、我中有你的命运共同体"③,这是对中华民族传统文化中"天下一家,世界大同"思想的延伸,体现了他心系世界各族人民的生存与发展,关注世界各国的前途与命运的济世情怀。习近平关于国家形象的论述蕴含着"家国天下情怀"。习近平同志提出国家文化软实力的提高关乎中华民族伟大复兴的实现,关乎中华民族文化基因与全球化时代多元文化的适应、协调与发展,关乎中国梦与世界各国梦的融通。"国家形象"是传承中华民族五千多年的文明与党的优秀传统,坚持了中国特色社会主义发展之路,形成的精神文明与物质文明的产物,同时,也是占据人类道义制高点,凸显大国风范与担当的具体表现形式。④他以"文明的大国形象""东方的大国形象""负责任的大国形象""社会主义大国形象"作为"国家形象"的落脚点,立足精神层面、物质层面、国际层面、制度层面,将世界、国家、民族、人民纳入"国家形象"主体对象范畴,对国家文化软实力建设提出具体实施方案。从本质上来说,习近平关于国家形象的论述扎根于中华大地,根植于中华文化,服务于中国乃至

---

① 《中共中央关于深化文化体制改革 推动社会主义文化大发展大繁荣若干重大问题的决定》,2011 年 10 月,中国政府网(http://www.gov.cn/jyzg/2011 - 10/25/content_ 1978202. htm)。

② 许章润:《论"家国天下"——对于这一伟大古典汉语修辞义理内涵的文化政治学阐发》,《学术月刊》2015 年第 10 期。

③ 习近平:《顺应时代前进潮流 促进世界和平发展——在莫斯科国际关系学院的演讲》,2013 年 3 月,中国政府网(http://www.gov.cn/ldhd/2013 - 03/24/content_ 2360829. htm)。

④ 陈向阳:《中国领袖的天下情怀——学习贯彻习近平"人类命运共同体"战略思想》,《人民论坛》2017 年第 28 期。

世界发展，解决中国现实问题，着眼于国际视野，提出解决中国化的文化发展新方案。习近平关于大国形象的论述具有浓厚"家国天下情怀"。

2. 习近平关于国家形象的论述的现实内涵

习近平关于国家形象的论述，是以习近平同志为核心的党中央继往开来，在继承与发扬党的优良传统的基础上，对中国社会主义道路发展方向的把握下，以全球化时代下文化输入与输出实践的现实状况为背景而提出的。其根本目的是提高国家文化软实力，促进中国现代化发展，提高民族向心力与国际影响力。① 习近平关于国家形象的论述的现实内涵包括以下方面。

第一，国家形象之"源形象"——文化的厚重与多元。

中华民族优秀传统文化沃土肥沃，凝聚了几千年的养分，已然成为国家形象的成分源。文化的发展是时代发展的一面镜子，任何国家的发展都离不开其文化的推动作用。习近平同志从历史唯物主义与辩证唯物主义的高度强调传统文化的地位与作用。习近平同志在纪念孔子诞辰2565周年国际学术研讨会上指出"当代中国是历史中国的延续和发展，当代中国思想文化也是中国传统思想文化的传承和升华，要认识今天的中国、今天的中国人，就要深入了解中国的文化血脉，准确把握滋养中国人的文化土壤"②。在习近平同志看来，今天的中国要在未来实现中华民族伟大复兴根本上要以中华民族传统文化为纽带，纵向千年历史积淀与横向多民族统一且多元的中华文明将亿万中华儿女紧紧凝聚，共同创造美好的家园，实现"中国梦"。纵观时代发展与全球环境的风云变幻，中国现代文化汲取中华民族文明的滋养与中国革命历程的熔铸，形成中国特色社会主义文化。它以中华文化为立场，立足当代中国现实，结合当今时代条件，面向现代化、面向世界与未来。习近平同志关于文化之于国家与民族的定位的阐述，充分认识到中华民族传统文化的历史价值与社会价值以及在民族复兴大业中的地位，肯定了中华民族传统文化对内的凝聚力、号召力，对外的感召力、吸引力，为我们认识国家形象的"源"层面提供了理论

---

① 周东华：《坚定文化自信 建设社会主义文化强国》，《党政论坛》2017年第12期。

② 习近平：《在纪念孔子诞辰2565周年国际学术研讨会上的讲话》，2014年9月，人民网（http://theory.people.com.cn/GB/40557/389563/）。

第二章 文献综述

支持。

第二，国家形象之"现实形象"——现代化的发展与超越。

中国现代化发展取得了举世瞩目的成就，政治、经济、文化等全方位的进步是国家现实形象提升的标志。经过几十年的艰苦奋斗，中国现代化建设的发展已为世界展示出"中国奇迹"，从无到有，从粗到细，方方面面持续进行着长足发展。习近平同志从战略角度，对中国政治、经济、文化、社会、人民与生态的改善走向新方向。首先，将党风廉政建设作为重中之重。习近平同志重视清明的政治生态对于党的建设的重要性。他指出"党风廉政建设和反腐败斗争，是党的建设的重大任务"[①]，认为享乐主义、奢靡之风使人懈怠、滋生腐败；其次，推动经济发展新常态。绿色、创新经济发展是习近平经济思想的核心。习近平同志从消费需求、出口进口收支、生产要素、市场竞争、经济风险、资源配置模式和宏观调控等方面解构经济发展新态势，认为只有不断依靠改革和创新才能解决中国经济发展中的问题，才能迈向经济强国；再次，树立文化自信，弘扬社会主义核心价值观。"文化自信"是在中华儿女了解中华文明、获得文化认同的基础上形成的高层次的民族认知与民族情感的融合，是塑造中国人、形成中国信念、构建良好中国国家形象的催化剂，在当代中国集中体现为党和人民对社会主义核心价值观的高度自信。习近平同志在哲学社会科学工作会议上强调"坚持文化自信"[②]"核心价值观是文化软实力的灵魂"。他重视人民理想信念教育，采取了系列举措，如重大历史事件纪念活动、爱国主义教育基地建设、庆祝中华民族传统节日等，旨在将中华文化融入生活之中，让每一个中国人浸受文化的滋养；最后，维护生态环境，建设美丽中国。习近平同志十分重视生态文明建设。他在系列讲话中强调"宁要绿水青山，不要金山银山，而且绿水青山就是金山银山"[③]，习近平同志将生态

---

① 中共中央纪律检查委员会、中共中央文献研究室：《习近平关于党风廉政建设和反腐败斗争论述摘编》（一），2015年1月，中国共产党新闻网（http://theory.people.com.cn/n/2015/0116/c392503-26397745.html）。

② 习近平：《在哲学社会科学工作座谈会上的讲话》，2016年5月，新华网（http://www.xinhuanet.com/politics/2016-05/18/c_1118891128.htm）。

③ 中共中央宣传部：《习近平总书记系列重要讲话读本》，学习出版社、人民出版社2014年版，第120页。

文明建设看作是物质文明建设、精神文明建设的基础,从人与自然和谐相处的角度探讨生态于民生、于经济的长远影响,为中国现代化事业的可持续发展提供了有效指导。习近平关于中国形象的阐述将现代化进程中的关键要素加以定性分析,权力要素、物质要素、文化要素、少数民族要素、生态要素在此进程中不断地进行全方位的更新与超越,为我们认识现实及未来中国提供明确的指引。

第三,国家形象之"国际"形象——"和"与"合"的协同共赢。

关于中国处理国际关系的理念,习近平同志的论述言简意赅,以"和"与"合"为其进行定位,指明国际关系处理的基本方向。在当今国际形势下,各国发展休戚相关,面对变革的世界,唯有在差异中寻求共同、优势互补、和平发展、合作共赢才是正确之路,正如习近平同志在G20峰会上强调的"和衷共济、和合共生"①,表明了中国在国际关系问题上的态度。

关于"和"与"合",习近平关于国家形象的论述包含以下标准。第一,和平发展。自改革开放以来,中国一直坚定走和平发展之路。习近平同志不断强调"中国始终是世界和平的建设者、全球发展的贡献者、国际秩序的维护者"②。他对于和平发展的论述,本质上与中华民族传统文化中"和谐""共生"内涵以及和平共处五项原则相一致,是中国处理国际活动的基本准则;第二,维护国际公平正义。国际社会的公平与正义是世界各国协同发展的前提,也是习近平同志在推动建立全球发展伙伴关系过程中所追求的目标与原则。世界各国在参与国际事务过程中,虽能力、发展水平不同,但在参与事务过程中的权利、机会等都是平等的,不应受他国干涉。事实上,公平正义一直是中国处理国际事务的出发点。在全球范围内,中国在反对强权政治、反对强权政治、积极争取发展中国家话语权等方面一直采取着积极的行动;第三,推动人类命运共同体建设。当前国际社会是一个你中有我、我中有你的集体,面对世界发展的复杂形势,任何

---

① 习近平:《中国发展新起点、全球增长新蓝图——在二十国集团工商峰会开幕式上的主旨演讲》,2016年9月,新华网(http://www.xinhuanet.com//politics/2016-09/03/c_1119506256.html)。

② 习近平:《在庆祝中国人民解放军建军90周年大会上的讲话》,2017年8月,新华网(http://www.xinhuanet.com/politics/2017-08/01/c_1121416045.htm)。

第二章 文献综述

国家都不可能独善其身，应该构建人类命运共同体来达到共同发展的目的。2017年，在联合国日内瓦总部，习近平主席发表《共同构建人类命运共同体》的主旨演讲，阐述了构建人类命运共同体的中国方案；习近平同志倡导的"人类命运共同体"理念是以世界各国共同利益为纽带，促进中国与各国共生共存，走向共同繁荣。在此理念的引导下，以习近平同志为核心的党中央提出了全球治理观、安全观、发展观、正确义利观等新主张，向世界表明中国旨在推动人类共同发展的决心。

第四，国家形象之"发展"形象——开放的社会主义大国。

对外开放政策实施以来，中国发生了广泛而深刻的社会变革。中国特色社会主义在对外开放中开创，也在对外开放中发展与壮大。

习近平关于国家形象的论述中蕴含着习近平同志对中国对外经济发展的现实构想。习近平同志对于新时期对外开放提出明确要求。首先，对外开放目标的拓展。习近平同志以开放发展为理念，重视提高对外开放的质量、发展更高层次的开放型经济。他强调"在更大范围、更宽领域、更深层次上提高开放型经济水平"[1]，将对外的大门继续敞开；其次，对外开放准则的遵循。习近平同志强调中国与别国共同发展。他认为开放必须统筹国内国际两大局面，以符合中国与其他各国利益为目标，提出"我们将统筹双边、多边、区域次区域开放合作，加快实施自由贸易区战略，推动同周边国家互联互通"[2]；最后，对外开放道路的坚守。习近平同志对于对外开放要走怎样的道路，提出一个"坚定"，两个"不走"，即"要坚定不移走中国特色社会主义道路，既不走封闭僵化的老路，也不走改旗易帜的邪路"[3]。"对外开放"作为中国基本国策之一，加快着中国社会主义现代化的步伐，为中国与世界经济、政治、文化等方面的发展创造了无限的机遇，提供了广阔的空间与平台，为中华民族的伟大复兴与中国梦的实现贡献了一剂良方。在习近平关于国家形象的论述中，对外开放是展现"社会

---

[1] 中共中央文献研究室：《习近平关于社会主义经济建设论述摘编》，中央文献出版社2017年版，第285页。

[2] 习近平：《深化改革开放共创美好亚太——在亚太经合组织工商领导人峰会上的演讲》，2013年10月，新华网（http://www.xinhuanet.com/world/2013-10/08/c_125490697.htm）。

[3] 习近平：《坚持和完善中国特色社会主义制度、推进国家治理体系和治理能力现代化》，《求是》2020年第1期。

主义大国的形象"的方式,将对外开放扎根于中国道路、中国理论、中国制度、中国文化之上,旨在向世界呈现开放、友好的中国形象。

(二)"立德树人"对于教材国家形象建构的价值定位

党的十八大首次提出"把立德树人作为教育的根本任务",党的二十大报告中强调"落实立德树人根本任务",这是党和国家针对"培养什么人、如何培养人"的现实定位。"立德树人"有着深厚的文化基础与现实意蕴,实质是道德、教育与人之间关系的问题,这是人类步入文明社会、构建现代国家必须面对的基本问题。现从历史与现实两个角度来阐释立德树人教育思想为新时代教材国家形象建构提供了怎样的价值定位,换句话说,明确通过教材国家形象建构育以何人。

1. "立德树人"的文化基础

第一,从神性到人性。在殷商时代,人们受自然、社会等因素所限,德性源自对"天"的崇拜与信仰。"德"是中国古典哲学中的传统概念,甲骨文中已有其文字记载。《尚书·康诰》中有云"弘于天若,德裕乃身",将"德"的源头归于"天",相信天定人和,上天掌控着万物运行规律,任何人事需得天意。在这一认知层面上,"德"便被看作"天赐"的力量,随机且神秘,与那些可控的、可知的因素无关,充满神秘色彩。个体的"德"不受自身控制,而从天而得。因此,"立德"的内涵与"承命于天"类似,即"德"是顺应天命而得。然周朝得天下后,周朝思想家虽依然将"德"看作天赐予,但也将人自身努力程度考虑在内。周公提出"敬德保民,以德配天","德"被视为天命与统治者自觉修为的结合,是对统治者品格、才能等多方面提出的具体要求。① 之后,还提出"明德慎罚"的治国理念,"德"是为官者行使权力时需遵循的标准。如此一来,"德"若被人修得,则会"克堪用德,惟典神天""万年惟王,子子孙孙永保民"②。在此层面上,"德"看似为天赐,实际为人修。"天""德"实为"人"所掌控,为通过自身努力、德才兼备的能者所居之。周朝时期

---

① 王光龙:《论周初敬德保民思想对老子哲学的影响》,《西南民族大学学报》(人文社科版)1994年第3期。

② 程平源:《对殷周之变的再探讨——以殷周"德"义变迁为线索》,《江苏社会科学》2005年第3期。

第二章 文献综述

"德"内涵的重大变迁,是中国从宗教信仰转向人文主义的跨越。[①] 自此,"德"从"神性"走向"人性",彰显了人之为人的主观能动性与可塑性,为"立德树人"思想的提出提供了先决基础。

第二,从品德到德治。中国历史发展进程中,"德"与"政"一直相生相伴,这是"立德树人"思想的源头之一。周朝开始将"德"视为国家统治者执政的根本,即"为政以德"。春秋时期,"德"开始转向统治者以外的个体,"己所不欲,勿施于人"便是指个人的道德准则。[②] 战国时期,"德"被视为人性中共有的部分,上至统治者、中至管理者、下至普通民众,如,孟子所提及的"仁义礼智"四德为所有人共有,且"圣人与我同类者"[③]。秦之后,儒学成为国家主流意识形态,"德"即基于人文主义精神,以人的本性与特征为出发点,将"德"融入国家治理、社会管理之中,注重"德"对治国与管理国家的精神引导。这一时期,"道之以德""事之以礼""志于道,居于德"等"仁德""孝德""品德"的思想均被深化与拓展。[④] 自此,"德"成为国家统治者的德性与国家制定的标准与准则,实为将道德教化作为国家统治根本的最初样态。

第三,从自我到超我。"立德树人"思想是对现实我的反省,对道德理想我的期望与超越。古代先贤对"德"性的拷问最终均回归到对生而为人的意义与价值的追寻上。"立德"出自《左传·襄公二十四年》,即"大上有立德,其次有立功,其次有立言,虽久不废,此之谓三不朽"。在此,描述了人之"死而不朽"的三重标准,"立德"作为不朽的最高标准,具有超脱现实的色彩。与"立功""立言"着眼于现实,"立德"立足于超越现实,它是对现实中功绩、良言之外人性的深层挖掘,探讨的是人性中可永存的是什么的问题。[⑤] 借用后世奥地利心理学家弗洛伊德"本我、自我、超我"人格结构理论来解释,"立德"即为人们对"超我"的追求,

---

[①] 王日美:《殷周之际德治思想构建的主体性探析》,《道德与文明》2014年第1期。
[②] 郭道晖:《为政以德与良心入宪》,《求是学刊》2011年第1期。
[③] 张奇伟:《仁义礼智四位一体——论孟子伦理哲学思想》,《吉林大学社会科学学报》2001年第3期。
[④] 朱勇:《中国古代社会基于人文精神的道德法律共同治理》,《中国社会科学》2017年第12期。
[⑤] 胡发贵:《诚信、修身、知耻、行善:中国传统美德研究笔谈:"人无信不立"》,《学海》2007年第6期。

即道德理想我,它从现实的"自我"发展而来,是人类追求自我完善的最高境地。

2."立德树人"的现实意蕴

第一,党和国家的要求——以德为先全面发展。党和国家历来重视受教育者德智体美全方位的发展。自中华人民共和国成立至党的十九大召开,党的教育方针中始终将"德"位列各育之首。1957年,毛泽东指出"我们的教育方针,应该使受教育者在德育、智育、体育几方面都得到发展,成为有社会主义觉悟的有文化的劳动者。"[①] 1978年,邓小平在全国教育工作会议上指出"把毛泽东同志提出的培养德智体全面发展、有社会主义觉悟的有文化的劳动者的方针贯彻到底,贯彻到整个社会的各个方面。"[②] 1982年,《中华人民共和国宪法》第四十六条规定:"国家培养青年、少年、儿童在品德、智力、体质等方面全面发展。"1995年,《中华人民共和国教育法》第五条规定:"教育必须为社会主义现代化建设服务,必须与生产劳动相结合,培养德、智、体等方面全面发展的社会主义事业的建设者和接班人。"2002年,党的十六大报告提出"坚持教育为社会主义现代化建设服务,为人民服务,与生产劳动和社会实践相结合,培养德智体美全面发展的社会主义建设者和接班人"。2007年,党的十七大报告提出"坚持育人为先、德育为先,提高教育现代化水平,培养德智体美全面发展的社会主义建设者和接班人"。2012年,党的十八大报告中提出"坚持教育为社会主义现代化建设服务、为人民服务,把立德树人作为教育的根本任务,培养德智体美全面发展的社会主义建设者和接班人"。2017年,党的十九大报告提出,"要全面贯彻党的教育方针,落实立德树人根本任务,发展素质教育,推进教育公平,培养德智体美全面发展的社会主义建设者和接班人"。党的二十大报告指出"全面贯彻党的教育方针,落实立德树人根本任务,培养德智体美劳全面发展的社会主义建设者和接班人。"党和国家的教育方针中关于"立何德"指明具体方向,即个人修身之德,关于"树何人",即全面发展且贡献于社会主义事业发展之人。党和国家教育的方

[①] 中共中央文献研究室:《建国以来重要文献选编》第10册,中央文献出版社1994年版,第77页。

[②] 《邓小平文选》第2卷,人民出版社1994年版,第106—107页。

针明确了立德树人的目标导向，体现了党和国家对人才的现实要求。

第二，时代的需求——多元文化间的协同发展。全球化时代，随着国家间经济、政治、文化等方面协同发展，"立何德""树何人"也具有国际化的色彩。联合国教科文组织针对全球化发展对教育产生的影响，从20世纪70年代至今，一直关注多元文化间碰撞下人才发展的问题。1972年，《学会生存——教育世界的今天和明天》（以下简称《学会生存》）报告发布，基于发达国家与发展中国家内部教育资源非平等分配、男女受教育机会不平等问题，报告提出"教育应培养身体、智力、情感、伦理等方面完整的人"，并为学生未来发展提出畅想，强调面对多样变化的环境应培养终身学习者。[①] 1996年，发布《教育——财富蕴藏其中》，在《学会生存》基础上，认为应将世界区域间、各国社会阶层间、正常儿童与特殊儿童间差异问题考虑在内，重视个人潜能发挥、性格塑造等方面，倡导培养具有多元文化理念、创新精神、适应能力的人才。[②] 2015年，发布《反思教育：向"全球共同利益"的理想转变?》，报告强调"教育必须教会人们学会如何在地球上能承受压力地生活；教育必须重视文化素养，以尊重、尊严和平等为基础，这有助于可持续发展的社会、经济和环境方面融为一体"[③]。这一系列报告发布在全球化进程中的不同阶段，从人才培养的角度寻求多元文化碰撞伴随的公平问题、差异问题的解决方案，以人文关怀为主线，将"平等""尊重"视为"德"性中最重要的要素，其"树人"的目标是实现个人价值、关注人类命运的发展，这与习近平同志所提出的构建人类命运共同体理念不谋而合，为"立何德""树何人"提供了基本方向。

第三，遵循个体身心发展的规律——合理的社会化。学校教育是个体学习成为社会人的关键途径，承载着立德树人的重任。现代学校德育教育与个体身心发展规律紧密结合，为培养合格的社会人提供坚实基础。皮亚杰认为个体道德发展是以认知发展为基础，从他律道德向自律道德转化，

---

① 联合国教科文组织国际教育发展委员会：《学会生存——教育世界的今天和明天》，华东师范大学比较教育研究所译，上海译文出版社1979年版，第215页。

② 联合国教科文组织总部：《教育——财富蕴藏其中》，联合国教科文组织总部中文科译，教育科学出版社1996年版，第17页。

③ 石中英：《从〈反思教育〉中的四个关键概念看教育变革新走向》，《人民教育》2017年第18期。

表现为从以自我内在规则为标准转向自我与他人交互影响产生的规则为标准。科尔伯格在皮亚杰研究的基础上，将道德推理水平作为道德发展阶段的标准，对道德发展阶段进行了细化，分为"三水平六阶段"，即前习俗水平（惩罚与服从定向阶段、工具性的相对主义定向阶段）、习俗水平（人际和谐的道德定向阶段、维护权威或秩序的道德定向阶段）与后习俗水平（社会契约的道德定向阶段、普遍原则道德定向阶段）。① 以此为基础，近些年来中国开始有意识地按照个体身心发展规律，将公民道德规范等以道德认知、道德情感及道德行为各层面融入教育体系中。如，教育部发布的《中小学综合实践活动课程指导纲要》将海洋安全等国家安全教育专题按照年龄段学生认知特点，从认识国家安全的问题、到培养国家安全意识、再到形成国家安全观。针对各学段受教育者的身心特点，借助学校德育教育实践，使个体习得基本社会行为规范，旨在培养合格的公民。

3. "立德树人"对于教材国家形象建构的定位

"立德树人"是文化的延续，也是现实的考量，不能脱离文化的根，也不能与现实相违背，应充分彰显立德树人于国家发展的重要作用，以此明确其对教材国家形象建构的价值定位。

第一，以中华民族优秀传统文化为根，培养带有中华文化基因的继承者。中华民族优秀传统文化是民族的精神血脉，决定了个体成长与发展的基本方向。中华民族传统文化是世代中华儿女在生产与生活中形成与传承的世界观、人生观、价值观等，其中的核心内容已成为中华民族最基本的文化基因，是区别于其他民族的独特标志。② 21世纪以来，党和国家方针政策中均强调中华传统文化教育的重要性。2006年，《国家十一五时期文化发展规划纲要》中指出"重视中华优秀传统文化教育和传统经典、技艺的传承"，2017年，中共中央办公厅、国务院办公厅印发的《关于实施中华优秀传统文化传承发展工程的意见》中强调"要把优秀传统文化贯穿国民教育始终""贯穿于启蒙教育、基础教育、职业教育、高等教育、继续教育各领域"。有学者认为"民族文化渗入血脉、薪火相传，文化认同支

---

① ［英］理查德·斯坦利·彼得斯：《道德发展与道德教育》，邬冬星译，浙江教育出版社2000年版，第186—188页。

② 吴小鸥、李想：《中小学教材建设对中华优秀传统文化的创造性转化》，《教育研究》2019年第8期。

第二章 文献综述

撑起民族认同、国家认同"。① 如果将文化作为民族的血脉,那么,以中华文化育人实质是培养具有民族意识、文化意识、国家意识的人。依照社会学家本尼迪克特·安德森共同体理论,民族,是想象的共同体,最初是通过文字来想象的,它是一种文化现象。民族的繁衍生息实质是文化的解构与建构,表现为全体人民的意识形态、政治想象的稳定与重建。② 在此层面上,"立德树人"教育任务本质上是培养具有中华民族共同体意识的人,而这也是教材国家形象建构的目的之一。

第二,以社会主义核心价值观为魂,培养具有现代中国精神的传递者。社会主义核心价值观是现代中国精神的集中体现,是培养社会风尚引领者的精神之源。核心价值观是一个国家或民族在某一时代的整体精神面貌与价值取向的特色所在,将核心价值观融入教育体系之中是许多国家在凝集社会共识方面所进行的举措。美国社会核心价值观并未以官方明文规定的形式说明,但平等、自由、民主、独立等观念早已成为美国价值体系中的重要部分。③ 俄罗斯社会价值观培育体系涉及个人发展、社会关系与国家义务,包括个体实现道德完善、认同基本民族道德以及树立爱国主义情怀等。④ 新加坡价值观教育包括培育共同价值观,强化忧患意识,培养国家意识,推行儒家伦理教育。⑤ 而社会主义核心价值观是国家、社会、公民三层诉求的集中体现,是现代中国对"立何德"问题的直接回应。党的十八大以来,党和国家强调"践行社会主义核心价值观,着力提高人才培养质量,要以培养担当民族复兴大任的时代新人为着眼点"。落实在学校教育中,将以社会主义核心价值观为引领,基于不同年龄阶段特征,分阶段、有针对性地开展活动,培养具有现代中国精神的人,正是"树何人"的含义。这给予教材国家形象建构以明确的伦理价值导向。

---

① 颜晓峰:《中华优秀传统文化是实现中国梦的深厚软实力》,2016 年 2 月,国务院新闻办公室网站(http://www.scio.gov.cn/m/32621/32640/Document/1468797/1468797_1.htm)。
② [美]本尼迪克特·安德森:《想象的共同体:民族主义的起源与散步》,吴叡人译,上海人民出版社 2011 年版,第 42—46 页。
③ 朱永涛:《美国价值观——一个中国学者的探讨》,外语教学与研究出版社 2002 年版,第 19 页。
④ 陶丽:《俄罗斯价值观的培育体系研究》,《黑龙江科学》2017 年第 16 期。
⑤ 刘根成:《新加坡价值观教育对我国社会主义核心价值观教育的启示》,《亚太教育》2016 年第 21 期。

第三，以多元文明交互借鉴为神，培养具有独立意识的创新者。当今时代的发展造就多元文明的碰撞，各种人类文明不再闭门造车式的发展，而是交互借鉴，以达共同进步。文明间的交流为各文明主体提供了审视自身发展的"镜子"，是推动各国进步的动力。习近平同志倡导打破文化隔阂，促进文明互鉴。2014年，习近平在上海与外国专家谈话时指出"不同民族、不同国家、不同地域之间的文化交流，好比不同色彩的搭配，在纵横交错、明暗强弱的各色组合之中，新的画面和景色就会出现"①。强调了多元文化背景下，各民族、国家间的交流可促进彼此走向新的道路，从而达成协同发展的重要性。有学者研究指出"多元文化间的沟通促进多种观念、思维模式的产生，这种为培养具有独立意识的创新人才提供现实环境"②。多元文化交互影响下，独立意识的核心是以自我文化为中心，审视外来文化，吸收新思想、摒弃旧观念，在自我认知、情感、态度等方面得到全面更新与发展。③ 党和国家一向重视全球化带来的机会，坚定国际间合作培养服务于国家的创新人才。2017年，据教育部统计，党的十八大以来，出国留学回国人员总数达43.25万，其中，不乏高层次人才，中国70%以上高水平校长、80%以上的两院院士、90%以上的长江学者入选者，都有海外学习或工作经历。除此之外，目前，全国共有留学人员创业园300多个，入园企业2.4万家，2015年技工贸易总收入超过2800亿元。④ 实际上，立足自身文化，借助多元文化交流所搭建的平台，汲取其他民族、国家的养分，提高人才创新能力，为社会主义现代化建设作出贡献，正是现阶段"立德树人"的目标之一。这即指出教材国家形象建构的应然旨归。

（三）形象学理论对于国家形象建构的阐述

在历史进程中，"国家形象"出现于国与国之间打破文化壁垒之时，国家间互为镜像，观他人之象认识自我之象。比较形象学与跨文化形象学

---

① 习近平：《不拒众流方为江海 中国永做学习大国》，2014年5月，新华网（http://www.xinhuanet.com/politics/2014-05/23/c_1110837550.htm）。
② 沈汪兵、袁媛：《创造性思维的社会文化基础》，《心理科学进展》2015年第7期。
③ 陈宗章：《文化生态意识与"学习共同体"的建构》，《南京社会科学》2010年第3期。
④ 崔清新、崔静、胡浩：《百川奔流终归海 同心筑梦正当时——党的十八大以来我国形成最大规模留学人才"归国潮"》（http://www.rmzxb.com.cn/c/2017-02-22/1357131.shtml）。

第二章 文献综述

的研究中关于"国家形象"的讨论为思考教材国家形象的本质与根基提供了具体方向。

比较文学形象学理论强调国家形象建构是基于文化共同体的民族性想象。比较文学研究中,法国学者吉姆·玛丽·卡雷最早关注文学作品中的国家形象,将形象学定位为"各民族间、各种游记、想象间的相互诠释"[①]。当前,学者们普遍认为比较文学形象学主要研究文学性作品中有关民族即国家的"他形象"和"自我形象",其重点在于形象发展过程及其原由。比较文学形象学研究者探讨了国家形象的深层文化成因。学者瑞内·韦勒克指出欧洲文学中存在彼此相连的精神血脉,欧洲各国作品中将"想象的共同体"的观念不断强化。[②] 丹尼尔-亨利·巴柔认为文学作品中呈现出的国家形象"并非现实的复制品(或相似物),它是按照注视者文化中的接受程序而重组、重写的,这些模式和程式均先于形象。他们是社会集体想象物的一种特殊表现形态"[③]。中国学者孟华在总结前人研究的基础上认为比较文学意义上的国家形象是隶属于"意识形态"的各个"国别"的现实,置换为一种隐喻的形式,它属于社会总体想象物范畴。[④] 对于作品中的国家形象,无论是自我形象,还是他形象,均是叙述主体所处文化共同体的映射,在此意义上,更接近于一种民族的想象。

借鉴比较文学形象学的理论,重新思考现有教材国家形象究竟指向何方。教材是传递文化的中介,其内部要素无一不刻有文化的印记,这些文化印记通过特定人物、事物关系等内容来呈现,以实现对于国家自身形象的塑造。如,有研究者探讨了清末民初女子教材文化传承问题,认为女子教材体现了"家国为本"的理念,体现尊孔崇儒与孝道仁义的思想传承,尤其引入"国家""社会"观念,塑造现代"女国民"形象。[⑤] 也有研究

[①] Shackleton R., "Review La Littérature Comparée Guyard, M. -F", *French Studies*, Vol. 6, No. 4, October 1952.

[②] 汤拥华:《重审比较文学视域内的"文学性"问题——从韦勒克到罗蒂的考察》,《文艺争鸣》2016年第8期。

[③] 孟华:《比较文学形象学》,北京大学出版社2001年版,第118页。

[④] 达尼埃尔-亨利·巴柔、孟华:《比较文学意义上的形象学》,《中国比较文学》1998年第4期。

[⑤] 刘景超:《清末民初女子教科书文化传承与创新之研究》,博士学位论文,湖南师范大学,2014年,第217—224页。

者考察了清末民初历史教材中孔子的形象,认为孔子形象介于国家与思想界、尊孔与反孔之间,是国家与思想界共同规划运用历史资源,产生出民众的知识观念,并随时调整,以因应或造成社会意识的变迁。① 还有研究者对中国教材中儿童形象进行解析,认为教材内容反映了时代儿童观的变化。② 教材中各类形象的呈现实质是一种权力符号化的表现,揭示了绝对权力机构即国家对自身的认识。正如符号学理论研究者赵毅衡指出人们所见的符号是"文化编织话语权力网的结果"③,从此角度理解,教材中所有内容皆为民族国家基于文化所塑造的自我之象。

跨文化形象强调国家形象建构是为获得文化自觉与身份认同。跨文化形象学从文化背景切入,对作品中国家形象进行解析,其关注点从作品转向文化。国内学者周宁等人将国内形象学研究从单纯的"对国家的描述"扩展为"文化的想象",对作品中的国家形象进行了理论定位,将获得文化自觉与身份认同作为构建国家形象的根本。他们认为国家形象问题是全球化时代下不同国家间交流中文化观念互动所带来的,不仅是各国交流间想象他者、确认自我这层面上的问题,而是背后价值取向以及政治、经济问题的显现。④ 自近代以来,西方是工业化、信息化道路上的先行者,经济、科技的发展拓展了文化领域的宽度与广度,致使文化流动的时代,西方霸权的渗入使得中国国家形象隐含西方意识形态,使得现有地国家形象掺杂了西方对中国的想象。⑤ 他们还指出中国形象的原型是存在于社会文化心理深处的"集体表象",构建的中国国家形象必须回归到文化自觉意识的获得与自我的主体性身份的建构中。⑥ "他者"眼中的"我"与"我"眼中的自己都是在假想他者存在的情况下而出现,在自我与他者交互中最

---

① 刘超:《孔子形象:历史知识与社会意识——以清末民国时期中学历史教材中的孔子叙述为中心》,《安徽大学学报》(哲学社会科学版) 2009 年第 5 期。
② 陆韵:《人教版小学语文教科书儿童形象的课程社会学分析》,《现代中小学教育》2015 年第 5 期。
③ 赵毅衡:《符号学原理与推演》,南京大学出版社 2011 年版,第 5 页。
④ 周宁:《跨文化形象学:当下中国文化自觉的三组问题》,《厦门大学学报》(哲学社会科学版) 2008 年第 6 期。
⑤ 周宁:《在西方现代性想象中研究中国形象》,《南京大学学报》(哲学·人文科学·社会科学版) 2008 年第 4 期。
⑥ 周宁:《跨文化形象学:问题与方法的困境》,《厦门大学学报》(哲学社会科学版) 2012 年第 5 期。

终构建了国家的自我。

　　文化自觉与身份建构一直是教材研究的热点。各国教材中各类形象所负载的文化是使学生获得国家认同的主要方式。有研究者对比历史进程中哈萨克斯坦与中国在政治、经济、文化以及军事方面的发展，认为哈萨克斯坦历史教材勾勒出不同时期中哈形象，从"镜"与"像"的视角，培养学生的国家意识、民族意识[1]；也有研究者在分析新加坡儒家伦理课程的内容中发现，教材《儒家伦理》中为了兼容西方与东方多元文化的现代性与敏感性，将教材中体现人际关系的人物间的称谓有所修改，如"父子"改为"父母与子女"，"君臣"改为"国家与人民"等，这是新加坡人为培养学生本土文化的有效方式[2]；还有研究者在地方文化课程的价值取向研究中发现，课程通过凸显文化生活事件来承载对地方历史与文化的继承与发扬，突出培养学生的历史与文化素养。[3] 教材通过对文化的构建，使学生获得民族国家的概念，以形成正确的国家观。

（四）中国国家认同理论演进中的国家形象建构思想

　　国家认同完整表达为民族国家认同，其英文词源为"Nation Identity"，"Nation"特指同民族与语言的群体，"Identity"兼具两层含义，即"决定某人是谁"与"本民族群体所具备的与其他群体不同的品质与态度"[4]。从词源来看，国家认同涉及"身份认同"与"对国家行为、品质与态度的认同"两层面，反映了个体对自身归属国家、认同于国家的观念。研究者们对"国家认同"提出不同的看法。林震认为"个人维度上，国家认同是个人自我认知的一部分，是个人对其所处的政治共同体合法性的主动认同；国家维度上，则表现为国家在国际关系中的特性"[5]；吴鲁平、刘涵慧与王静从功能角度来看"国家认同是自己属于哪个国家以及这

---

[1]　范晓玲、苏燕：《丝绸之路文化融入研究——哈萨克斯坦历史教材中的中国形象》，《新疆大学学报》（哲学·人文社会科学版）2016年第4期。

[2]　杨明全：《儒家伦理课程对现代文化价值观的形塑：新加坡的经验与启示》，《比较教育研究》2014年第6期。

[3]　邵晓霞、傅敏：《论文化身份认同类型学理论及其对民族团结教育课程的启示》，《贵州民族研究》2011年第1期。

[4]　陈茂荣：《马克思主义视野的"民族认同"问题研究》，中国社会科学出版社2014年版，第74页。

[5]　林震：《论台湾民主化进程中的国家认同问题》，《台湾研究集刊》2001年第2期。

个国家有哪些特点"①；马得勇从内容角度来看，"国家认同的文化层面，即公民对领土、主权、主流文化传统、信仰等方面的文化认可和心理归属。而政治层面上，指公民对国家政权系统、政治制度、治国理念的基本认同"。②对"国家认同"这一概念的理解展现出特殊性与一般性。从特殊性角度来说，"国家认同"是中国历史发展过程中，进化思想与进步理念催生而出的具有时代特征的概念，是彼时国家形象建构背后的人性动因，也是主流意识形态的选择。从一般性角度来理解，"国家认同"的实质是人与国家关系的探讨，这是自"国家"诞生以来，任何社会都会面临的问题。中国国家认同理论演进过程中，国家形象建构思想不断发展，呈现从基于民族共同体的国家形象建构，到基于领土主权的国家形象建构，再到基于超民族共同体的国家形象建构的转变过程。

　　首先，19世纪末至20世纪40年代，近代中国基于民族认同理论中蕴含了民族国家形象建构思想。近代中国遭受帝国主义入侵，西方民族国家观念涌入，民族国家观逐渐兴起。中国民族国家观念的形成于民族危机之时，成为推进现代民族国家建立，构建民族统一共同体的力量与手段。③在此意义上，国家认同的凝聚成为近代中国探索民族独立之路的决定条件。近代思想家梁启超在《新民说》中已有关于个人国家身份归属以及对国家整体认识的描述，即"对于一身而知有国家，对于朝廷而知有国家，对于外族而知有国家，对于世界而知有国家"④。《中国的前途之希望与国民责任》中正式使用"国家认同"一词，将个人命运与国家前途联系在一起，强调国家认同于民族独立的重要性。而后，他提出"中华民族"的概念，即"合汗、合满、合回、合苗、合藏，组成一大民族"⑤，为推进民族国家建立提供了理论基础。革命先驱孙中山于19世纪末明确提出"驱除鞑虏，恢复中华，建立民国，平均地权"，于20世纪初在《中华民

---

① 吴鲁平、刘涵慧、王静：《公民国家认同的特点及其与对外接纳度的关系研究——来自ISSP（2003）的证据》，《国际社会科学杂志（中文版）》2010年第1期。
② 马得勇：《国家认同、爱国主义与民族主义——国外近期实证研究综述》，《世界民族》2012年第3期。
③ 许纪霖：《现代中国的民族国家认同》，《世界经济与政治论坛》2005年第6期。
④ 李华兴、吴嘉勋：《梁启超选集》，上海人民出版社1984年版，第218页。
⑤ 中国社会科学院近现代研究所：《孙中山全集》（第一卷），中华书局1981年版，第441页。

第二章 文献综述

国临时大总统宣言书》中宣告"国家之本，在于人民。合汉、蒙、回、藏诸地为一国，即合汉、蒙、回、藏诸族为一人，是曰民族之统一"①，并成立中华民国民族大同会。在此时，国家认同被赋予实际含义，即关于个人、民族、国家间相互的权利与义务的赋予。而后，国家认同在日本帝国主义入侵过程中推向巅峰。如学界对"中华民族是一个"与"中华民族是整个的"的争论，以及1943年蒋介石在《中国之命运》中"中华民族是多宗族融合而成的"等②。这样，经历国家分裂与民族危亡之后，国家认同的发展为构建基于中华民族共同体的中国国家形象提供了坚实基础。

其次，20世纪40年代末至20世纪70年代末，中华人民共和国基于领土主权认同理论中蕴含了以领土主权为核心的国家形象建构思想。"新中国的建立是在民族认同的基础上，实现了民族认同与国家认同的统一，构建起一种全新的国家形式，即民族国家"③。自此，国家构建主体发生了转变，国家认同的构建走向新阶段。如果说中华人民共和国成立以前，国家认同的重心是民族认同，那么中华人民共和国成立之后，国家认同的重心则是主权的认同。此阶段中，国家认同经过对外战争、和平演变重塑，具有民族内部统一与对外独立的双重含义。20世纪50年代抗美援朝期间，中国共产党为增强国民凝聚力，改变国民恐美、亲美心理，开展了抗美援朝思想政治教育、爱国增产运动、捐献武器运动等，仅1951年当年"全国缴款数字已达31847亿元，占全部认捐总数的五分之四"④。通过系列活动，国民认识到自身在保卫国家领土中所起到的作用与责任，并对国家有了充分的理解与认识，形成了"在感知和敬畏双重基础上的国家认同"⑤。此后的中印、中苏等战争进一步从主权方面强化了国家认同⑥，并以此建

---

① 村田雄二郎：《孙中山与辛亥革命时期的"五族共和"论》，《广东社会科学》2004年第5期。
② 常安：《国族主义的话语建构与边疆整合（1928—1949）》，《法律和社会科学》2014年第2期。
③ 贺东航、谢伟民：《新中国国家认同的历程》，《当代中国史研究》2012年第6期。
④ 姜廷玉：《解读抗美援朝战争》，解放军出版社2010年版，第135页。
⑤ 刘云：《土改与现代民族国家的生成——重读〈暴风骤雨〉与〈太阳照在桑干河上〉》，《小说评论》2008年第6期。
⑥ 杨文炯：《从民族自在到民族自觉——近代至抗战时期中华民族的觉醒与国家认同的熔铸》，《北方民族大学学报》2015年第4期。

立了以领土主权为核心的国家形象。

自改革开放以来，中国逐渐卷入全球化浪潮之中，国家内外生态、结构与功能发生了变化，引起国家认同的结构变革，挑战了原有国家认同形成体系的稳定性。一方面，全球化过程中，中国经济的发展促进了人民生活水平的提高，人民通过国家的现代化进步获得国家认同感①；另一方面，全球化引发东西方意识形态的碰撞，尤其是20世纪90年代之后，以美国为首的西方国家，在世界大范围宣传"普世价值观"等西式的意识形态，冲击了原有民族国家认同结构。② 全球化时代，人民面对多样的文化、多种政治体制以及各式的经济发展模式，在肯定与质疑中构建具有时代特征的国家认同，这无疑是对民族国家构建基础的挑战，揭示了全球化所引起的国家建设方面的优势与不足。正如学者所言"民族国家生死之战的关键并非在全球化的有无、缓急，而在于如何完善国家构建，强化民主治疗的绩效"③。在此时期，超民族国家认同开始萌发，这里的超民族国家认同与民族国家认同并不是非此即彼的关系，而是在民族共同体之上建立的另一层面的、超越民族之外的人类的认同。新时代之后，国家形象建构开启了统合民族共同体与人类命运共同体的新阶段。

第二节　教材国家形象建构的实践转化研究

教材国家形象建构的实践转化关注国家形象纳入教材的具体机制。国家形象纳入教材旨在将国家形构于教材之中，以达成塑造学生认知之中"想象的共同体"的目的。如何将国家形象纳入教材以强化学生新时代的国家意识是教材建设应解决的基本问题。

---

① 高廉怡、郑富兴：《论全球化时代国家认同感的培养》，《比较教育研究》2002年第1期。

② 贺东航、慕良泽：《全球化背景下现代国家构建的检视与反思》，《当代世界与社会主义》2008年第1期。

③ 王卓君、何华玲：《全球化时代的国家认同：危机与重构》，《中国社会科学》2013年第9期。

一 教材国家形象建构是强化国家认同的重要机制

(一) 教材国家形象建构是塑造民族镜像的基本依托

教材国家形象建构是将主流意识形态形象化的结果，这是以教材为媒介构建民族镜像的重要方式。教材作为主流意识形态的传递者，塑造了不同时代下民族镜像。中华人民共和国成立以来，主流意识形态经历了从以阶级斗争为纲到以经济建设为中心再到以人民为中心的转换，这一转换在教育领域尤其是教材中有着直接体现。如，"文化大革命"时期，教材全面带有"又红又专"的色彩，教材封面呈现红太阳、红旗、红宝书、工农兵形象等[1]；中共十一届三中全会之后，教材中知识选取与呈现强调科学的指导，教材中增添了许多信仰知识改变命运，追求真理的人物形象[2]；21世纪以来，教材凸显以人为本的理念，教材选材、插图等凸显人文精神。[3] 法国哲学家、思想家米歇尔·福柯指出"话语即权力"，以主流意识形态话语构建的教材，其内容选取是国家意志的选择。如果将教材中国化的话语称为民族话语，那么，教材中民族镜像即为民族国家话语权力者勾勒的镜像中国。在此意义上，教材中构建国家形象的诉求实质是时代话语权的彰显。

(二) 教材国家形象建构是启发文化自觉的重要凭借

教材国家形象建构是"表"，其背后的文化逻辑是"里"，由"里"及"表"的目的是启发学生文化自觉，树立文化自信。教材作为民族文化的"集装箱"，以聚集历史与现代的文明要素构建的国家形象为学生构建了现代文化国度的标尺，这是培育具有中华文化基因传承者的重要凭借。在历史长河中，以历史文化为基点构建的国家形象成为人们文化寻根的依托。如，历史教材中关于古代埃及、古巴比伦、古代印度以及古代中国四大文明古国历史风貌的呈现，能够促使人们通过对这些国家中外、古今的

---

[1] 周娟：《时代的烙印——文革时期中小学英语教科书研究》，硕士学位论文，湖南师范大学，2011年，第46页。

[2] 董珂：《初中语文教科书中"人物形象"价值取向的转型——以人教社78年、93年、07年版教科书为例》，《教学管理与教育研究》2016年第11期。

[3] 任丹凤：《新教材设计：突出三重对话功能》，《课程·教材·教法》2004年第7期。

对比，获得最初的文化觉醒。① 在现代化进程中，以融入现代文明要素为要点的国家形象是人们追求现代化文明的象征。如，1903年出版的《最新教科书》以"科学"代替"格致"开启教材现代化之路，至2014年基于核心素养课程改革强调中华民族传统文化的传承，从过于追求西式现代性到追求中国式现代性，教材中构建的国家形象越加注重对现代文明的中国式解读。② 在历史文化与现代文明两条文化逻辑引领下，教材中构建国家形象体现了文化发展的诉求。

（三）教材国家形象建构是促进国家意识养成的合理化方式

教材作为育人的直接凭借，其构建国家形象的根本目的指向个体国家观的塑造与自我身份的建构。"自我身份"是指个体对自身一系列特征总和的整体认知，从宏观层面的文化认同、国家认同到中观层面的社会认同、法律认同再到微观层面的职业认同、角色认同等都是自我身份讨论的范畴。通俗来说，"自我身份"是对主体"我"存在的全方位认识。自我身份建构是对自我定义、形成自我的不断修正过程。③ 在国家层面上，教材中构建的国家形象是国家眼中的自我，是文化交互中形成的国家自我表征，它以意识形态话语将国家、民族、个体置于同一权力场域之中，传递家国同构、个人与国家一体的价值观。如，学者在分析小学德育教材中发现家国情怀、社会关爱与人格修养在四版教材（1978年版、1988年版、1997年版、2007年版）中均有涉及④；在个人层面上，教材中构建的国家形象成为个体自我身份构建过程中的"他者"，为个体提供国家、社会、法律等层面的"多面镜"。如，教材中人物的性别、年龄、所属年代、国别、职业等内容以及其背后的价值取向，这些成为个体成长过程中的"镜子"。

---

① 吴也东：《晚清中小学历史教材与近代国家观念的塑造》，硕士学位论文，扬州大学，2015年，第42—46页。

② 吴小鸥：《清末民初教科书的启蒙诉求》，博士学位论文，湖南师范大学，2009年，第56—58页。

③ Marcus L., "Self-Construct", Schoolarts The Art Education Magazine for Teachers, Vol. 110, No. 8, April 2011.

④ 闫闯、郑航：《小学德育教科书中传统文化教育的嬗变——以四套人教版小学德育教科书为文本》，《课程·教材·教法》2015年第10期。

二 教材国家形象建构的核心要义

国家形象,作为国家对自身的认知及其他国际行为体对其认知的总和,是国家权力的象征,也是国家综合国力的集中体现。国家形象虽然伴随认知主体的变化而呈现出多样化态势,但有其稳定的内涵与特质。教材形塑国家形象要切近历史文化语境,让国家形象展现出时代风貌。

(一) 教材国家形象建构的要素

"国家"作为"形象"的客体,其内在构成要素成为教材形塑国家形象的表征维度。基于本书第一章对"国家形象"核心概念的解读,教材形塑国家形象的维度包括以地理风貌为表征的物质要素、以人文现象为表征的文化要素、以国家制度为表征的政治要素以及以公民行为要素等为表征的国民要素。

教材国家形象建构就是要将物质、文化、政治与国民表征化,充分发挥教材作为国家事权基础层面的转化作用,将国家形象得以在教育语境下重塑,以促进个体建构想象的共同体。教材形塑国家形象彰显着国家软实力,集中体现国家核心价值,凝聚着全体人民共通的家国情怀。2018年,在全国宣传思想工作会议上,习近平同志指出,"展形象,就是要推进国际传播能力建设,讲好中国故事、传播好中国声音,向世界展现真实、立体、全面的中国,提高国家文化软实力和中华文化影响力。"[1] 把国家形象纳入教材成为以中国话语讲述中国故事的实践化操作。鉴于教材作为"权力—知识—主体"微观教学话语空间的内在本质,国家形象纳入教材是在"国内—国际"视域下,围绕国家形象构成要素的新时代特征进行系统表征的过程,具体包含以下几个方面。

第一,教材要呈现国家物质要素。国家物质要素即国家客观物质要素的时代特质,具体涉及自然生态要素的应然样态,其是国家本真实力的彰显。教材国家物质要素的呈现是国家物质形象深入教材领域的积极映像。2012年,在党的十八大中,习近平同志首次提出美丽中国的理念。2018

---

[1] 习近平:《举旗帜聚民心育新人兴文化展形象 更好完成新形势下宣传思想工作使命任务》,2018年8月,中国政府网(http://www.gov.cn/xinwen/2018-08/22/content_5315723.htm)。

年，在全国生态环境保护大会上，习近平同志指出"山水林田湖草是一个生命共同体"①。这是国家宏观层面对自然生态要素的新时代定位。教材作为落实国家意志的直接媒介，必将纳入新时代自然生态要素，即体现符合美丽中国理念的物质形象。

第二，教材要呈现国家政治要素。国家政治要素涵盖制约国家内外与人、物质、文化、经济等相关的要素，即与政权相关的人、组织机构以及政策等，是国家治理能力的表征。教材国家政治要素即国家政治要素时代特质在教材中的转化。2013 年，中共十八届三中全会上审议通过《中共中央关于全面深化改革若干重大问题的决定》中指出"全面深化改革的总目标是完善和发展中国特色社会主义制度，推进国家治理体系和治理能力现代化。""经国序民，正其制度。"自此开启了新时代中国全面深化改革之路，从广度、速度、深度、力度等方面，全面放大中国特色社会主义的制度优势，并使其转化为国家治理效能。从表面上来看，全面深化改革是以政治制度为改革对象，教材国家政治要素只是作为教材制度改革中的部分内容。然而，事实上，全面深化改革是国家内部各个层面、各个领域的全方位变迁，教材呈现国家政治要素作为对国家制度新时代的表征，其并不是完全被动参与，而是主动讲述的中国政治制度故事，进而增强中国制度的影响力、感召力与凝聚力，进一步培养具有中国制度意识的人。

第三，教材要呈现国家文化要素。国家文化要素涉及国家内部人所创造的一切要素，包括价值观念、民风民俗等，是民族延续与发展的象征。教材国家文化要素即国家文化要素的时代特质形化于教材之中。2017 年，中办、国办印发《关于实施中华优秀传统文化传承发展工程的意见》指出中华优秀传统文化的创造性转化与创新性发展的重要性。学者吴小鸥与李想进而提出中小学教材建设对中华优秀传统文化进行创造性转化的具体内容、形式与途径。② 文化要素在教材中进行的创造性转化不仅是对民族血液传承的积极举措，还是国家认同感生成机制中的重要环节。鉴于教材进行文化表征的必要性与可能性，教材呈现国家文化要素必然成为教材改革的重中之重。

---

① 习近平：《坚决打好污染防治攻坚战 推动生态文明建设迈上新台阶》，2018 年 5 月，中国政府网（http：//www. gov. cn/xinwen/2018 - 05/19/content_ 5292116. htm）。

② 吴小鸥、李想：《中小学教材建设对中华优秀传统文化的创造性转化》，《教育研究》2019 年第 8 期。

第四,教材要呈现国民要素。国民要素涵盖国家内部公民的外在行为与内在品质,是国家精神文明水平的反映。教材国家公民行为要素即国家公民行为要素在教材中形塑。2012年,党的十八大指出建设社会主义文化强国将提高公民道德素质作为重要方面。2022年,党的二十大报告强调"实施公民道德建设工程,弘扬中华传统美德,加强家庭家教家风建设,加强和改进未成年人思想道德建设,推动明大德、守公德、严私德,提高人民道德水准和文明素养。"从一般意义上来看,教材纳入公民行为要素是对个体德行的系统性教化。然而,更深层次来看,教材纳入公民行为要素实为个人与国家间张力的平衡,个体的自我实现与国家的深远发展是统一的。故而,修身、齐家、治国、平天下,个人的德行与国家形象紧密相连。以公民形象之小我即可见国家形象之大我。

(二) 教材国家形象建构的形式

无论是物质要素,还是政治要素,抑或是文化要素、国民要素,都不是亦不可能以客观实在存在,是以同一民族共同体内部通用的符号来指代。这些符号来源于主体人对外在自然物与内在心理活动的改造与加工,其内涵随历史文化的演进历程而得以传递、改造,乃至重构,最终生成普遍性意义。语言作为一个符号表征系统,它可将我们的概念、观念与情感符号化,从而实现人与人之间跨越时间与空间的对话。"语言是具有特权的媒介,我们通过语言'理解'事物,生产和交流意义。"[①] 国家形象纳入教材需借助文字语言、图像语言等符号为媒介来进行意义建构。

首先,教材借助文字语言以建构国家形象。教材是以文字语言为基本媒介的微观教学话语空间,具体以字、词、句、段以及篇章等作为运载意义的活化工具,用来表征教材背后各权力主体想要传递的概念、观念或情感。国家形象纳入教材是从文字语言开始的,在字、词、句、段以及篇章的系统组织中萌发出来某种具有社会普遍性意义的国家符号形式,这些形式经由特定历史文化演进而获得,再由多元权力主体协同选择,成为构建"国家"实在意义的基本依托。但是教材中基于文字语言的多种国家符号形式并非都能纳入"生成"国家形象的行列中,这是因为由字、词、句、

---

① [英] 斯图尔特·霍尔:《表征:文化表征与意指实践》,徐亮等译,商务印书馆2013年版,第2页。

段以及篇章生成的符号形式分属不同文字语言系统，各系统有其自身内在结构规律与运作规律，各类形式（字—字，字—词，词—篇等）只有具有为社会认同的对立与差别才会作为不同的表征国家形象的具体符号，并在多种符合组合中发挥作用。因此，教材借助文字语言形塑国家形象不仅要在字、词、句、段以及篇章的系统组织中遵循语言发展的自身规律，而且要关注教材所处的历史文化语境对文字语言具体表征形式的制约与引导，文字语言构建了国家形象，教材的社会文化属性也在国家形象建构中发挥重要作用。

其次，教材借助图像语言以建构国家形象。教材中图像语言是构建视觉阈限内微观教学话语空间的基本媒介，以具象化图谱作为传递意义的工具，实现对教材背后多元权力主体观念的表征。国家形象纳入教材是以图像语言为辅助性延展，在具象化图谱与字、词、句、段以及篇章间的配合中生发国家的象征性意义，将国家的神、形、韵符号化。由于图像语言本身的复杂性、不确定性、发散性，教材国家形象的具象化表征过程并不能完全依照教育教学规律加以进行，各国家具象化要素的选择、内部各要素间的组合以及与文字语言间的匹配等过程受教育学、心理学、美学、符号学等多层次理论制约，各层次内部与层次间均有其内在表征机制，具象化表征唯有在多层次理论间找到平衡，才能够与文字语言配合丰富教材国家形象的感知维度。故而，教材借助图像语言形塑国家形象要依照具象化图谱表征与文字语言表征各形式（字、词、句、段以及篇章等）间的协作规律，充分考虑图像语言形塑国家形象的制约性因素，尽可能地展现教材国家形象的神、形、韵。

（三）教材国家形象建构的路径

教材形塑国家形象是以教材的指导思想、目标导向、内容选择、教学应用以及物理装订等层面为基础设定形塑国家形象的标准，形成以国家形象为主题统领的教材体系，来实现对国家形象构成要素的转化。

首先，设定教材形塑国家形象规范化标准，加强对国家形象的系统性转化。现有教材国家形象多是被动生成的。无论是文科教材，还是理科教材，抑或是人文学科教材，都是以教材知识延伸出的国家核心价值观、国家主流话语、国家现实图景等呈现国家形象，这些被打上国家印记的知识

第二章 文献综述

使国家形象在教材中"若隐若现"。然而,这种被动形塑的国家形象存在碎片化、非系统化等问题,可能导致国家形象构成要素的缺失,影响国家形象整体建构。为使教材形塑国家形象合理化、全面化,必须建立教材形塑国家形象的标准,使教材可系统转化国家形象。具体来说,应在教材编写指导思想、总体目标、内容选择、教学应用与物理装订等方面融入国家形象各构成要素的细化要求,以此作为教材形塑国家形象的标准。

其次,建设以国家形象为主题的教材体系,形成一体化的教材国家形象体系。已有教材体系并未凸显一体化的国家形象主题。纵观中华人民共和国成立以来涉及教材层面的改革,从1949—1952年依照《小学各科课程标准(草案)》与《中学暂行教学计划(草案)》编制的以"又红又专"为主旨的教材,到1952—1957年依照《关于改进和发展中学教育的指示》修订的以"仿照苏联"为主旨的教材,到1958—1965年依照《关于教育工作的指示》与《全日制中小学新教学计划(草案)》编制的以"劳动教育"与"思想改造"为主旨的教材,到1977—1980年依照《全日制十年制中小学教学计划试行(草案)》而编制的以"拨乱反正"为主旨的教材,到1981—1984年依照《全日制五年制中学教学计划(修订草案)》与《全日制五年制小学教学计划(修订草案)》而编制的以"借鉴革新"为主旨的教材,到1985—1988年依照《中共中央关于教育体制改革的决定》而编制的以"创新发展"为主旨的教材,再到1996年至今依照《基础教育课程改革纲要(试行)》《关于全面深化课程改革落实立德树人根本任务的意见》而编制的"以德为先"为主旨的教材。现有教材涉猎大量国家核心价值范畴的内容,但是以整体国家形象作为核心主题的教材建设尚未涉及,并且也未曾涉及教材体系中国家形象建设问题。作为彰显国家意志的教材,将以形塑国家形象为主题引领一体化的教材国家形象建设。例如,以国家形象统领纵向教材体系,将国家形象融入跨学段(大学—中学—小学)教材中,凸显建设以心理发展规律为主线的纵向教材国家形象体系;以国家形象统领横向教材体系,将国家形象融入各育教材(德育、智育、体育、美育、劳动教育)中,凸显建设以德智体美劳全面发展为主线横向教材国家形象体系;以国家形象统领跨类别教材体系,将国家形象融于各类别教材(特殊教育、职业教育、成人教育、普通教育等)之中,凸显建设以全方位育人为主线的交叉类别教材国家形象体系。借助纵向、横向与交叉三向度教材国家形象体系的构建，形成一体化的、以国家形象为主题的教材体系。

三　教材国家形象建构的支持条件

国家形象纳入教材是国家形象建设的基础性工程，需制度层面、理论层面以及实施层面形成合力，共同促进教材国家形象的形成。

（一）创设教材国家形象管理体系，把控国家形象建构的各环节

国家形象纳入教材是国家软权力建设深入教材领域的实践化操作，关乎国家核心利益与长治久安。教材作为国家治理力量的重要组成部分，其在积极建构国家形象方面凸显了独特的权力与职能。2016年，在全国高校思想政治工作会议上，习近平同志强调"教材建设是育人育才的重要依托。建设什么样的教材体系，核心教材传授什么内容、倡导什么价值，体现国家意志，是国家事权"①。2020年1月，国家教材委员会发布《全国大中小学教材建设规划（2019—2022年）》中指出，"中小学教材建设重点是增强育人功能"，要"强化国家意识"。伴随对教材形塑国家形象、建构国家意识的高度重视，应加强国家宏观层面对国家形象纳入教材的把控。一是明确教材形塑国家形象主体的权责。为促使教材形塑国家形象主体制度化，应明确国家、地方以及学校三级教材建设主体在形塑国家形象方面的具体责任。二是加强教材形塑国家形象制度建设。为保障教材形塑国家形象内容的规范化，应从教材管理制度入手，对形塑国家形象予以指导。三是强化教材形塑国家形象管制机制。应推进教材形塑国家形象多元主体共治，在不同权力主体协同下，经历教材编写、审查、选用及评价等环节中知识逻辑、事权逻辑、使用逻辑等多元价值标准的评估，促进教材形塑国家形象制度化。

（二）加强教材国家形象建构研究，为国家形象建构提供学理支持

理论层面上，着重思考教材的指导思想、目标导向、内容选择、教学应用以及物理装订等方面的进行国家形象建构。应开展教材形塑国家形象

---

① 《擦亮"中国底色"的统编三科教材》，2018年1月，中华人民共和国教育部网站（http：//www.moe.gov.cn/jyb_ xwfb/moe_ 2082/zl_ 2018n/2018_ 03/201801/t20180115_ 324617. html）。

的标准化、一体化的研究，如何选择国家形象构成要素进教材、构建跨学段、跨学科、跨类别的教材国家形象整体图景等；实践层面上，应关注教材形塑国家形象的教学转化、匹配化的研究，结合学生身心发展特点构建从教材形塑国家形象到学生国家意识生成之间的效能转化教学范式以及教材形塑国家形象与学生获得国家意识间匹配的内容生成范式等。在与其他学科理论结合的层面，应关注教材形塑国家形象的象征符号、媒介传播、话语生成的研究，使教材形塑国家形象可操作，流程详细化。同时，立足国际视野，形成基于中华民族优秀传统文化的教材国家形象建设成果，为国家形象融入教材提供学理支持。

第三节 教材国家形象建构的主题研究

一 国家治理主题：建构主体的主流意识形态领导权建设考察

国外学术界关于教材国家形象的研究多聚焦于考察教材国家形象与意识形态再生产及国家治理之间的关系。在当今世界，无论是第一世界国家如美国，还是第二世界国家如欧洲各国，还是第三世界国家如马来西亚、秘鲁、肯尼亚等隶属亚洲、拉丁美洲与非洲的国家，或经历战争扩张，或经历战后重建，或经历帝国殖民，都面临着多种严峻的意识形态问题。在这些国家中，教材国家形象研究多关注文学、语言、历史、地理及公民教育等学科教材国家形象建设的背景、类型及核心要点等方面。首先，国外学者越来越多地从国家治理视角考察主流意识形态建设与教材国家形象间的关系。主流意识形态，即某一国家在特定时期用于安身立命的全部价值体系的总和，是国家合法性之重要依托。教材国家形象即一国借助教材所呈现的国家，涵盖关于国家的法定知识体系与价值体系，是利用教材将国家核心价值合理化之所在。依照西方马克思主义理论家安东尼奥·葛兰西提出的文化领导权理论，国家通过学校这类组织，以教育为媒介实现对大众社会的精神引导，形成意识形态的领导权，从而使人民群众接受和认同统治阶层的思想文化与价值观念。[1] 在此意义上，教材国家形象正是一种

---

[1] 波寇克、田心喻：《文化霸权》，远流出版事业股份有限公司1991年版，第30页。

意识形态领导权在教材领域的实践化操作,是促使国家意识形态再生产的重要路径。然而,越来越多的国家经历着信仰危机,核心价值观念遭遇了挑战。意识形态上的多种威胁促使教材成为国家治理力量的重要组成部分,在不同政治与社会脉络中形塑国家形象。为此,学者们进行了一系列研究。第一,考察当国家正统性遭受威胁时,教材如何用来支撑或强化国家正统性。分析后苏联国家亚美尼亚、拉脱维亚与乌克兰三国在脱离苏联政权后出版的初级语文教材,探究建国时期的教材如何描绘与建构国家空间(国家景观、国家边界与国土)以形塑国家形象,伊维特·西洛瓦等人发现,三个国家对国家空间的描绘强化本国民族与苏联间差异,形成民族对本国空间的国家认同。[1] 审视战争对国家的挑战,分析教材中所阐释的国家战争及战后国家的重构。透过分析柬埔寨战后1979—2009年社会研究教材中红色高棉政权历史,探究柬埔寨建国后教材中大屠杀教育与人权相关论述的变化,弗雷德里克·努发现,柬埔寨教材随着不同政治议程经历三次改革,反映不同时期的建国目标、政府意识形态与政治局势的稳定或紧张。[2] 第二,关注国家独立或新政治秩序产生后,教材中国家的再想象。讨论立陶宛在苏联瓦解后在国内与国际重新建立国家身份的举措,分析立陶宛历史教材中如何呈现立陶宛民族形象,克莉丝汀·贝雷斯尼奥发现,立陶宛历史教材凸显苏联政权的残暴与立陶宛受苏联统治时的受难经验,教材基于民族概念建立国家身份。[3] 学者们围绕国家面临不同困境与挑战时,探究运用教材协助国家应对这些挑战与困境的战略调整,呈现了对教材与国家建立之间关系的理性思考,不仅揭示教材形塑国家形象中所发挥的作用,还强调国家政权对教材中内容变迁的调试作用。

二 学科属性主题:建构类型的学科属性特异化策略考察

从不同学科属性与国家形象间的关系入手,国外学者探究教材形塑国

---

[1] Silova Iveta, et al., "Pedagogies of Space: (Re) mapping Territories, Borders, And Identities in Post-Soviet Textbooks", *Constructing Memory*, 2014, pp. 103–128.

[2] Ngo Federick J. "Revision for Rights?: Nation-Building through Post-War Cambodian Social Studies Textbooks, 1979–2009", *Constructing Memory*, 2014, pp. 153–169.

[3] Beresniova Christine, "An Unimagined Community?", *Constructing Memory*, 2014, pp. 269–292.

第二章 文献综述

家形象的类型与核心要点。在学校教育中,不同学科教材在国家形象建设上采取了多种策略,这促成了教材形塑国家形象的不同类型及核心要素的差异性。有学者探究了文学、语言、历史、地理及公民教育等学科教材如何形塑国家。首先,考察语文教材中国家话语生成。以1989年后波兰政权体系变革后语文教材中"波兰"国家概念论述的变化为起点,探究语文教材国家形象的类型及其核心要点,莫妮卡·波波夫发现,波兰语文教材以民族与公民两类国家话语为基础进行国家建构,前者核心要点包括共同的价值共同体、血脉与传统,后者核心要点是理解作为欧洲公民与全球公民的责任。[①] 其次,考察历史教材中国家自我的合理化。对美国北卡罗纳州历史教材中21世纪后半叶移民内涵的变化以及其在美国历史发展过程中所受的影响,杰里米·希尔本与保罗·菲谢特指出,历史教材中半个世纪以来的移民定义并未发生实质性变化,且其忽略奴隶制与美国土著间的矛盾以及移民在美国社会发展中的贡献,以隐藏事实来合理化美国建国历程;以美国主流文化话语形塑国家,其核心要点在于弱化少数群体的历史地位。[②] 再次,关注地理教材中国家身份的定位。对捷克与德国两国地理教材中有关边界区域近一百年里的变化进行纵向时间与横向空间对比,爱莲娜·马图舍克与玛格达莱纳·桓柯指出,捷克与德国两国边界区域描述从含混不清到界定一致,反映出两国关系从对立到缓和再到友好共处的走向,以地缘关系形塑国家身份,其核心要点是边界空间的界定。[③] 最后,关注公民教育教材中国家形塑。考察新加坡国民教育教材中国家想象历程,卡马里尼·拉姆达斯等人指出,新加坡国家教育教材以塑造国民基于本国区域的认同感、凝聚力与自豪感,以核心价值形塑国家,其要点是调和多元价值融为一体。[④]

---

① Popow Monika, "The Analysis of Discursive Constructions of National Identity in Polish Literature Textbooks", *IARTEM e-Journal*, Vol. 6, No. 2, August 2014.

② Hilburn Jeremy and Paul G. Fitchett, "The New Gateway, An Old Paradox: Immigrants and Involuntary Americans in North Carolina History Textbooks", *Theory & Research in Social Education*, Vol. 40, No. 1, March 2012.

③ Matušková Alena and Magdalena Rousová, "Czech-German Relations in The Context of Shadows of the Past and Geographical Education", *Journal of Geography*, Vol. 113, No. 1, October 2014.

④ Ramdas Kamalini, Elaine Lynn-Ee Ho and Chih Yuan Woon, "Changing Landscapes as Text: Geography and National Education in Singapore", *Area*, Vol. 50, No. 1, March 2018.

三 内容本体主题：建构内容的核心要点构成考察

关于教材国家形象的相关研究，以"国家形象"与"教材/教科书"以主题词输入中国知网中，呈现仅51条结果。国内学界主要集中于教材形塑国家形象的核心要点考察。第一，对中国社会科教材国家形象进行分析。有学者以人民教育出版社出版的3—6年级与上海科技教育出版社出版的1—5年级的《品德与社会》为例，从历史文化、民族和民族关系、精神和价值观、自然环境、经济、政治等方面考察教材国家形象的塑造与传播的特点。① 第二，分析了中国语文教材国家形象。探究人民教育出版社1993年与2001年两个版本小学语文教材中"中国想象"塑造的变化，有学者认为，教材国家形象呈现了日益生动的想象共同体、走向现代与和谐的政治理念及本土化和生活化的政治领域人物等特点。② 也有学者指出，小学语文教材国家形象由地理、政治、文化、精神与价值观等核心要素构成。③

第四节 反思与启示

一 基于先前研究反思

（一）教材国家形象建构应有系统理论支撑

"每一事物的发生都必须先从它富有个性的自身开始，而不可能直接源于理念化的抽象物。"④ 从这个意义上来讲，目前中国教材国家形象主要是以"实体思维"的符号隐喻来表达的，符号隐喻以构图、色彩的运用、明暗的对比、文字说明等来表达符号背后所隐含的思想甚至是意识形态。

---

① 沈晓敏、权五铉：《中国社会科教科书中的国家形象透析——以人教版和科教版〈品德与社会〉为例》，《全球教育展望》2010年第12期。
② 李智：《"中国想象"塑造的变化——对1978年后两版小学语文教科书的对比分析》，《社会科学论坛》2014年第10期。
③ 吕梦含：《润物无声 爱国有声——我国语文教科书"国家形象"的建构与实效》，《湖南师范大学教育科学学报》2016年第5期。
④ 余治平：《差异、本质与辩证法的误读——本体论对认识论的抗争》，《宁夏大学学报》（人文社会科学版）2003年第2期。

第二章 文献综述

这种实践范式是建立在"本质主义"解释范式基础上，是基于"实体思维"和"个体主义"方法论的"自塑"。但教材国家形象的"本质主义"解释范式实践明显不足。在具体实践中，教材国家形象建构，应该是从个性化的本体出发，而不是从理念化的概念出发。而当前教材国家形象的建构在本体论上的探究不够充分，由此限制教材国家形象建构研究的深入发展：一方面当前教材国家形象建构在各层面逻辑起点界定不明确的问题，例如，权力动因、人性逻辑、话语媒介等多个概念内涵上存在交叉。另一方面，教材国家形象的建构研究主要以多学科视角中的概念作为研究切入点，并未运用来自教材国家形象本体的概念，亦如隔靴搔痒，未能直击要点。

之所以会出现上述问题，一方面是因为当前教材的建设，多是以学科知识为逻辑体系主线，着眼点在于学科知识的内在体系与结构关系建设，强化知识体系的建设，但却弱化了"知识世界"与"现实世界"的生活联系；另一方面是因为教材建设是一个不断历史探索与发现的逻辑过程，教材与"现实世界"的生活联系问题（包括国家形象建构）是各国教材建设正在探索的问题，且各种社会形态的建设遵循各自的历史规律，其中可借鉴的典型模式较少。因此，教材国家形象的建构理论缺乏足够理论的支撑，不仅是亟须解决的历史遗留问题，也是面临极大挑战的现实建设问题。

（二）教材国家形象建构应有表征范式参照

当前，教材国家形象建构的研究涉及对建构基本要素、建构脉络与建构的符号形式的讨论，但还未对表征范式有所涉猎。但"国家形象的建构不是单一表征运作的结果，而是一系列表征意指实践的过程，是国家形象表征链聚合并实现意义表达和认同的过程"[①]。教材国家形象的建构，应当是教材中表征国家的符号、意义表达以及认同生成共同作用的结果。教材国家形象的建构，并非是以符号单一表征的运作的结果。单一的符号表达，并非与表达事物间存在完全的对等关系，尽管存在语言符号能够表达事物的某些表象，但只是对客观事物的简单反映与模仿，并不能够完全表

---

① 刘丹凌：《国家形象建构：作为表征意指实践的"文化循环"》，《南京社会科学》2016年第4期。

达现实世界，且符号表达超越了现实世界范围本身。与此同时，现实世界又难以表达呈现符号表达所建构的想象、虚构及观念的世界。因而，意义的生成并不是简单的线性生成过程。国家形象本身的复杂性，既不是单纯的具象存在，也不是单纯的抽象精神，是具象与抽象的综合体。[①] 国家形象的建构，需要具象所生成的意义，以及抽象精神的价值意义，需要以概念的组织、集束、安排、整合，以及在它们之间建立复杂联系来共同形构的，否则国家形象的意义与价值就难以实现自我诠释。

从这个意义上来讲，当前教材国家形象建构的表征范式，在国家形象的哲学思源、学科根源的认识等层面存在局限，教材国家形象的表征范式依然停留在符号的选择，符号表达的意义生成难以表达，教材国家形象的符号意义系统未能够得到深度挖掘，意义难以完全表达。从认知科学哲学角度来说，教材国家形象既然是由多种符号建构、具有特定语义内容，那么，它们必定有特定使用者与解释者，符号的选择与解释者意义的赋予是不可分离的。从心理语言学角度来说，教材国家形象是由外化的、具有普遍性与规则性的语言符号所表征，这些符号源于国家形象建构主体的内化思维，连接着自身的文化意义。因而，如何深度挖掘教材国家形象的意义与价值？如何从符号层面延伸至意义生成层面，与现实真实世界相连接，诠释教材国家形象的具象意义与抽象价值，呈现国家形象的全貌是教材国家形象建构范式的重要课题。

(三) 教材国家形象建构应考虑内源性与外源性双向影响因素

教材国家形象建构受内源性与外源性双向因素影响。内源性因素是指教材自身携带的客观性因素，主要包括学科属性、教材物质特征等。内源性因素导向了教材国家形象建构的特征化方式。如，历史教材中以主控叙事、次要叙事为主要方式，所建构的国家形象具有历时性特征；语文教材以多样化语言形式、多样化选文体裁等为主要方式，所建构的国家形象具有意象化特征；公民教育教材以价值观念为主要方式，所建构的国家形象具有鲜明伦理标准。外源性因素是指教材本体之外存在的因素，主要包括政策性要素、时代性要素等。外源性因素导向教材国家

[①] 刘丹凌：《国家形象建构：作为表征意指实践的"文化循环"》，《南京社会科学》2016年第4期。

形象建构的统一化方式。如，不同时代语境下，不同学科教材国家形象建构呈现出相似的话语逻辑。不同时代背景创设了不同话语场域，作为制度化媒介的教材，均处在同一场域之中，因此，不同学科教材会呈现出相似的话语逻辑。内源性因素与外源性因素对国家形象建构产生不同层面的影响。对于内源性因素而言，其对教材国家形象建构的影响多在具体实践层面，即直接促成国家形象建构的媒介形式或者内容要点上。对于外源性因素而言，其对教材国家形象建构的影响多在理念层面，即直接表明国家形象建构是为谁而建，代表谁的权力，代表谁的利益。因此，把握教材国家形象建构的内源性因素与外源性因素，有助于了解教材国家形象建构的内在机制。

二 基于先前研究的启示

综上所述，教材国家形象建构扎根于多元理论，并呈现多元价值取向，为教材国家形象建构的总体定位提供依据。

(一) 关于教材国家形象建构的属性定位

重视民族共同体意识与国际共同体意识相统合。一方面，教材中民族共同体意识建构是国家自身生存与发展的基本要求。中国作为多民族国家，教材国家形象建构中应强化民族共同体意识。2022年，在党的二十大报告中，习近平同志强调"以铸牢中华民族共同体意识为主线，坚定不移走中国特色解决民族问题的正确道路"。[①] 作为新时代促进民族团结与国家统一的重要举措，中华民族共同体意识建构的最终落脚点为"意识"，指向人们对中华民族整体性的正确认知、对中华民族性同一性的积极情感以及对追求中华民族统一性的坚决意志，从民族国家视角对人们进行"知—情—意"全方位引领，这必然通过学校教育来实现。因此，作为学校教育基本工具的教材，在加强国家形象建设中必须深化中华民族共同体意识，将培养维护中华民族命运共同体的人才作为重要目标。另一方面，教材呈现国际共同体，反映了国际体系与秩序重塑的现实诉求。2015年，习近平

[①] 习近平：《高举中国特色社会主义伟大旗帜　为全面建设社会主义现代化国家而团结奋斗——在中国共产党第二十次全国代表大会上的报告》，2022年10月，中国政府网（https：//www.gov.cn/xinwen/2022-10/25/content_5721685.htm）。

主席在纽约联合国总部出席第七十届联合国大会一般性辩论并发表重要讲话时提出"打造人类命运共同体"①。这是新时代中国为全球化发展贡献的方案。人类命运共同体的提出是为摆脱意识形态的藩篱，加强文明间平等对话，促进世界各国和衷共济，实现世界和平发展，推动人类社会共同进步。人类命运共同体意识进入教材成为中国现代化发展的必然要求。中国教材国家形象建构必须考虑人类命运共同体的呈现，将人类命运共同体观念融入育人过程中，培养具有人类命运共同体意识的人。因此，基于对中华民族共同体与人类命运共同体统筹规划的要求，中国教材国家形象建构须坚持民族共同体意识与国际共同体意识相结合。

(二) 关于教材国家形象建构的媒介定位

注重话语体系创新与传递路径相统合。自近代以来，中国国家形象建构的立足点受困于西方的"中国想象"，具有"他者化"的痕迹。如学者所言，"虽然是本土视角自我塑造的，但因为参照体系来自于别国（主要是西方），所以在塑造过程中有意无意地将'中国形象'他者化、异质化了"②。这种参照"他者"标准建构的国家形象丧失了应有的话语权。因此，摆脱"他者化"、掌握话语权成为教材国家形象建构的核心问题。一方面，中国教材国家形象建构应加强"自我化"的话语体系生成。2013年，在全国宣传思想工作会议上，习近平同志指出"讲好中国故事"③，"对我国传统文化，对国外的东西，要坚持古为今用、洋为中用、去粗取精、去伪存真，经过科学的扬弃后使之为我所用"④。这是对新时代中国国家形象话语体系建构方式的精准表达。因此，中国教材国家形象建构应扎根于中华文明，吸取他国文明之长，以理论自觉促进教材"自我化"的话语生成。另一方面，中国教材国家形象建构应注重传递路径的创设。教材中构建对话性场域、加强元叙事层面的表达、选取符合时代特征的符号，

---

① 习近平：《携手构建合作共赢新伙伴　同心打造人类命运共同体》，2015年9月，新华网 (http://www.xinhuanet.com/world/2015-09/29/c_1116703634.htm)。

② 吴秀明：《文化转型与百年文学"中国形象"塑造》，浙江工商大学出版社2011年版，第4页。

③ 习近平：《胸怀大局把握大势着眼大事努力把宣传思想工作做理更好》，2013年8月，中国政府网 (http://www.gov.cn/ldhd/2013-08/20/content_2470599.htm)。

④ 习近平：《胸怀大局把握大势着眼大事努力把宣传思想工作做理更好》，2013年8月，中国政府网 (http://www.gov.cn/ldhd/2013-08/20/content_2470599.htm)。

第二章 文献综述

使教材国家形象建构主动地融入中国国家形象建构的总体话语体系中，推动国家形象建设。

（三）关于教材国家形象建构的目标定位

坚持社会主义核心价值观教育与知识教育相结合。价值观教育指向塑造个体道德行为内在伦理标准的教育，是一国精神原则的直接反映。价值观教育提供了教材国家形象建构的精神基础。知识教育即以知识为本的教育，以传递客观人类文明成果为内容，体现了一国对客观真理的追求。知识教育提供了教材国家形象建构的物质基础。价值观教育与知识教育相结合是落实育人目标的具体措施，是教材国家形象建构对育人目标的回应。中国教材国家形象建构应指向社会主义核心价值观与知识的融合。首先，社会主义核心价值观是中国教材国家形象建构的基本内涵，不仅是对中华文明精髓的吸收，还是与时俱进、吐故纳新的精神成果。一方面，教材国家形象须借鉴中华民族优秀传统文化中有关国家、民族方面的表征，诸如中国古代圣贤关于"四海归一""天下大同"等国家、民族与个人关系的经典阐释。另一方面，教材国家形象须体现社会主义意识形态的本质。这是中国社会主义核心价值观体系中对于国家、社会与个人三层面的要求。其次，关于国家的一般性知识是中国教材国家形象建构的基本要素，包含对中华民族上下五千年历史脉络内在规律的批判与创新。一方面，须囊括本国发展过程中物质、精神、人文等要素的变迁历程及其特点。如，对中国疆界领土、风俗习惯等本质、意义的描述与解读。另一方面，须纳入本国与世界各国互动交往过程中所整合涵化的知识，如对中国改革开放政策、和平共处五项原则等内容的阐释。

第三章
研究设计

　　本章介绍了语文教材国家形象表征研究的方法论,通过德尔菲法构建国家形象表征分析框架,以义务教育统编版语文教材为研究对象,利用内容分析法对语文教材国家形象表征情况进行分析,辅以访谈法探究语文教材国家形象表征的影响因素,并对相关资料进行搜集与整理。

第一节　研究思路与分析框架

一　研究思路

　　基于本书的目的,依照具体研究问题的分析,确定以下研究思路。对照研究思路,对脉络及其中关键内容进行如下梳理(见图 3-1)。

二　分析框架

　　作为标准的建立,分析框架的确定是为表征状况分析等提供理论支撑,是本书的核心工作。

　　本书分析框架的确立包含两个步骤:一是基于研究问题与先前理论研究,初步建立国家形象表征分析框架;二是对国家形象表征分析框架进行评定与改进,最终确定国家形象表征分析框架。

　　(一)国家形象表征分析框架的理论梳理

　　国家形象定位是国家发展愿景与发展面貌的战略目标。国际上多数国

第三章 研究设计

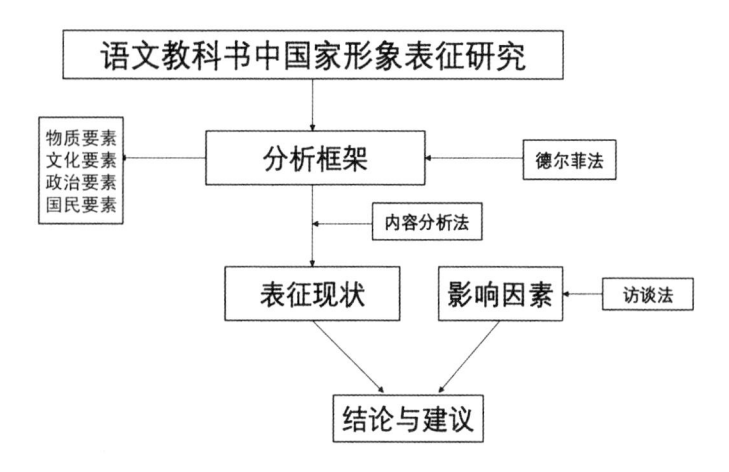

图 3-1 研究的基本思路

家都有自己国家形象的基本定位，如德国的形象定位是"创意的国度"（A Land of Idea）、新西兰的定位是"纯净的国度"（100% Pure New Zealand）等。而影响国家形象定位，或者说国家形象表征的核心要素有哪些？与其本质内涵问题一样，并没有集体的共识。美国学者英格丽德·马丁和塞夫金·艾热古鲁认为，影响国家形象的要素包括政治、经济、文化、军事、科技等。[1] 而吉姆·贝内斯特和约翰·桑德斯认为，影响国家形象的因素包括文化、经济、政治状况、历史事件、国际关系、传统、产业、科技等。[2] 范红、胡钰认为，国家形象表征的核心要素包括政府、企业、文化、景观、国民及舆论六个方面。[3] 整合现有的研究成果，国家形象表征以物质、文化、政治及国民四个要素为主。

1. 物质要素

物质要素包括地理环境（国家领土面积、地理位置、地形地貌等）、自然资源（自然资源种类、储藏量，例如森林、土地、草原、矿产、水、海洋、石油、煤炭、天然气等以及独特的地理地貌和旅游资源等）、生态

---

[1] Martin Ingrid M. and Sevgin Eroglu, "Measuring A Multi-dimensional Construct: Country Image", *Journal of Business Research*, Vol. 28, No. 3, November 1993.

[2] Bannister Jim P. and John A. Saunders, "UK Consumers' Attitudes towards Imports: the Measurement of National Stereotype Image", *European Journal of Marketing*, Vol. 12, No. 8, August 1978.

[3] 范红、胡钰：《国家形象与传播战略》，《新闻战线》2016年第1期。

环境（生态环境污染状况和动植物保护情况等）等方面。物质要素作为国家赖以生存与发展的基本物质基础，是国家作为实体存在的基础要素。地理环境、自然资源生态环境直接决定了国家在世界战略竞争中的战略地位，是国家实力、国家形象战略资源中最基本、最基础的要素。构成地理环境维度的内容包括国家领土面积、地理位置、地形地貌等。国家领土的面积决定了国家能够成为地域上大国的必要条件，正如历史上俄国被称作为北极熊，美国被称作"鹰"，中国被称作"龙"，这都是基于这些国家的领土。地理位置也直接决定国家的权力，如陆地权力、海上权力等都是由地理位置来决定的。生态环境是国家生存环境以及植被生物的生存状态和情况，是国家可持续发展的物质前提与保障。

2. 文化要素

文化要素包括文学艺术（古今名著、著名作家、文学式样、民间文学作品、绘画、电影、音乐、戏剧、民间艺术等）；历史遗产（古迹、遗址、文物等，主要历史事件、历史人物等）；价值思想（价值观念、思想道德和思维方式等）；民俗习惯（民族语言文字、传统节日、传统仪式、饮食、禁忌等）等方面。文化是国家形象的重要内容和载体，是民族国家在长期历史发展中积淀的宝贵历史财富，是国家整体意识、民族精神、民族身份、民族魅力的集体象征，是国家软实力的重要来源，是国家形象自塑与他塑的重要战略资源。习近平同志将这些彰显国家形象的中华优秀传统文化升华为中华民族的基因、民族文化血脉和中华民族的精神命脉。民族精神有了根与源，中华民族有了自己的历史传承基因与身心依托的精神家园，民族自信心、民族自豪感和民族凝聚力不断增强。

3. 政治要素

政治要素包括政府形象（政府首脑的个人形象、一般官员的普遍形象、行政体系的工作效率、公务员的廉洁程度等）、政府行为（政府职能、公共权力、公共资源的合理利用与开发等）。政府形象是自身综合国力体现，是国家间利益博弈的关键筹码。政府形象的塑造需要足够的话语表达资质。[①] 政府首脑、政治领袖是国家形象、国家声望最有价值的、最有效

---

① 李丹：《政治传播视角下主流媒体的政府形象塑造——以〈人民日报〉的精准扶贫报道为样本》，《江汉学术》2018年第6期。

果的代言人，他们的影响力、号召力及个人魅力直接彰显着国家实力。政治领袖的政治行为是否契合当时的政治与社会伦理，是否符合人们的普遍期待，也会在相当程度上影响国家形象的形成。① 政府是国家形象决定要素，它既是国家形象的塑造者，也是国家形象的维护者。而政府行为是国家形象的直接表征。产品和服务也是国家形象的重要表征内容，如"华为""5G 服务""高铁""淘宝网购""共享单车"等一系列品牌，都彰显了"中国制造"这一中国国家形象的世界影响。

4. 国民要素

国民要素包括人口（数量、分布、构成状况；年龄、种族增长状况）；国民形象（国民精神面貌、国民素质、国民价值观念等）；国民性（整体性格特征、共同的习俗风貌等）等方面。国民形象直接反映了一个国家的民族精神。国民形象是公民素质、行为、道德、理念和精神追求的抽象整合，它直接或间接地影响民风社风和社会环境的优劣，影响国家文明形象的好坏。② 国民性是在一定的历史环境中经过长期的生产生活实践凝淀而成，对该民族成员的情感意向、审美态度、思想方式、行为准则和生活习性等基本取向，产生着广泛而深刻的制导作用。③ 国民性刻印着民族的精神与国家的形象。正如习近平主席在亚洲文明对话大会上所阐释的："亲仁善邻、协和万邦是中华文明一贯的处世之道，惠民利民、安民富民是中华文明鲜明的价值导向，革故鼎新、与时俱进是中华文明永恒的精神气质，道法自然、天人合一是中华文明内在的生存理念。"④ 这与社会主义核心价值观中"富强、民主、文明、和谐"的国家价值观、"自由、平等、公正、法治"的社会精神、"爱国、敬业、诚信、友善"的国民素质是相通的。国家精神、社会精神及国民精神根本上决定了国家形象的优与劣。

---

① 张昆、王创业：《考量国家形象的政治维度》，《陕西师范大学学报》（哲学社会科学版）2017 年第 1 期。
② 刘小燕：《从国民形象传播看国家文明形象的构建》，《国际新闻界》2007 年第 3 期。
③ 管文虎：《国家形象论》，电子科技大学出版社 2000 年版，第 99 页。
④ 习近平：《深化文明交流互鉴　共建亚洲命运共同体——在亚洲文明对话大会开幕式上的主旨演讲》，2019 年 5 月，新华网（http://www.xinhuanet.com/world/cdac2019/live1/wzsl.htm）。

（二）分析框架的评定与确立

1. 分析框架评定方法的确定

本书利用德尔菲法对国家形象表征类目进行评定、反馈、修正，直到最终形成国家形象表征要素以及具体指标。

德尔菲法（Delphi）是一种专家调查法，它是采取匿名的方式广泛征求专家的意见，经过反复多次的信息交流和反馈修正，使专家的意见逐步趋向一致，最后根据专家的综合意见，从而对评价对象作出评价的一种定性与定量相结合的预测、评价方法。具体包含以下五步：第一步，选择专家。选择相关领域专家，这些对国家形象表征会有不同方面的理解。第二步，呈现国家形象表征类目。呈现基于研究目的与先前研究问题初步建立的分析框架。第三步，寻求决策意见。将草拟的国家形象表征指标体系通过邮件发给专家，询问专家对于国家形象表征指标体系的意见。第四步，校正决策意见。收集专家对于国家形象表征指标体系的意见，向每位专家反馈其他专家的意见，并收集专家对于不同于自己观点的看法，用以进一步修正指标体系。第五步，作出最终决策。通过收集与分析专家对国家形象表征指标体系的看法，获得国家形象表征指标体系的最终框架。

2. 分析框架的评价

（1）分析框架评定过程

第一步，专家选择。

国家形象的表征问题包含以下层次。首先，从本质上来讲，国家形象表征是一个政治性问题。"国家"即是政治概念，在词源层面上，国家形象脱离不了政治视角的审视。其次，本书是探讨语文教材国家形象表征状况，必须将国家形象表征纳入教育领域、课程领域来思考，国家形象表征指标体系需将教材这种制度化媒介的属性考虑在内。最后，语文教材国家形象表征最终指向教材的使用者，以教材使用者的视角切入正是考虑到国家形象表征的效能转化问题。基于以上思考，选取政治学、教育学原理、课程与教学论以及小学教育专业出身的一线教师作为专家组成员11人，分别来自大学、中小学，其主要构成结构如表3-1所示。

第三章 研究设计

表 3-1　　　　　　　　　　11 名专家基本情况

项目	人数	构成比（%）	项目	人数	构成比（%）
职称			工作年限（年）		
高级	6	54.54	10—19	4	36.36
副高级	5	45.45	20—29	5	45.45
年龄（岁）			30 及以上	2	18.18
30—39	3	27.27	专业		
40—49	3	27.27	政治学	3	27.27
50 及以上	5	45.45	教育学原理	2	18.18
文化程度			课程与教学论	3	27.27
本科	2	18.18	小学教育	3	27.27
硕士研究生	2	18.18			
博士研究生	7	63.64			

第二步，专家咨询。

进行 2 轮专家咨询。第 1 轮专家咨询问卷包括以下内容：（1）问卷填写的指导说明与基本要求；（2）专家基本信息；（3）专家对国家形象表征的各级指标进行重要性和可操作性评分；（4）专家对国家形象表征的各级指标熟悉程度和判断依据评分（见表 3-2）。除此之外，问卷也设计了开放性问题，以便专家提供对国家形象表征的指标体系提出修改意见。根据第 1 轮专家咨询结果形成第 2 轮调查问卷，具体内容包括：（1）对第 1 轮专家意见进行反馈；（2）问卷填写的指导说明与基本要求；（3）专家对国家形象表征的指标体系进行评分，并附上第 1 轮的统计结果。由专家对第 1 轮的结果反馈再次进行判断，并进一步提出修改意见。

表 3-2　　　　　　　　　判断依据与熟悉程度评价

您对以上指标的判断依据及影响程度的判断			
判断依据	大	中	小
实践经验			
理论分析			
国内外资料参考			
直观感觉			

续表

您对调查内容的熟悉程度					
熟悉程度	非常熟悉	熟悉	一般熟悉	不太熟悉	不熟悉
专家评定					

第三步,专家赋值。

国家形象表征指标体系的"重要性"与"可操作性"依据李克特五分量表进行赋值:"重要性"分为非常重要(5分)、重要(4分)、一般重要(3分)、不太重要(2分)和不重要(1分);"可操作性"按照同样标准评分。信息熟悉程度分为非常熟悉(1分)、熟悉(0.8分)、一般熟悉(0.5分)、"不太熟悉"(0.2分)和不熟悉(0分);判断依据可分为理论分析、实践经验、国内外资料参考、直观感觉,分别进行大、中、小对专家判断的影响程度赋值,"理论分析"+"实践经验"+"国内外资料参考"+"直觉"为"大"=1,"理论分析"+"实践经验"+"同行了解"+"直觉"为"中"=0.8,"理论分析"+"实践经验"+"同行了解"+"直觉"为"小"=0.6。

从本书目的出发,专家对国家形象表征指标体系判断过程中,所依据的权重水平依次为国内外资料参考、理论分析、实践经验、直观感觉。而进一步,对大、中、小进行赋值,参照上段中提到的标准。赋值后的判断依据与熟悉程度如表3-3所示。

表3-3　　　　赋值后的判断依据与熟悉程度评价

您对以上指标的判断依据及影响程度的判断			
判断依据	大	中	小
实践经验	0.1	0.1	0.1
理论分析	0.3	0.2	0.1
国内外资料参考	0.5	0.4	0.3
直观感觉	0.1	0.1	0.1
您对调查内容的熟悉程度			
熟悉程度	非常熟悉(1.0) 熟悉(0.8)	一般熟悉(0.5)	不太熟悉(0.2) 不熟悉(0)
专家评定			

第三章 研究设计

第四步，指标筛选。

国家形象表征指标体系的筛选需以重要性、可操作性平均分（$\bar{x}$）>3.5 与变异系数（CV）<0.25 为标准，并结合专家组的意见进行筛选。

（2）分析框架评定结果分析

利用统计分析软件 SPSS23.0 进行专家评定结果统计分析。统计内容包括以下步骤。

第一，通过专家积极性指标，确定问卷回收率。

专家积极性的指标即 2 轮专家问卷回收率。第 1 轮专家 11 人，回收有效问卷 11 份，回收率为 100%；第 2 轮专家 11 人，全部进行第 2 轮咨询，收回问卷 11 份，回收率为 100%。其中，9 名专家对指标体系的维度选取、指标内涵提出了建议。

第二，通过专家权威程度系数，确定专家的权威程度。

专家权威程度（Cr），由专家对问题判断的依据（Ca）和专家对指标的熟悉程度（Cs）共同决定，Cr＝（Ca＋Cs）/2。本书中，专家对问题判断的依据（Ca）涉及对专家基本信息对于国家形象表征指标体系评定影响程度的判断。专家对指标的熟悉程度（Cs）来自专家对所评定国家形象表征内容熟悉程度的主观判断。三个指标如表 3-4 所示呈现，平均权威系数为 0.77，权威程度较高。

表 3-4　　　　　　　　　评价指标权威系数

指标类别	熟悉程度（Cs）	判定依据（Ca）	权威系数（Cr）
物质要素	0.77	0.80	0.79
文化要素	0.81	0.80	0.81
政治要素	0.66	0.77	0.72
国民要素	0.71	0.77	0.74
均数	0.74	0.79	0.77

第三步，呈现筛选结果。

①第 1 轮咨询结果呈现

根据专家意见，为了使二级指标概括得更加精炼，将二级指标中"地理要素"改为"地理风貌","习俗常规"改为"民俗习惯",并在"民俗习惯"下三级指标增加"精神生活风俗","个人行为"改为"典型行为"。此外,还要增加几个指标。"物质要素"下二级指标增加"科学技术"维度,并且将其分为"科学探索"与"技术革新"两个三级指标。二级指标"领土主权"下增加三级指标"领空"。以下呈现第1轮专家咨询结果(见表3-5)。

表3-5　　　　　　　　第1轮专家咨询结果

表征要素	主题	具体要素	重要性 x̄±s	CV	可操作性 x̄±s	CV
物质要素	领土主权	领陆	4.27±0.47	0.11	4.00±0.45	0.11
		领海	4.10±0.83	0.20	3.82±0.75	0.20
	地理要素	人文地理风貌	3.81±0.40	0.10	3.91±0.54	0.14
		自然地理风貌	3.81±0.60	0.16	4.18±0.75	0.18
	生态环境	生物个体间互动	3.63±0.50	0.14	3.73±0.47	0.13
		生物与环境间互动	3.91±0.54	0.14	4.09±0.70	0.17
文化要素	文化遗产	非物质遗产	3.82±0.60	0.16	4.09±0.53	0.13
		物质遗产	4.18±0.60	0.14	4.09±0.65	0.16
	习俗常规	物质生活民俗	4.27±0.47	0.11	4.18±0.70	0.17
		社会生活民俗	3.72±0.65	0.17	3.82±0.60	0.16
政治要素	政治人物	政治事件中的人物	4.18±0.60	0.14	4.18±0.75	0.18
		政权中执掌权力的人物	3.73±0.46	0.12	4.27±0.64	0.15
	政治行为	对内政治行为	4.18±0.61	0.15	4.09±0.70	0.17
		对外政治行为	4.55±0.52	0.11	3.91±0.83	0.21
国民要素	精神风貌	面向国家	4.10±0.70	0.17	4.27±0.47	0.11
		面向社会与个人	4.18±0.60	0.14	3.82±0.75	0.20
	个人行为	积极行为	4.55±0.52	0.11	4.10±0.54	0.13
		消极行为	4.18±0.75	0.18	4.27±0.47	0.11

②第2轮咨询结果呈现

按照第1轮专家咨询结果整理出第2轮咨询调查问卷。分析结果见表3-6。最终形成4个一级指标,10个二级指标,22个三级指标的国家形象表征类目。

表3-6　　　　　　　　　第2轮专家咨询结果

表征要素	主题	具体要素	重要性 $\bar{x}\pm s$	重要性 CV	可操作性 $\bar{x}\pm s$	可操作性 CV
物质要素	领土主权	领陆	4.82±0.40	0.08	4.91±0.30	0.06
		领海	4.82±0.40	0.08	4.91±0.30	0.06
		领空	4.90±0.30	0.06	4.91±0.30	0.06
	地理风貌	人文地理风貌	4.09±0.30	0.07	4.91±0.30	0.06
		自然地理风貌	4.09±0.30	0.07	5.00±0.00	0.00
	生态环境	生物个体间互动	4.00±0.00	0.00	4.91±0.30	0.06
		生物与环境间互动	4.91±0.30	0.06	4.91±0.30	0.06
	科学技术	科学探索	4.91±0.30	0.06	4.91±0.30	0.06
		技术革新	4.00±0.00	0.00	4.91±0.30	0.06
文化要素	文化遗产	非物质遗产	5.00±0.00	0.00	4.18±0.40	0.10
		物质遗产	4.91±0.30	0.06	5.00±0.00	0.00
	民俗习惯	物质生活民俗	4.00±0.63	0.16	4.82±0.40	0.08
		社会生活民俗	4.91±0.30	0.06	4.91±0.30	0.06
		精神生活风俗	4.82±0.40	0.08	4.91±0.30	0.06
政治要素	政治人物	政治事件中的人物	4.91±0.30	0.06	4.81±0.40	0.08
		政权中执掌权力的人物	4.91±0.30	0.06	4.72±0.47	0.06
	政治行为	对内政治行为	4.91±0.40	0.08	4.72±0.47	0.10
		对外政治行为	4.18±0.30	0.07	4.72±0.47	0.10
国民要素	精神风貌	面向国家	4.91±0.30	0.06	4.72±0.47	0.10
		面向社会与个人	4.91±0.30	0.06	4.72±0.47	0.10
	典型行为	积极行为	4.91±0.30	0.06	4.81±0.47	0.10
		消极行为	4.91±0.30	0.06	4.72±0.47	0.10

（3）基于实证结果确定分析框架

基于以上理论梳理与实证评定、修订，本书中国家形象表征分析框架如表3-7所示。

表3-7　　　　　　　　　教材国家形象表征分析框架

表征要素	主题	具体要素	教材国家形象具体要素的解释
物质要素	领土主权	领陆	对国土面积、国土跨度、国土疆界的描绘
		领海	对大陆海岸线、海域边界等的描绘
		领空	对领陆、领海等国家主权区域上空出现的合法飞行、非法入侵等的描绘
	地理风貌	人文地理风貌	对地理事物（如城市、国家、港口、要道等）所处空间位置作出宽泛区域的定性、数量化的定量以及人为意义（如军事、文化）上的描绘
		自然地理风貌	对自然界中高原、山地、平原、丘陵、盆地、河流、风、雨、雪等的描绘
	生态环境	生物个体间互动	对人与动物、植物间和谐/不和谐相处的描绘
		生物与环境间互动	对人与自然环境间和谐/不和谐相处的描绘 对动物活动、植物生长等的描绘
	科学技术	科学探索	对一个国家探索发现自然事物中存在的客观规律的现象的描绘
		技术革新	对一个国家或地区政治、经济、军事等各方面进步产生深远影响的技术的描绘
文化要素	文化遗产	非物质遗产	对起源于历史特定时期，通过代代相传，并以人为核心的技艺、经验、精神的各类实践、表演、表现形式的描绘，如文学作品、民间技艺、戏剧、乐器等
		物质遗产	对古代人类活动留下的遗迹描绘，包括遗留的建筑、器物、城池等
	民俗习惯	物质生活民俗	对特定民族在一定自然与社会环境中生产、生活、商业活动的描绘，涉及农业活动、手工业活动、衣食住行等方面
		社会生活民俗	对特定民族在一定自然与社会环境中进行社会组织、岁时节日、人生礼俗等活动的描绘，包括社区、家族、婚姻、节庆等方面
		精神生活民俗	对特定民族在一定自然与社会环境中游艺活动（如游戏、竞技等）、民俗观念（如谚语、传说）等的描绘

续表

表征要素	主题	具体要素	教材国家形象具体要素的解释
政治要素	政治人物	政治事件中的人物	对从古至今，典型政治意义事件中人物的描绘
		政权中执掌权力的人物	对从古至今，国家政权体系中担任要职的人物的呈现，包括国家领导人、官员等
	政治行为	对内政治行为	对从古至今出于政治目的而诱发的行为的描绘，包括政权稳定时期，以管理国家为目的而施行法令、政策等，以及政权不稳定时期，出现政权分裂、更迭、重组的行为的描绘
		对外政治行为	对从古至今，本国为应对国际环境、处理国际事务，所采取的政治意义上的行动描绘
国民要素	精神风貌	面向国家	对国民对国家的情感、态度与价值观的描绘
		面向社会与个人	对国民在社会生活中表现出对自己、他人、群体的情感、态度、价值观的描绘
	典型行为	积极行为	对国民在日常生产、生活中表现出的正向行为的描绘
		消极行为	对国民在日常生产、生活中表现出的负向行为的描绘

第二节 研究方法

一 方法论基础

本书以社会表征理论（Social Representation Theory，SRT）为方法论基础，下面简要介绍该方法论内涵及其对本书具体探究过程的指导作用。

社会表征理论是表征构成主义论下的次生理论，基于爱米尔·涂尔干集体表征概念的阐释，由塞尔日·莫斯科维奇正式提出，该理论关注充满争论、强烈情感、冲突和意识形态斗争的社会现象中集体意义、共同认知的形成，并认为所形成的集体意义、共同认知是将社会、组织和群体团结起来的社会纽带，也是改变社会集体思维的主要依托。[1] 社会表征理论包

---

[1] Bauer Martin W. and George Gaskell, "Social Representations Theory: A Progressive Research Programme for Social Psychology", *Journal for the Theory of Social Behaviour*, Vol. 38, No. 4, December 2008.

含以下核心观点。其一,强调心理的社会起源以及表征的社会性。社会表征是通过个人和群体之间的社会互动和交流而产生的。其以不同的方式反映了历史、文化和经济背景、环境及特定政策举措,是关于社会群体的集体认知、常识或思维系统,并总是与社会、文化及其象征性的物体有关,是某种事物的表征。[1] 其二,依照集体共享的社会认知转化为社会表征的不同方式,提出霸权表征、解放性表征与争议性表征三种不同性质的社会表征。霸权表征源于历史、文化等在社会变迁中具有强烈规范性与自存性的要素,其是社会稳定与团结的基础。一个政党、一个国家或其他有组织的大型单位中的大多数成员都有霸权的表现。霸权表征是统一的,并"在所有象征性或情感性实践中占上风"[2]。解放性表征源于社会群体对事物的特异性解释,此类表征体现独特的群体意愿和规范,"对社会的互动部分有一定程度的自主权",具有赋权的意涵。[3] 争议性表征源于社会冲突、群体间的斗争和社会争议,其体现了不同社会群体对同一客体的观点。三种社会表征同时存在于每个时代、每个社会,其中霸权性表征相对解放性表征具有绝对优势,其背后是绝大多数人观念与少数人观念的关系,争议性表征背后则是不同群体之间平等的关系。其三,解构价值中立观,发掘社会表征作为信息"过滤器"的功能。社会表征理论虽属社会心理学范畴,但学者们普遍认为其本质上与知识社会学有着密切关联,是一种知识理论的延伸。莫斯科维奇指出,社会表征作为一种社会性认识,其本身就不是价值中立的。社会刺激到达人的感官以前,先要经历社会表征的过滤,再传递到个体进而形成个体表征,因此,社会刺激本身不能直接决定个体认识,而是社会表征决定了个体认识。[4] 在此过程中,社会表征几乎可以用"阶级之眼""权力之眼""欲望之眼"加以表达。

---

[1] Moscovici Serge, "The Myth of the Lonely Paradigm: A Rejoinder", *Social Research*, Vol. 51, No. 4, December 1984.

[2] Moscovici Serge, "Notes towards A Description of Social Representations", *European Journal of Social Psychology*, Vol. 18, No. 3, July 1988.

[3] Moscovici Serge, "The Making of Modern Social Psychology: The Hidden Story of How an International Social Science was Created ", *Psychoanalysis, Its Image and Its Public*, 2008, pp. 3 - 69.

[4] Moscovici Serge and W. D. Halls, *The Invention of Society: Psychological Explanations for Social Phenomena*, Polity Press, 1993, p. 56.

第三章 研究设计

社会表征旨在"使不熟悉的事物或不熟悉的事物本身变得熟悉"①。社会表征理论揭示了产生社会表征的两种社会认知机制。第一种机制,锚定(Anchoring)。通过将未知信息带入早期众所周知的领域,使人们能够比较和解释它。新的、有问题的或令人不安的事件,如果违背人们的预期,违背人们的常识结构,违背人们对社会结构的"想当然的"知识,必须在它们被称为"有意义"之前先被分配到熟知的领域来讨论。② 通过不同形式的交流与互动,新的社会表征一次又一次地锚定在其他旧的社会表征中。在新的社会表征被旧的社会表征所改造的同时,新的社会表征被纳入常识性旧的社会表征中,这是一种文化同化过程。如此,那些不熟悉的想法变成了众所周知的想法,成为社会集体参照系的一部分。简言之,锚定是指新的思想或现象,其与一个众所周知的现象或上下文有关。第二种机制,客体化(Objectification)。客体化是指将未知物转化为我们可以感知和体验的具体事物,以此来认识它。客观化是将狭隘观念的物质化,通常是将抽象观念转化为存在于物质世界中的具体现象。莫斯科维奇将客观化称为"被感知的取代了被构想的"③。他认为,客观化是一个比锚定更为活跃的过程,它几乎是每次我们遇到新现象、新事物时自动发生的,其核心就是把一个不熟悉的想法变成具体的现实。

社会表征理论为语文教材国家形象表征状况的内容分析过程提供理论依据。基于社会表征理论的核心意蕴以及社会认知机制,本书内容分析过程将遵照锚定与客体化两个过程来分析语文教材国家形象表征状况。首先,锚定过程。本书将依照国家形象表征分析框架进行国家形象表征的主题锚定。主题锚定即使用主题概念来捕捉社会表征的深层结构层次。④ 通

---

① Moscovici Serge, *Why a Theory of Social Representations*? Representations of the Social: Bridging Theoretical Traditions, Oxford: Blackwell Publishing, 2001, pp. 8 – 35.

② Campos Pedro Humberto Faria and Rita de Cássia Pereira Lima, "Social Positions and Groups: New Approximations between Pierre Bourdieu's Sociology and Social Representation Theory", *Culture & Psychology*, Vol. 23, No. 1, July 2017.

③ Wagner Wolfgang, Nicole Kronberger and Franz Seifert, "Collective Symbolic Coping with New Technology: Knowledge, Images and Public Discourse", *British Journal of Social Psychology*, Vol. 41, No. 3, December 2002.

④ Hirsch Irwin, "Special Issue on Psychoanalysis and the Media: Discussion – Portrayal of Psychoanalytic Therapists in the Media", *Contemporary Psychoanalysis*, Vol. 46, No. 2, October 2010.

常认为，这些主题"是由社会创造并由社会保存的"，但由于主题"从不显性地展现自己"，对于主题的分析通常必须超越所使用的特定语言、图像等媒介本身。① 本书中，编码者将以国家形象表征分析框架中物质要素、文化要素、政治要素与国民要素及其三级主题指标为锚定点，将语文教材选文语境看作主题锚定所处的深层结构，借助上下文语境确定特点要点所对应的国家形象表征主题。其次，客体化过程。"客观化就是发现一个不精确的想法或存在物的标志性特征，在语言或图像中再现一个概念"②。本书将依照情感客观化、拟人客观化、直接命名客观化等客观化过程锁定国家形象具体化表征要素。例如，编码者依照国家形象表征分析框架进行锚定后，将涉及关于国家的强烈情感成分纳入国家形象表征具体化要素，如可能是表达对山河等的赞美或对人物行为的赞扬等，也可将涉及关于国家拟人化要素纳入国家形象表征具体化要素，如可能是表达对特定景物的拟人化等。

二 具体方法

（一）内容分析法

内容分析法（Content Analysis）是大众传媒研究领域常用的方法之一，通过对大众传播内容质与量的分析，认识与判定传播内容的重点，对特定问题的倾向、态度、立场以及传播内容在一定时期的变化规律等。内容分析法将所有有关材料看作一个有机的整体，对资料进行全面、系统的研究，不仅运用数学统计方法对资料进行量的分析，也要对资料进行一定的逻辑推理与哲学思辨。

本书利用内容分析法对语文教材国家形象表征状况进行分析，获得语文教材国家形象表征的总体情况与具体情况。步骤如下所示。

1. 呈现关于教材国家形象表征的所有内容文本。
2. 从内容文本中选取作为语文教材国家形象表征分析的样本。

---

① Raudsepp Maaris, "Why is It so Difficult to Understand the Theory of Social Representations?" *Culture & Psychology*, Vol. 11, No. 4, December 2005.

② Finlayson Alan, "Psychology, Psychoanalysis and Theories of Nationalism", *Nations and Nationalism*, Vol. 4, No. 2, Aprtl 1998.

3. 设定分析基本单元。

4. 利用国家形象表征分析框架、参照社会表征理论对材料进行编码。

5. 收集编码要点的集合。

6. 对编码要点集合进行统计分析。

7. 得到语文教材国家形象表征状况的结果。

(二) 访谈法

访谈法 (Interview) 是指通过访员与受访人面对面地交谈来了解受访人的心理与行为的基本方法。它以口头形式向被访者提出有关问题，通过被访者的答复收集客观事实材料，分析收集的材料，用来了解受访者对特定问题的观点、态度等。

本书利用访谈法对从事语文教材方面研究的专家进行以语文教材国家形象表征影响因素为主题的半结构访谈。具体包括以下步骤。

1. 设定访谈提纲

本书以语文教材国家形象表征影响因素为主题设置问题。

2. 开启访谈

与专家围绕语文教材国家形象主题进行面对面交流，并进行录音。

3. 收集录音资料

对访谈录音进行降噪处理，保障音频质量。

4. 转录音频材料

将访谈录音转录为文字形式，保证原有信息的完整性。

5. 依照访谈主题对资料加以分类、提取有意义信息

对照语文教材国家形象表征主题下的 8 个主要问题进行内容分类。

第三节 研究对象的选取

本书以定性与定量结合的取向为指导，对研究对象的选取大体采用两种方法：一是以定性为取向的"理论抽样"。它是"根据样本所体现出的理论意义进行抽样，样本具有内在的丰富性和整体性，所搜集材料主要不是数字形式，但也不排除用于描述性统计分析的数字形

式的资料"①；二是以定量为取向的"统计抽样"。它是"根据样本对于整体的统计代表性，关注个体的特定变量而非整体特征，所搜集的资料主要是数字形式的资料，但也不排除定类和定序变量等非数字形式的资料"②。两种抽样方法相结合，解决本书不同阶段的样本选择问题。

一　内容分析法的对象选取

本书中，内容分析法用于探究语文教材国家形象表征状况与差异状况。在此处，语文教材中的选文选择即采用目的性抽样的方法。

语文教材中选文的抽样选择过程。第一步，明确选文抽取的目的，即其中涵盖国家形象主题。第二步，确定语文教材国家形象表征来自哪些具体选文。此部分由编码者进行选择。首先，编码者依照国家形象表征类目，对义务教育统编版语文教材中选文主题进行分析，确定哪些选文属于国家形象表征范畴并可以进行编码；其次，以三位编码者共同选择的选文作为样本。第三步，获得编码者间的一致性程度，以一致性程度大小确定是否采纳这些选文作为样本。样本具体如下所示（见表3-8）。

义务教育统编版语文教材涉及国家形象表征的选文共有223篇，约占所有选文的30.76%。

表3-8　　　　　　　　　　选文信息

年级	选文题目
一年级 （6篇）	《江南》《人之初》《端午粽》《升国旗》《吃水不忘挖井人》《我多想去看看》
二年级 （19篇）	《黄山奇石》《日月潭》《葡萄沟》《望庐山瀑布》《夜宿山寺》《神州谣》《晓出净慈寺送林子方》《大禹治水》《难忘的泼水节》《数九歌》《传统节日》《"贝"的故事》《羿射九日》《朱德的扁担》《邓小平爷爷植树》《王二小》《雷锋叔叔，你在哪里》《李时珍》

---

①　张汉：《质性研究与量化研究是截然对立的吗？——社会科学研究中的本体论和认识论辨析》，《国外理论动态》2016年第5期。

②　张汉：《质性研究与量化研究是截然对立的吗？——社会科学研究中的本体论和认识论辨析》，《国外理论动态》2016年第5期。

第三章 研究设计

续表

年级	选文题目
三年级 （21篇）	《望洞庭》《望天门山》《饮湖上初晴后雨》《富饶的西沙群岛》《海滨小城》《美丽的小兴安岭》《早发白帝城》《纸的发明》《三衢道中》《滁州西涧》《大理寺桃花》《忆江南》《九月九日忆山东兄弟》《清明》《元日》《赵州桥》《一幅名扬中外的画》《大青树下的小学》《不懂就要问》《司马光》《我不能失信》
四年级 （23篇）	《观潮》《爬天都峰》《题西林壁》《宿新市徐公店》《千年圆梦在今朝》《记金华的双龙洞》《独坐敬亭山》《七月的天山》《盘古开天地》《女娲补天》《颐和园》《为中华之崛起而读书》《延安我把你寻回》《西门豹治邺》《黄继光》《精卫填海》《梅兰芳蓄须》《扁鹊治病》《纪昌学射》《小英雄雨来》《囊萤夜读》《铁杵成针》《祖国我终于回来了》
五年级 （19篇）	《枫桥夜泊》《黄鹤楼送孟浩然之广陵》《圆明园的毁灭》《牛郎织女（一）》《牛郎织女（二）》《乞巧》《有趣的形声字》《猴王出世》《将相和》《七子之歌》《少年中国说》《草船借箭》《从军行》《凉州词》《闻官军收河南河北》《青山处处埋白骨》《军神》《清贫》《猎人海力布》
六年级 （30篇）	《草原》《六月二十七日望湖楼醉书》《宿建德江》《西江月夜行黄沙道中》《江南春》《浪淘沙》《春夜喜雨》《浣溪沙》《泊船瓜洲》《故宫博物院》《京剧趣谈》《北京的春节》《北京的春节（舒乙）》《除夕》《腊八粥》《寒食》《十五夜望月》《藏戏》《七律长征》《狼牙山五壮士》《开国大典》《灯光》《十六年前的回忆》《十里长街送总理》《伯牙鼓琴》《我的伯父鲁迅先生》《有的人——纪念鲁迅有感》《为人民服务》《金色的鱼钩》《詹天佑》
七年级 （31篇）	《济南的冬天》《次北固山下》《观沧海》《峨眉山月歌》《江南逢李龟年》《潼关》《夜上受降城闻笛》《夜雨寄北》《黄河颂》《土地的誓言》《登飞来峰》《望岳》《太空一日》《春夜洛城闻笛》《泊秦淮》《女娲造人》《孙行者一调芭蕉扇》《五猖会》《行军九日思长安故园》《陈太丘与友期行》《诫子书》《邓稼先》《说和做——记闻一多先生言行片段》《回忆鲁迅先生》《木兰诗》《卖油翁》《叶圣陶先生二三事》《贾生》《〈论语〉十二章》《陋室铭》《爱莲说》
八年级 （43篇）	《一着惊海天——目击我国航母舰载战斗机首架次成功着舰》《三峡》《记承天寺夜游》《渡荆门送别》《钱塘湖春行》《昆明的雨》《采桑子》《相见欢》《壶口瀑布》《在长江源头格拉丹东》《一滴水经过丽江》《送杜少府之任蜀州》《题破山寺后禅院》《望洞庭湖赠张丞相》《小石潭记》《黄鹤楼》《中国石拱桥》《苏州园林》《梦回繁华》《社戏》《北冥有鱼》《灯笼》《安塞腰鼓》《核舟记》《人民解放军百万大军横渡长江》《我三十万大军胜利南渡长江》《赤壁》《周亚夫军细柳》《春望》《雁门太守行》《回延安》《最后一次演讲》《茅屋为秋风所破歌》《大道之行也》《"飞天"凌空——跳水姑娘吕伟夺魁记》《回忆我的母亲》《我一生中的重要抉择》《卖炭翁》《送东阳马生序》《应有格物致知精神》《富贵不能淫》《生于忧患死于安乐》《愚公移山》

续表

年级	选文题目
九年级 (31篇)	《沁园春·雪》《我爱这土地》《岳阳楼记》《醉翁亭记》《湖心亭看雪》《咸阳城东楼》《祖国啊，我亲爱的祖国》《渔家傲秋思》《白雪歌送武判官归京》《山水画的意境》《乡愁》《就英法联军远征中国致巴特勒上尉的信》《月夜忆舍弟》《左迁至蓝关示侄孙湘》《智取生辰纲》《唐雎不辱使命》《满江红（小住京华）》《屈原》《曹刿论战》《邹忌讽齐王纳谏》《出师表》《过零丁洋》《山坡羊·潼关怀古》《别云间》《南安军》《山坡羊·骊山怀古》《梅岭三章》《三顾茅庐》《破阵子·为陈同甫赋壮词以寄之》《孔乙己》《蒲柳人家》

二 访谈法对象的选取

本书中，访谈法辅助分析探究语文教材国家形象表征的影响因素。已依照本书的目的，对语文课程标准组专家、教研员与一线语文教师进行访谈。专家基本信息如下。

访谈资料代码分别为 W1-1/W1-2/W1-3、W2-1/W2-2/W2-3、W3-1/W3-2/W3-3、W4-1/W4-2/W4-3。

专家1代码Z1，专业为课程与教学论，博士学位，工作性质为大学教师，职称为教授，研究专长为课程与教学论；

专家2代码Z2，专业为语文课程与教学论，博士学位，工作性质为大学教师，职称为教授，研究专长为语文课程与教学论；

专家3代码Z3，专业为课程与教学论，博士学位，工作性质为大学教师，职称为教授，研究专长为课程与教学论；

专家4代码Z4，专业为中文，学士学位，工作性质为教研员，职称为小学高级，所属学科为语文；

专家5代码Z5，专业为中文，硕士学位，工作性质为教研员，职称为中学高级，所属学科为语文；

专家6代码Z6，专业为中文，硕士学位，工作性质为教研员，职称为小学高级，所属学科为语文；

专家7代码Z7，专业为课程与教学论，硕士学位，工作性质为小学语文教师，职称为小教一级，所属学科为语文；

专家8代码Z8，专业为课程与教学论，硕士学位，工作性质为中学语文教师，职称为中教一级，所属学科为语文；

专家9代码Z9，专业为课程与教学论，硕士学位，工作性质为中学语文教师，职称为中学高级，所属学科为语文。

第四节　研究资料的搜集与整理

本书资料的收集与整理按照研究的进程逻辑，依次为语文教材国家形象表征内容分析资料收集以及访谈资料收集两部分。

一　内容分析资料的搜集与整理

（一）内容分析资料的搜集

语文教材国家形象表征的内容分析资料搜集主要依照国家形象表征分析框架对每个分析单元的资料搜集。分析单元即为进行内容分析的最小单位。

鉴于语文教材内容是以选文为核心，本书以单篇选文为分析单元。一个标准的分析单元即单篇课文。一个不标准的分析单元即阅读材料（如，名著导读、课外阅读）。在本书中，将两种都看作单一分析单元，也是资料收集的最小单元。

（二）内容分析资料的整理

内容分析资料的整理涉及内容分析编码资料的整理。

1. 代码设定

本书中自变量包括年级（一年级、二年级、三年级、四年级、五年级、六年级、七年级、八年级、九年级），体裁（实用文、文艺文），语体（白话文、文言文），年代（古代、近代、现代、当代）。将年级代码设为 G，一年级为 G_1，二年级为 G_2，三年级 G_3，四年级为 G_4，五年级为 G_5，六年级为 G_6，七年级为 G_7，八年级为 G_8、九年级为 G_9；体裁代码设为 T，实用文为 T_1、文艺文为 T_2；语体代码设定为 Y，白话文为 Y_1，文言文为 Y_2；年代代码设定为 N，古代为 N_1、近代为 N_2、现代为 N_3、当代为 N_4。

本书中因变量即国家形象表征出现的频次。因变量测量标准来自内容分析类目表，将因变量代码设定为 A，物质要素设定 A_1，文化要素设定为

A2，政治要素设定为 A3，国民要素设定为 A4。"领陆"为 A1.1，"领海"为 A1.2，"领空"为 A1.3，"人文地理风貌"为 A1.4，"自然地理风貌"为 A1.5，"生物个体间互动"为 A1.6，"生物与环境互动"为 A1.7，"科学探索"为 A1.8，"技术革新"为 A1.9；"非物质遗产"为 A2.1，"物质遗产"为 A2.2，"物质生活民俗"为 A2.3，"社会生活风俗"为 A2.4，"精神生活风俗"为 A2.5；"政治事件中的人物"为 A3.1，"政权中执掌权力的人物"为 A3.2，"对内政治行为"为 A3.3，"对外政治行为"为 A3.4；"面向国家"为 A4.1，"面向社会与个人"为 A4.2，"积极行为"为 A4.3，"消极行为"为 A4.4。

2. 制作编码表

基于国家形象表征类目与分析单元的基本信息，形成编码表（见表3-9）。

表3-9　　　　　　　语文教材国家形象表征编码表

1. 请对编码单元的基础信息进行打√与填写。	
年级	G1 = 一年级　G2 = 二年级　G3 = 三年级　G4 = 四年级　G5 = 五年级　G6 = 六年级　G7 = 七年级　G8 = 八年级　G9 = 九年级
课文题目/课外古诗词题目/名著导读题目/阅读材料题目	
选文体裁	T1 = 实用文（记叙文、说明文、议论文、固定程式的应用文） T2 = 文艺文（散文、小说、诗歌、戏剧、童话、曲艺、民间故事）
选文语体	Y1 = 白话文　Y2 = 文言文
选文年代	N1 = 古代（1840年第一次鸦片战争以前） N2 = 近代（1840年第一次鸦片战争—1919年五四运动） N3 = 现代（1919年五四运动之后—1949年中华人民共和国成立） N4 = 当代（1949年中华人民共和国成立以后）

2. 在下表中进行信息记录与评价。

"关键要点呈现数"中需填写所测量到要素的全代码与出现次数（如 A1.1×2 表示在该编码单元中出现2次关于领陆的描述）。

表征要素	主题	具体要素	关键要点出现次数
物质要素	领土主权	A1.1 领陆	
		A1.2 领海	
		A1.3 领空	

续表

表征要素	主题	具体要素	关键要点出现次数
物质要素	地理风貌	A1.4 人文地理风貌	
		A1.5 自然地理风貌	
	生态环境	A1.6 生物个体间互动	
		A1.7 生物与环境间互动	
	科学技术	A1.8 科学探索	
		A1.9 技术革新	
文化要素	文化遗产	A2.1 非物质遗产	
		A2.2 物质遗产	
	民俗习惯	A2.3 物质生活民俗	
		A2.4 社会生活民俗	
		A2.5 精神生活民俗	
政治要素	政治人物	A3.1 政治事件中的人物	
		A3.2 政权中执掌权力的人物	
	政治行为	A3.3 对内政治行为	
		A3.4 对外政治行为	
国民要素	精神风貌	A4.1 面向国家	
		A4.2 面向社会与个人	
	典型行为	A4.3 积极行为	
		A4.4 消极行为	

3. 选择编码者

从本书的目的出发，选择可靠的编码者。选择编码者的原则是：具有语文课程论研究背景与语文教育教学实践经验的专业人士。这样选择编码者，既能够理解语文课程基础理论性问题，也能够了解语文教育教学的实际问题，可以较好地理解编码过程。基于此，确定了由语文专家型教师构成的编码小组。具体情况如下所示。

编码者 1 代码 B1，专业为语文课程与教学论，博士研究生学历，职称为中学高级，所属学科为语文；

编码者 2 代码 B2，专业为课程与教学论，博士研究生学历，职称为中学高级，所属学科为语文；

　　编码者3代码B3，专业为课程与教学论，博士研究生学历，职称为小学高级，所属学科为语文。

4. 对编码专家进行培训

编码培训内容如下所示。

　　一是给编码专家发放编码表，让专家理解每一项目的内涵与意义。编码前要为专家发送编码表，让专家熟悉编码具体项目。在培训过程中，需向专家作出以下详细说明。首先，向专家详细解释国家形象表征的含义，以及编码表中每一个项目的含义，确保专家能够完全理解国家形象表征及其包含所有项目的内涵与意义。其次，需向专家解释国家形象表征类目中每一项目与语文教材中选文间如何进行对照，这里需要让专家理解一篇选文能够被选做编码单元的标准，以及选文中哪些内容可以被编码。

　　二是向编码专家提供国家形象表征的典型选文篇目，用以解释编码步骤与流程。编码前需向专家提供国家形象表征主题的选文，并以国家形象表征类目为参照标准，提供每一类型选文的典型编码步骤与具体流程。在这部分，需让专家熟悉两个要点。其一，纳入编码的选文范畴。包含课文、课外阅读、课后阅读等完整的篇章。其二，不同类型选文中国家形象表征关键要点的提取过程。向编码专家一一展示白话文、文言文、古代诗歌、现代诗歌、说明文等选文中国家形象表征关键要点的提取过程，并解释其含义。

　　三是向编码专家提供编码表的记录标准，用以解释记录步骤。需向专家提供编码过的选文如何进行记录的标准化流程。在此部分，需让专家明确两个要点。其一，记录被编码的选文基本信息。包括选文来自的年级、体裁、语体、年代等内容。这些信息需要专家查阅教师参考用书或者其他专业资料。其二，理解记录选文中国家形象表征关键要点的具体标准。国家形象表征关键要点的记录需注意三个要点。首先，所记录的要点是选文中的写实内容；其次，所记录的要点主要是选文中对于国家形象主题的描述性句子或者段落；最后，所记录的要点的频次是描述国家形象主题次数决定的。在此阶段，需要让专家进行编码与记录的全流程，培训者及时发

第三章 研究设计

现专家编码与记录中存在的问题,以进行更正,确保编码与记录过程的可靠性。

5. 编码表应用示例

第一,编码步骤与记录步骤。

本书中编码步骤依照以下步骤。第一步:判断选文是否需要进行编码。依照类目标准进行判断。判断选文题目或者选文主旨是否在国家形象表征要素类目表涉及范围内;第二步:对单一选文进行编码。编码过程中以篇章为单位,对关键要点描述的内容进行选择;第三步,对照编码表设定编码。分别对选文题目与文中要点进行编码标注。

本书编码表填写包括两个部分。第一部分,关于选文基本信息填写。包括选文所属年级、题目、体裁、语体、年代。第二部分,对照选文中编码标注的信息,进行"关键要点出现次数"填写。

第二,编码表使用示例。

示例1:《望岳》的编码与记录

第一步,确定是否对选文进行编码。《望岳》这首诗通过描写泰山,表达作者的雄心壮志。泰山自古至今都是自然风光的典型代表,属于国家形象表征类目的范畴。

第二步,对选文内容进行编码。基于五言律诗的语言特征,从每句的含义出发,进行编码。"岱宗"是对泰山的尊称,"齐鲁"是春秋时诸侯国代称,是一个统一意义的文化圈,是人为意义的地理概念,用于指代泰山所在的位置,"造化钟神秀"指泰山集大自然神奇秀丽于一身,"阴阳割昏晓"指泰山的南面和北面截然不同,四句均描写泰山。选文《望岳》编码过程如下所示。

编码要点1:岱宗

客体化:命名的方式代指自然地理风貌→物质形象;

锚定:国家形象锚定在物质要素上。

编码要点2:齐鲁

客体化:隐喻方式代指人文地理风貌→物质形象;

锚定:国家形象锚定在物质要素上。

编码要点3:造化钟神秀

客体化：隐喻方式代指自然地理风貌→物质形象；

锚定：国家形象锚定在物质要素上。

编码要点4：阴阳割昏晓

客体化：隐喻方式代指自然地理风貌→物质形象；

锚定：国家形象锚定在物质要素上。

第三步，在选文中进行编码标注，"岱宗"（A1.5）、"齐鲁"（A1.4）、"造化钟神秀"（A1.5）、"阴阳割昏晓"（A1.5）。

将《望岳》编码内容进行数量转化填写编码表。第一步，对选文进行基本信息填写。本篇选文来自七年级下册，体裁为文艺文，语体为古文，所属年代为古代。"人文地理风貌"（A1.4）的关键要点出现1次。"自然地理风貌"（A1.5）的关键要点出现3次。第二步，对选文编码内容要点进行填写。

示例2：《黄河颂》的编码与记录

第一步，确定是否对选文进行编码。《黄河颂》一文从关键词"黄河"这一中华民族精神象征的符号即可判定，这篇选文属于国家形象表征类目的范畴。

第二步，对选文内容进行编码。对描写黄河实景的内容进行编码。"黄河以它的英雄气概，出现在亚洲的原野"，"英雄气概"属拟人的手法，亚洲是人为意义上的地理概念，所以是以拟人化方式指代人文地理风貌，其归属于物质要素范畴。"望黄河滚滚，奔向东南"是直接以"黄河"命名的方式指代自然地理风貌，其归属于物质要素范畴。"惊涛澎湃，掀起万丈狂澜"是以隐喻的方式，描写黄河的浪大，指代自然地理风貌，其归属于物质要素范畴。"浊流宛转，结成九曲连环"是以隐喻方式，描写黄河水颜色与河道形状，指代自然地理风貌，其归属于物质要素范畴。"从昆仑上下，奔向黄海之边"，是以直接命名的方式，描绘黄河起始点，指代自然地理风貌，其归属于物质要素范畴。"把中原大地劈成南北两面"，是以隐喻方式描绘中国地理层面上黄河的相对位置，由于"中原大地"是人为意义上的地理概念，其指代人文地理风貌，归属于物质要素范畴。选文《黄河颂》编码过程如下所示。

第三章 研究设计

编码要点1：黄河以它的英雄气概，出现在亚洲的原野；
客体化：拟人化方式代指人文地理风貌→物质形象；
锚定：国家形象锚定在物质要素上。
编码要点2：望黄河滚滚，奔向东南；
客体化：直接命名的方式代指自然地理风貌→物质形象；
锚定：国家形象锚定在物质要素上。
编码要点3：惊涛澎湃，掀起万丈狂澜；
客体化：隐喻方式代指自然地理风貌→物质形象；
锚定：国家形象锚定在物质要素上。
编码要点4：浊流宛转，竭诚九曲连环；
客体化：隐喻方式代指自然地理风貌→物质形象；
锚定：国家形象锚定在物质要素上。
编码要点5：从昆仑上下，奔向黄海之边；
客体化：直接命名的方式代指自然地理风貌→物质形象
锚定：国家形象锚定在物质要素上。
编码要点6：把中原大地劈成南北两面；
客体化：隐喻方式代指人文地理风貌→物质形象；
锚定：国家形象锚定在物质要素上。

第三步，在选文中进行编码标注。"黄河以它的英雄气概，出现在亚洲的原野"（A1.4）、"望黄河滚滚，奔向东南"（A1.5）、"惊涛澎湃，掀起万丈狂澜"（A1.5）、"浊流宛转，竭诚九曲连环"（A1.5）、"从昆仑上下，奔向黄海之边"（A1.5）、"把中原大地劈成南北两面"（A1.4）。

将《黄河颂》编码内容进行数量转化填写编码表。第一步，对选文进行基本信息填写。本篇选文来自七年级下册，体裁为文艺文，语体为白话文，所属年代为现代。"人文地理风貌"（A1.4）的关键要点出现2次。"自然地理风貌"（A1.5）的关键要点出现4次。第二步，对选文编码内容要点进行填写。

二 访谈资料的搜集与整理

(一) 访谈资料的搜集

本书中,语文教材国家形象表征影响因素的资料搜集即访谈法应用过程中的资料搜集,主要利用部分访谈技巧,包括访谈者对谈话主题的把控,访谈者对双方心理特征、态度、期望、动机等的敏感觉察,访谈者在挖掘谈话主题过程中采用系列"追问""反问"等。通过访谈中部分技巧的应用,最大限度地搜集关于语文教材国家形象表征影响因素的重要观点、看法。

(二) 访谈资料整理

为了进一步探究语文教材国家形象表征的影响因素,研究者将带着语文教材国家形象表征结果,对语文课标组专家进行访谈。

1. 转录音频资料

将收集到的音频资料转换成文字资料,在转录过程中注意保持访谈内容的原貌。如下所示。

> 被访者(Z1-W1-1):语文教材国家形象表征的影响因素有很多。首先,在考虑语文教材国家形象之前,必须先考虑影响国家形象的因素有哪些,只有弄清楚这个,才能再谈教科书中及至语文教材中的国家形象。
>
> 访谈者:也就是说,语文教材国家形象有关问题得先回到国家形象到底是什么,由什么构成,这类最基础的问题吧。
>
> 被访者(Z1-W1-1):是的。我理解的国家形象,就是国家的符号,就想想哪些可以代表中国,像是长城、故宫、龙……这些能够指代中国的原因可以归结为文化,直接来说应该是文化影响力,也可以说软实力。这些在语文教材编写过程中都是必须考虑的内容。
>
> 访谈者:请问专家在编写课程标准时,如何把握国家形象表征的问题?
>
> 被访者(Z1-W1-1):就语文教材编写而言,语文课程标准中就提供了关于国家形象呈现的目标,可能其中的表述涉及中华文化、

社会主义核心价值观等，这些虽然不直接表述为"国家形象纳入教材的标准"，但这些方面的具体要求都可以指向国家形象构成要素，所以语文课程标准中本来就存在这方面的目标。但如果想要更直接地编入国家形象相关内容，必须要更明确化的国家形象具体目标……

对于每一个问题，会进行多次追问，不断寻找与研究主题相关的信息。

2. 对访谈资料进行归类整理

访谈资料的归类整理分为以下步骤：其一，反复听录音，捕捉与研究主题相关的信息，并记录。其二，依照访谈提纲，对收集到的信息进行分类。其三，结合已有的研究结果，探寻语文教材国家形象表征的影响因素。

第五节 研究的信度

本书包含两个信度检验，一是德尔菲法中专家间的一致性程度，二是内容分析法中的编码者一致性程度。前者确保国家形象表征类目的可靠性，后者确保编码的可靠性。

一 专家一致性程度

德尔菲法的专家一致性程度使用肯德尔系数（W）来衡量。

第 1 轮专家咨询结果显示，专家间一致性程度 $W=0.53$，$p<0.05$。

第 2 轮专家咨询结果显示，专家间一致性程度 $W=0.65$，$p<0.05$。

二 编码者一致性程度

内容分析法的编码一致性是编码人员之间的一致性程度，它可指代内容分析法的信度。对 3 位编码人员归类统计分析结果进行统计，利用霍尔斯提出的公式求得相互同意度。

$$相互同意度 = 2M/(N1+N2) \tag{1}$$

式（1）中，M 为编码员之间一致同意编码数；N1、N2 为编码数的编码总数。

$$编码一致性程度 = n \times 平均相互同意度 / 1 + [(n-1) \times 平均相互同意度] \quad (2)$$

式（2）中，n 为编码人员人数。

相互同意度计算。N1 = 2514，N2 = 2135，N3 = 2431，M = 1838，代入公式（1）中，相互同意度为 0.52。

编码一致性程度计算。n = 3，代入公式（2）中，编码一致性程度为 0.76。信度较好。

第四章
语文教材国家形象表征状况分析

本章对语文教材国家形象表征的总体状况与具体状况进行分析，并阐释了语文教材国家形象表征的总体特征与具体特征。

第一节　语文教材国家形象表征的总体状况

物质要素占比最大，国民要素占比最小。依照国家形象表征类目，从义务教育统编版语文教材选文中提取出国家形象表征关键要点频数总计1838 次。物质要素、文化要素、政治要素与国民要素分别占比41.78%、21.00%、19.48%与17.74%（见表4-1）。

表4-1　义务教育统编版语文教材国家形象表征关键要点频数分布表

表征要素	主题	具体要素	具体要素出现频次	具体要素所占百分比（%）	主题所占百分比（%）	表征要素所占百分比（%）
物质要素	领土主权	领陆	80	4.35	4.84	41.78
		领海	6	0.33		
		领空	3	0.16		
	地理风貌	人文地理风貌	241	13.12	26.88	
		自然地理风貌	253	13.77		

续表

表征要素	主题	具体要素	具体要素出现频次	具体要素所占百分比(%)	主题所占百分比(%)	表征要素所占百分比(%)
物质要素	生态环境	生物个体间互动	42	2.26	7.02	41.78
		生物与环境间互动	87	4.73		
	科学技术	科学探索	14	0.76	3.05	
		技术革新	42	2.29		
文化要素	文化遗产	非物质遗产	142	7.73	12.08	21.00
		物质遗产	80	4.35		
	民俗习惯	物质生活民俗	54	2.94	8.92	
		社会生活民俗	82	4.46		
		精神生活民俗	28	1.52		
政治要素	政治人物	政治事件中的人物	123	6.69	11.10	19.48
		政权中执掌权力的人物	81	4.41		
	政治行为	对内政治行为	111	6.04	8.38	
		对外政治行为	43	2.34		
国民要素	精神风貌	面向国家	70	3.81	10.17	17.74
		面向社会与个人	117	6.37		
	典型行为	积极行为	101	5.50	7.56	
		消极行为	38	2.07		

物质要素是国家形象表征要素中最具客观属性的要素，也是国家形象得以形塑的物质依托，为表征国家硬权力样态提供现实基础。物质要素占比41.78%，超出平均比重25.00%近17个百分点，涉及领土主权、地理风貌、生态环境、科学技术四项主题，这即表明义务教育统编版语文教材呈现最为丰富的物质样态。依照现实主义理论，国家形象涉及军事、科技、资源等这些可以被客观化的要素是国家硬实力表征的重要成分，也是国家利益的核心。语文教材以最大比重呈现物质要素，进一步揭示了硬实力强盛的现实样态。

文化要素是国家形象表征要素中最具历史属性的要素，也是国家形象得以形塑的灵魂依托，为表征国家软权力样态提供历史文化基础。文化要素占比21.00%，仅次于物质要素所占比重，涉及文化遗产、民俗习惯两项主题，这即说明义务教育统编版语文教材呈现较为丰富的文化样态。依照自由主义理论，国家形象涉及文化吸引力、意识形态等这些不可被客观化，与人主观能动性息息相关的要素是国家软实力表征的重要成分，是一国凝聚力、感召力的核心。语文教材以较大比重呈现文化要素，展现了较为强劲的软性力量。

政治要素是国家形象表征要素中最具权力属性的要素，也是国家形象得以形塑的官方牵引性力量，为表征上层建筑提供具体化依托。政治要素占比19.48%，与平均比重25.00%相差五个多百分点，涉及政治人物、政治行为两项主题，这即说明义务教育统编版语文教材呈现一般化水平的政治样态。依照马克思主义理论，国家形象涉及的第一层面即国家政权，主要包括服务于无产阶级的政府，其是一国得以正常运行、发展的基础。语文教材以较小的比重呈现政治要素，展现一般化程度的政权力量。

国民要素是国家形象表征要素中最具个人属性的要素，也是国家形象得以形塑的民间能动性力量，为表征人民大众提供理论依托。国民要素占比17.74%，与平均比重25.00%相差七个多百分点，涉及精神风貌与典型行为两项主题，这即表明义务教育统编版语文教材呈现较为贫乏的国民样态。依照民族主义理论，国家形象是基于民族共同精神血脉形成的，其本质是以人的核心的精神风貌与行为表现的综合样态，其是一国之所以为国的根本。语文教材以最小的比重呈现国民要素，展现了较为贫乏的民众样态。

依照人类基本价值观理论，社会群体依照客体对自身重要性程度作出选择与决策。从此角度上来看，义务教育统编版语文教材中物质要素、文化要素、政治要素与国民要素占比的差异，主要体现了语文教材这一微观教学话语空间中权力主体对于国家形象表征要素所赋予不同的权重，即权力主体们认为国家形象表征要素的价值序列依次为物质要素、文化要素、政治要素、国民要素。这进一步揭示了义务教育统编版语文教材：最为关注物质要素，最为注重国家形象客体样态；较为关注文化要素，较为注重国家形象的历史文化样态；关注政治要素，注重国家形象中权力属性表征；较为不关注国民要素，较为不注重国家形象中个人属性表征。而2001年发布的《基础教育课程改革纲要（试行）》与2011年发布的《义务教育语文课程标准》中关于国家形象表征的话语中，如"爱国主义""集体主义精神""中华民族的优秀传统文化和革命文化""社会公德""世界观、人生观、价值观"等描述并未呈现出特定价值偏向。这种在语文教材国家形象表征总体状况与语文课程标准间的价值权重差异，体现了课程实施过程中文本课程与理解课程间的现实差异，可能说明义务教育统编版语文教材国家形象表征，在具体化语文课程标准中国家形象话语过程中，最大限度地借助物质要素作为载体，最小限度地利用国民要素作为载体。

第二节 语文教材国家形象表征的具体状况

一 物质要素呈现具体状况

物质要素上，领土主权主题占比4.84%，地理风貌主题占比26.88%，生态环境主题占比7.02%，科学技术主题占比3.05%。其中，地理风貌主题占比最大，科学技术主题占比最小。

物质要素上，领土主权是物质要素之基，"没有领土，何谈国家"，更是国家形象表征之基。地理风貌是物质要素中最具象化的要素，是物质要素之形。生态环境是物质要素中最具人化属性的要素，是对人与自然间关系的反映，是物质要素之本。科学技术是物质要素中最具前瞻性的要素，是基于人类对自然规律的合理化应用，是物质要素之效。物质要素上，地理风貌主题占比最大（26.88%），甚至超过四项主体要素平均比重25%，这即说明物质要素展现了最为丰富的国家地理样态，而科学技术主题占比最小（3.05%），这即说明物质要素展现了较为贫乏的国家科技样态。从物质要素呈现具体状况来看，义务教育统编版语文教材最为重视物质要素中最为形化、具体化的表征，最不关注物质要素实际效用的表征。依照人类基本价值观理论，社会群体依照客体对自身重要性程度作出选择与决策。义务教育统编版语文教材作为微观教学话语空间，各方权力主体对于物质要素具体主题赋予不同的权重，即在物质要素上，权力主体认为各表征主题的价值序列依次为地理风貌、生态环境、领土主权、科学技术。这进一步揭示义务教育统编版语文教材中物质要素：最为关注地理风貌表征，最为注重物质要素之形；较为关注生态环境表征，较为注重物质要素之本；关注领土主权表征，注重物质要素之基；较为不关注科学技术表征，较为不关注物质要素之效。

二 文化要素呈现具体状况

文化要素上，文化遗产主题占比较大（12.08%），民俗习惯主题占比稍小（8.92%）。

文化要素上，文化遗产是文化要素中具有客体属性的成分，其是熔铸民族记忆的重要依托。民俗习惯是文化要素中具有主体属性的成分，其是形成民族统一化行为模式的重要依托。文化要素上，文化遗产占比较大，超出两项主题平均比重（10.05%），民俗习惯占比稍小，小于两项主题平均比重，这即说明，文化要素展现相对较为丰富的历史文化遗产样态，以及相对贫乏的民俗习惯样态。这表示，在文化要素上，相对较为关注客体属性的表征，较为关注民族记忆的塑造，相对较少关注主题属性成分，相对较少关注统一化民族行为模式。

三 政治要素呈现具体状况

政治要素上，政治人物主题占比较大（11.10%），政治行为主题占比稍小（8.38%）。

政治要素上，政治人物即政权治理中的主体人物，其指向国家治理中的权力主体，其是政治要素中具有支配属性的成分，是牵引社会全体成员向心力的重要力量。政治行为即政权治理中的行为，其指向国家治理中权力主体所支配的行为，其是政治要素中具有实践属性的成分，是规范化社会管理的基本操作。政治要素上，政治人物占比较大，超出两项主题平均比重（9.74%），政治行为占比稍小，小于两项主题平均比重，这即说明，政治要素展现相对较为丰富的国家治理权力主体基本样态，以及相对贫乏的权力主体所支配的行为样态。这表示，在政治要素上，相对较为关注政权治理中的主体人物，较为关注政治要素支配属性的表征，相对较少关注政权治理中的行为，相对较少关注政治要素实践属性的表征。

四 国民要素呈现状况

国民要素上，精神风貌主题占比较大（10.17%），典型行为主题占比稍小（7.56%）。

国民要素上，精神风貌即国民所给予人的感觉与印象，其指向一国普通民众在能力、气质等方面的综合表现，其是国民要素中具有内隐属性的成分，是彰示社会全体成员集体价值的窗口。典型行为即国民所表现出的外显行为，其指向一国普通民众在日常生活、具体事件等方面的实践活动，是渗透社会全体成员行为规范的主要依托。国民要素上，精神风貌占比较大，超出两项主题平均比重（8.87%），典型行为占比稍小，小于两项主题平均比重，这即说明，国民要素展现相对较为丰富的国民精神风貌样态，以及相对贫乏的国民行为样态。这表示，在国民要素上，相对较为关注普通民众所呈现出的精神氛围，较为关注国民要素内隐属性的表征，相对较少关注普通民众所表现出的行为，相对较少关注国民要素外显行为的表征。

第三节 关于语文教材国家形象表征特征的讨论

基于以上分析可知，义务教育统编版语文教材国家形象表征维度的总体状况与具体状况。而总体状况与具体状况必须置于语文教材选文主题及其内在逻辑下加以分析，才能获取实在的意义。因此，本部分以国家形象表征维度数量化关系背后的隐性内涵为核心，以此揭示语文教材国家形象表征的特征。

一 物质要素占比最大，存在表征主题偏向

物质要素的表征关键要点来自两部分：一是选文以物质要素为主题；二是选文以多种要素融合为主题，物质要素为其中一部分。物质要素涉及较为广泛的选文主题，且强调领土主权主题与科学技术主题的重要性。

（一）涉及最为广泛的选文范畴，使物质要素占比最大

物质要素通过领土主权（领陆、领海、领空）、地理风貌（人文地理风貌、自然地理风貌）、生态环境（生物个体间互动、生物与环境间互动）、科学技术（科学探索、技术革新）四个主题来体现。

第四章 语文教材国家形象表征状况分析

从选文数量上来说，义务教育统编版语文教材以单一物质要素作为主题的选文共79篇，以融合要素作为主题的选文共25篇，约占选文总量（223篇）的46.64%。

从选文主题上来说，义务教育统编版语文教材涵盖物质要素的主题具有以下特征：第一，选文主题多取材于长江流域、黄河流域辐射的区域。描写长江流域及其辐射区域的包括以下方面：一是描写长江水的景色。如，《三峡》《岳阳楼记》《黄鹤楼》《望洞庭》等；二是描写长江流域地理景观。如，《在长江源头格拉丹东》《望天门山》《望庐山瀑布》等；三是描写长江流经区域的景色。如《昆明的雨》《送杜少府之任蜀州》等。从长江水的"浩浩荡荡"，到长江流域地理景观的"层峦叠嶂"，再到长江流域重点区域的"气象万千"，勾勒出长江流域广阔的区域范围，多变的自然风貌以及丰富的人文地理样态。描写黄河流域及其辐射区域的包括以下方面：一是黄河的水。如《壶口瀑布》《黄河颂》；二是描写黄河流域典型景观。如《望岳》《咸阳城东楼》等；三是描写黄河流域重点区域。如《凉州词》《济南的冬天》等。从黄河水的"浊流宛转"，到黄河流域典型景观的"杨柳似汀州"，再到黄河流域重点区域的"春风不度玉门关"，刻画了黄河流域东西延绵悠长，沿途景色优美，以及浓厚的军事、战略内涵。第二，选文关注生态与环境间互动主题。一方面，渗透人类和谐改造自然为己所用景象。如《葡萄沟》生动呈现出新疆吐鲁番葡萄沟的自然环境与人民智慧间的积极互动。另一方面，描绘人类与自然和谐共生的景象。如"野旷天低树，江清月近人""两岸猿声啼不住，轻舟已过万重山"，将人、动物与环境间和谐共生的关系一语道破。第三，选文偏好于"土地"主题。一是以领土主权沦丧作为主题。如《我爱这土地》《土地的誓言》，两篇选文诞生于1938年与1941年，彼时的中国正处于风雨飘摇、主权沦丧的黑暗时期，把"土地"作为国家的表征，将对祖国、对土地的眷恋融入其中。二是以领土范围内彰示主权意义的地理区域为主题。如《七子之歌》《美丽的小兴安岭》《日月潭》等，这些选文通过对香港、澳门、台湾以及领土边境内容的呈现，体现了国家对领土的绝对掌控。第四，选文关注传统与现代的科学技术主题。一是以先进科学技术创新成果为主题。如《太空一日》《一着惊海天——目击我国航母舰载战斗机首架次成功着舰》等，将21世纪以来中国航空航天领域、军事领域等方面的科学技术发突破性进展作为选文主题，呈现了当代中国的科技形象。二是以传统技术成果为主题。如《中国石拱桥》《纸的发明》等，将从古至今存在的，且在不断发展的科学技术领域作为选文主题，呈现出传统中国的科技形象。

语文教材中物质要素呈现占比最大的实然样态，具有一定的合理性。首先，从国家形象的源头，即客体国家存在的角度来说，物质要素是国家得以建立基础性要素，为国家的建立以及发展提供物质保障。"国家"的词源显示，其包含地理层面、政治层面、民族层面，而地理层面是一个国家存在的基础层面。在此意义上，物质要素占比最大，体现了对国家发展基础性要素的重视。其次，从语文教材中国家实然样态的角度来说，物质要素涉猎的占比较大的选文主题，都具有一定的历史与现实依据。一是，地理风貌主题占比最大，并且以长江流域与黄河流域及其辐射的区域为主。长江流域与黄河流域及其辐射的区域是中华文明诞生之地，也是从古至今中国重要经济、人文、政治交流中心。这类主题占比最大，通过对中华文明之根的溯源，进行国家形象表征。二是，生态环境主题既是对中国古代哲学中"天人合一"思想的融合，又是对中国生态文明现代化建设理念的落实。

（二）存在领土与科学选文主题的偏向性，使物质要素具有主权属性

领土主权即国家对其领土范围内土地、海域、天空以及人的掌控权，在此处特指领土区域。领土主权是国家成为独立政治共同体的先决条件，是国之为国的重要物质保障。科学技术即"科学"与"技术"的统称，前者特指从自然现象中发现一般理论规律，后者特指在自然原理之上衍生的实践中通用的方法、工具、媒介等。科学技术是一个国家进步与发展的直接动力。科学技术作为第一生产力，在推动国家硬实力发展的同时，也成为树立当代国家形象的决定性要素，在义务教育统编版语文教材中添加这类主题，即是用来表征新时代中国的重要元素。义务教育统编版语文教材中物质要素涉及的选文中极力凸显领土主权与科学技术主题。领土主题在选文中体现为：以显性地方式宣示领土主权，用以强化领土形象。如，《日月潭》开篇"日月潭是我国台湾地区最大的一个湖"；《土地的誓言》开篇"对于广大的关东原野，我心里怀着炽痛的热爱"；《七子之歌》中

第四章 语文教材国家形象表征状况分析

"叫我一声'澳门'!母亲!我要回来,母亲"。这些选文直接点名领土主权主题。将科学技术要素作为新兴主题。如《太空一日》开篇"9时整,火箭尾部发出巨大的轰鸣声,数百吨高能燃料开始燃烧,八台发动机同时喷出炽热的火焰,高温高速的气体,几秒钟就把发射台下的上千吨水化为蒸气。火箭起飞了……";《一着惊海天——目击我国航母舰载战斗机首架次成功着舰》中"声如千骑疾,气卷万山来。惊心动魄的一幕出现了:9时08分,伴随震耳欲聋的喷气式发动机轰鸣声,眨眼之间,舰载机的两个主轮触到航母甲板上,机腹后方的尾钩牢牢地挂住了第二道阻拦索……"这些选文重点描绘了中国在科学技术上的突破。

领土与科学主题是极具主权属性的要素,使得物质要素显性地表征国家。首先,领土是表征国家主权的传统符号。领土是民族国家建立的基础,可以说,传统民族国家概念是在领土概念基础之上建立起来的。从古代划分城池边界,到现代划分国界,领土都与主权联系在一起。其次,科学是表征国家主权延伸程度的符号。科学技术的发展,使得原本建立在领土概念之上的主权概念有所弹性。例如,美苏争霸期间的"太空大战",将争权重心从地球转向外太空,科学技术为主权空间拓展提供了条件。而科学技术高速发展的今天,随着科学技术领域的不断拓展,世界格局也在悄然发生着变化,传统战略要地由于科学技术的进步而出现跨越空间的"位移",这使得主权概念也从传统意义上的领土,拓展到了其他方面。因此,领土主题与科学主题,从传统主权与现代主权两个维度表征了国家,使得物质要素具有主权特征。

尽管义务教育统编版语文教材中领土与科学主题的呈现具有典型意义,但两个主题内容覆盖面小,总体占比小,需进行一定的改进。对于领土主题来说,领陆占比最大,领空与领海占比过小,这说明语文教材中主要以领土概念表征主权,对领空(占比0.16%)与领海(占比0.33%)概念关注不足。而中国领海、领空覆盖范围巨大,也是国家领土主权的重要范畴,在表征过程中应该增大两主题的比例。对于科学技术主题来说,科学(0.76%)与技术(2.99%)两个主题占比都较小,这说明语文教材对科学技术关注程度较低,这与中国科学技术领域高速发展的实然样态相矛盾,不能现实地表征国家。综上所述,语文教材需加强对领陆、领海以及科学技术主题的关注。

二 文化要素占比较大，表征主题呈现类别差异

文化要素通过文化遗产（非物质遗产、物质遗产），民俗习惯（物质生活风俗、社会生活风俗、精神生活风俗）来体现。义务教育统编版语文教材中文化要素涉及的选文主题较为集中，文化遗产主题与民俗习惯主题在具体表达逻辑上有差异。

（一）选文主题类别分化，使文化要素呈现占比差异

文化要素涉及的文化遗产与民俗习惯两类主题，在不同类别主题选文中加以表征。在选文数量上，文化遗产（25篇）与民俗习惯（20篇）两类主题较集中分布在45篇选文中。在选文具体主题上，文化遗产集中呈现在以下主题选文中。一是，以经典古代建筑为主题。如《故宫博物院》《苏州园林》等。以历史遗留下来的古建筑为主题，从简介建筑的历史，到描绘建筑的特征，再到解说建筑的技术，充分展现中国古代文化形象。二是，以传统艺术为主题。如《核舟记》《京剧趣谈》等，这些选文重在描绘那些凭借人与人之间世代相传而得以传承的艺术与技艺，详细展现其内在精妙之处，将中国古代文化形象凝聚在传统匠人的技艺上。三是，以古代文学作品、神话故事为主题。如《女娲造人》《猴王出世》等。这些文学作品中的人物已成为中国传统文化中的典型人物，一经提及，就可勾起几代人的集体记忆。人是文化的创造者，中国历史文化进程中无数充满智慧的劳动人民是历史文化遗产的创造者、亲历者、传递者，他们改造了客观事物，也创造了属于中华民族的丰厚文化遗产，为中国国家形象的塑造提供厚重的文化积淀。而民俗习惯主题集中在以下主题选文中。首先，涵盖中原区域传统民俗风俗。如《北京的春节》《十五夜望月》等。这些选文将汉民族传统节日作为主题，展现出不同时节下中原地域内人们不同的生产生活方式。其次，地方区域传统民俗风俗为主题。如《五猖会》《安塞腰鼓》等。这些选文以地方民族风俗为主题，描绘了充满地方特色的生产生活方式。无论是中原区域传统民俗风俗，还是带有地方区域特色的风俗，都是中华民族传统民俗风俗的写照，是中华大地地域多样性的反映。选文中两类主题从数量与具体内容分布上都存在着差异。

语文教材中文化要素占比较大，具有一定的合理性。首先，就文化本

体价值来说，中华民族优秀传统文化是中华民族的力量之源，是中华民族最本源的精神归宿。在此层面上，语文教材中文化要素占比较大，体现了国家对文化的重视程度。其次，就语文教材中国家文化要素而言，文化遗产与民俗习惯主题类别分化具有现实依据。就文化遗产而言，无论是物质遗产，还是非物质遗产，它们的共同点是人类改造世界生成的技艺、艺术范畴的产物，这些产物凝聚了先贤的智慧。就民俗习惯而言，物质生活风俗、社会生活风俗以及精神生活风俗的共同点是从古延续至今，依旧对人们日常生产生活产生影响，这类内容是对前人生产生活习惯的继承，体现了传承意识。这两类主题共同构成文化形象，具有典型历史文化特征。

而民俗习惯主题聚焦了中原地区人民生产生活的习惯，对少数民族地区虽有涉及，但占比较少，这存在一定的局限性。新时代以来，中国在处理民族问题上不断强化"多元一体"的理论思想。2019年，在全国民族团结进步表彰大会上，习近平同志指出"中华民族多元一体是先人们留给我们的丰厚遗产，也是我国发展的巨大优势"[1]。基于多元一体的中华民族共同体意识建构，一直是党和国家民族教育的重点。而语文教材中文化要素中也应纳入"多元一体"的民族样态，来促进学生理解"多元一体"的重要概念。因此，应适当纳入"多元一体"的主题。

（二）选文体裁的差异化，使文化遗产与民俗习惯表征方式差异化

历史文化遗产即在历史长河中留下的物质遗产与非物质遗产，是传统物质文明的浓缩，是一个民族集体智慧的象征。民俗习惯即指特定文化区域内形成固定行为方式，是特定地区生产生活方式的反映。义务教育统编版语文教材选文以不同逻辑呈现两类主题，造成两类主题表征方式的差异化。在文化遗产主题表达过程中，选文以应用文为主，文中采用中性词语来陈述历史、描述现状及其特征，如《京剧趣谈》中"京剧还有一种奇特之处：双方正在对打，激烈到简直是风雨不透，台下看的人非常紧张，一个个大气儿不敢出，都把眼睛睁得大大的，唯恐在一眨眼间，谁就把对方给'杀'了……"，整句用词平实，但生动地描绘京剧表演的场景。而在民俗习惯主题表达过程中，选文多以文艺文为主，选文内容带有较为明确

---

[1] 中共中央党史和文献研究院：《十九大以来重要文献选编》中册，中央文献出版社2021年版，第213页。

情感倾向的词句来表达，如《安塞腰鼓》中"这腰鼓，使冰冷的空气立即变得燥热了，使恬静的阳光立即变得飞溅了，使困倦的世界立即变得亢奋了……"；《十五夜望月》中"今夜月明人尽望，不知秋思落谁家"。选文在表征民俗习惯主题时，常会选择情感倾向较为明朗的话语组织逻辑。

文化要素中文化遗产主题与民俗习惯主题分布在不同类型选文中，以差异化的话语逻辑进行建构，这在一定程度上反映了语文教材编写者对文化遗产主题与民俗习惯的偏好程度，这存在一定的局限性。就文化遗产与民俗习惯两主题在文化要素中所持权重而言，两者间处于同等权重层面，不存在理论上的偏向。两主题从理论上来说，不应呈现差异化的选文分布、差异化的表征话语逻辑。因此，在此后选文过程中应注重文化遗产主题与民俗习惯主题在内容呈现数量以及呈现方式上加以平衡。

三　政治要素占比较小，表征主题取向鲜明

政治要素通过政治人物（政治事件中人物、政权中执掌权力的人物）、政治行为（对内政治行为、对外政治行为）来体现。义务教育统编版语文教材中政治要素分布于政治立场较为明确的选文中，在政治人物主题与政治行为主题上各有侧重。

（一）选文政治立场明确，使政治要素呈现不同取向

与其他要素相比，政治要素涉及的选文政治立场较为鲜明。主要体现在以下两方面：一是充分肯定中国共产党是解放人民、服务人民的先锋。中国共产党是带领中国人民从积贫羸弱到站起来、富起来，再到强起来的核心领导力量，是实现中华民族伟大复兴的中国梦的坚实后盾。首先，以中国共产党领导中国革命事业为主题。如《七律长征》《为中华之崛起而读书》《最后一次演讲》等。这类选文以典型政治人物（如毛泽东、周恩来）作为中国共产党人的代表，展现了中国共产党人决心投身革命事业，以解放人民为己任的崇高理想与积极实践。其次，以中国共产党人奉献于革命事业作为主题。如《黄继光》《狼牙山五壮士》等。这类选文以描绘中国共产党人为人民解放事业牺牲为主题，烘托中国共产党人无私奉献，为人民解放事业前仆后继，贡献终身的精神。最后，以中国共产党服务于

中国人民为主题。如《吃水不忘挖井人》《朱德的扁担》《邓小平植树》等。这类选文以典型政治人物服务于人民为主题，将中国共产党代表人民最根本利益的宗旨贯彻其中。从对中国革命事业的贡献，到对中国人民生活发展的重视，中国共产党一直是保障人民生命安全、幸福生活的主力军，是中国国家形象的典型表征。义务教育统编版语文教材以红色基因打牢国家形象的政治底色。二是描写了中国各时期的战争画面，既表达对战争这一政治行为的厌恶与反对，也表达对摆脱战争、维护和平的坚定信念，从这两个层面勾勒国家政治形象。无论是对待国家政权的态度，还是对待战争的态度，都呈现出鲜明的政治立场。肯定中国共产党人领导、维护和平的行为，同时也反对分裂政权之人以及发动战争的行为。

语文教材中政治要素分布在不同政治立场的选文主题中，具有一定的现实依据。2016 年，在全国高校思想政治工作会议上，习近平同志明确指出"教材建设是育人育才的重要依托。建设什么样的教材体系、核心教材传授什么内容、倡导什么价值，体现国家意志，是国家事权"[①]。其后，中办、国办联合印发《关于加强和改进新形势下大中小学教材建设的意见》，从国家制度层面对"教材建设是国家事权"进行定位。本书所选用的义务教育统编版语文教材产生于这一现实背景下，自然而然承载了践行国家意志的任务。在国家意志之下，政治方向、政治标准等都以显性或者隐性的方式融入教材中，这使得教材中的内容自然存在政治立场。因此，作为意识形态属性较强的教材之一，语文教材中政治要素呈现出鲜明政治立场是符合国家教材治理要求的。

（二）选文主题类型化，使政治要素表征主题间呈现差异化特征

政治要素在政治人物与政治行为表征主题上的差异化特征，与选文主题类型化有着密切关系。关于政治要素的选文主题大体分为以下几种类型。一是人物素描类。如《为中华之崛起而读书》描绘周恩来的立志报国的责任感与使命感；《朱德的扁担》描绘朱德与战士同甘共苦的生活样态；《黄继光》描绘黄继光舍小我为大我的革命英雄主义精神。二是治国理政

---

① 《擦亮"中国底色"的统编三科教材》，2018 年 1 月，中华人民共和国教育部网站（http：//www.moe.gov.cn/jyb_ xwfb/moe_ 2082/zl_ 2018n/2018_ 03/201801/t20180115_ 324617.html）。

类。这部分以呈现政权内部的多种政治行为为主。政权内部的政治行为是指政府、政党等进行的权力活动以及其内部权力关系的总和,可牵动社会成员的集体利益。首先,关注政权内部人员间关系。如《将相和》《邹忌讽齐王纳谏》《出师表》等。这类选文呈现了专制主义中央集权制下的君臣关系,无论是臣与臣之间的"破"与"和",还是君与臣之间的"劝"与"谏",皆展现了政治集团内部权力体间相互影响的基本样态。其次,关注政权内部的政治仪式。如《开国大典》《升国旗》等。这类选文描绘了重要的政治仪式,通过政治仪式的呈现塑造个体的政治意识。最后,关注政权内部的政治行为。如《大青树下的小学》《我多想去看看》等。这类选文将中国民族政策形象化,把民族团结与民族平等的理念渗透其中。政权内部的政治行为展现一国政权的治理能力,是执政形象的表征,在义务教育统编版语文教材中成为政治要素的典型表征。三是极端政治行为类。如战争即是一种极端政治行为的表现,牵涉政治、经济、领土、军事等多方面,可对社会成员的利益产生巨大影响。义务教育统编版语文教材描写了中国各时期的战争画面。首先,呈现了古代战争场景。如《山坡羊·骊山怀古》《山坡羊·潼关怀古》《从军行》《赤壁》《春望》《别云间》《南安军》等。从秦朝时期荒淫奢靡与争权夺位,到三国时期的天下三分,到唐朝安史之乱,再到宋朝金兵入侵,一幅幅古代战争画面跃然纸上,勾勒出古代政治形象。其次,呈现了近现代战争场景。如《就英法联军远征中国致巴特勒上尉的信》《人民解放军百万大军横渡长江》《我三十万大军胜利南渡长江》《梅岭三章》等。从近代八国联军侵华战争,到现代的抗日战争、解放战争,将中国近现代屈辱史、抗争史以文学化的方式加以呈现,勾勒出中国近现代抗争的形象。最后,呈现中华人民共和国成立后的战争事件。如《青山处处埋白骨》。描绘中华人民共和国成立后发生的抗美援朝事件,通过这一事件传递出强烈的世界主义精神,以及爱好和平、捍卫和平、反对侵略的意志与决心。从政治人物的素描,到治国理政类内容的呈现,再到极端政治行为的描绘,选文主题的类型化特征极为鲜明,这直接影响政治要素表征主题的差异化分布。

　　语文教材中政治要素表征主题呈现差异化样态具有一定的现实合理性。上文提及,本书中涉及的义务教育统编版语文教材,在编写、审定、选用过程中,将党和国家的政治立场、政治方向与政治标准已逐渐转化到教材内容中。因此，语文教材中政治要素的价值取向，导向语文教材中政治要素存在主题侧重，这使得语文教材在政治人物（政治事件中的人物占比 6.69% 与政权中执掌权力的人物占比 4.41%）与政治行为（对内政治行为占比 6.04% 与对外政治行为占比 2.34%）主题的比重不同，尤其体现了对外政治行为（主要包含战争事件）的排斥。这与党和国家一贯坚持的"和平发展道路"内涵相一致。

四 国民要素占比最小，表征主题存在偏向

国民要素通过精神风貌（面向国家、面向社会与个人）、典型行为（积极行为、消极行为）来体现。义务教育统编版语文教材中国民形象表征分布于政治立场较为明确的选文中，在精神风貌主题与典型行为主题上各有侧重。

（一）选文范畴窄化，使国民要素占比最小

与其他要素相比，国民要素占比最小，这是由涉及国民要素选文范畴窄化引起的。具体来说，义务教育统编版语文教材中国民要素涉及两类选文。一是描绘人的精神风貌。如《爱莲说》《我不能失信》《陈太丘与友期行》《应有格物致知精神》《邓稼先》《金色的鱼钩》等。二是描绘个人的典型行为。如《孔乙己》《卖炭翁》等。这两类主题选文几乎贯穿所有国民要素的选文主题。国民形象表征局限在单一主题选文中，而未拓展到多主题融合的选文中，这导致国民要素仅局限在部分选文范畴内。

语文教材中国民要素占比最小的实然样态，存在一定的局限性。从国家本源来说，国家之所以为国家，其必须包含"土地、政府与人"三要素。在现代国家中，"人"即指向国民。国民是与土地、政府同等权重的要素，其比重应该与其他要素间尽可能地保持一致水平。因此，语文教材中国民要素应适当增加。

（二）选文主题存在价值偏向性，使国民要素呈现两极化取向

义务教育统编版语文教材中国民要素涉及的选文主题存在两极偏向性，使国民要素呈现两极化取向。主要体现为两方面：一是颂扬"修身"的典型人物。描绘的典型人物以实践儒家价值体系为标准，并极力弘扬典型人物所负载的价值观念。首先，面向个人与社会的精神风貌。如《爱莲

说》《我不能失信》《陈太丘与友期行》等。这类选文以日常生活中所暗含的道德标准、价值准则为焦点，赞扬个人的精神风貌，以己及人，并为社会提供典型的价值标准。其次，面向国家的精神风貌。如《应有格物致知精神》《邓稼先》《金色的鱼钩》等。这类选文通过描绘个体在个人利益与国家利益之间的抉择，将"治国""平天下"的理念融入其中，赞美个人为国奉献的无私精神。无论是面向个人与社会，还是面向国家，义务教育统编版语文教材中描绘的典型人物身上所负载的价值观念，不仅反映了儒家价值体系，还与社会主义核心价值观内涵相吻合，这为引导、修正个体行为提供基础。二是排斥封建糟粕行为。义务教育统编版语文教材也呈现了具有消极行为特征的典型人物，并极力批判消极行为背后存在的社会问题。如《孔乙己》《卖炭翁》等。无论是批判封建教条主义，还是批判封建官僚的压迫，都将描绘的焦点聚在人物行为，重在透过个体外在行为揭示封建社会的本质。实际上，这是"反封"的典型表征。正是由于选文主题肯定国民身上积极层面，以及排斥国民身上的消极层面这一鲜明对比，使得国民要素呈现差异化取向。

  语文教材中国民要素两极化取向背后存在一个典型的问题。典型行为主题上，积极行为占比5.50%，消极行为占比2.07%，相差2倍之多，这表明当前语文教材中国民要素对于消极行为主题的关注较少。而对于客体国民而言，积极行为与消极行为正如一个硬币的两面，两面合一才会构成完整的个体。语文教材中国民要素表征过程中应适当添加典型消极行为主题，来表征完整的国民形象。国民要素多面化表征，可在一定程度上，促进立体化的国家话语空间生成，这有利于学生更深刻地认识国家。

第五章
语文教材国家形象表征学段差异分析

本章对各学段语文教材国家形象表征要素的差异进行分析，并阐释了各学段语文教材国家形象表征要素差异的基本特征。

第一节 语文教材国家形象表征的学段差异总体状况

对第一学段（1—2年级）、第二学段（3—4年级）、第三学段（5—6年级）、第四学段（7—9年级）间国家形象表征要素进行弗里德曼检验，可知学段效应显著，$\chi^2=42.75$，$p<0.001$。对四个学段间进行威尔科克森符号秩检验。

第四学段国家形象表征要素显著多于第一学段（$z=-4.11$，$p<0.001$），显著多于第二学段（$z=-4.11$，$p<0.001$），显著多于第三学段（$z=-3.95$，$p<0.001$）。

第三学段国家形象表征要素显著多于第一学段（$z=-2.64$，$p<0.01$），与第二学段间差异不显著。

第二学段国家形象表征要素显著多于第一学段（$z=-2.41$，$p<0.05$）。

从上述结果来看，学段间国家形象表征要素大体上呈现出随着学段提升而逐渐增加的样态。这说明，国家形象表征要素随着学段提升而不断丰富，无论是国家形象表征要点数量上，还是国家形象表征内容深度上，都呈现出鲜明的学段效应。具体来说，一方面，依照《义务教育语文课程标准（2011年版）》，各学段目标与内容随着学段升高，内容难度逐渐增加，内容知识含量逐渐增加，因此，语文教材在落实语文课程目标过程中，具体内容与数量伴随学段升高逐级递增。语文教材国家形象表征附着在语文教材内容上，呈现学习进阶样态；另一方面，基于认知心理学理论，随着认知水平提高，学生对概念的理解逐渐复杂化、结构化，基于此，语文教材内容编排在学段间与学段内表现出心理延展性。语文教材国家形象表征呈现出与心理发展规律相符的进阶样态。

第二节　语文教材国家形象表征的学段差异具体状况

一　语文教材国家形象表征维度各学段间差异具体状况

（一）语文教材中物质要素的学段差异状况

对第一学段（1—2年级）、第二学段（3—4年级）、第三学段（5—6年级）、第四学段（7—9年级）间物质要素进行弗里德曼检验，可知学段效应显著，$\chi^2 = 30.07$，$p < 0.001$。对四个学段间进行威尔科克森符号秩检验。

第四学段物质要素显著多于第一学段（$z = -3.52$，$p < 0.001$），显著多于第二学段（$z = -3.20$，$p < 0.01$），显著多于第三学段（$z = -3.52$，$p < 0.001$）。

第三学段物质要素显著多于第二学段（$z = -2.28$，$p < 0.05$），与第一学段间差异不显著。

第二学段物质要素显著多于第一学段（$z = -2.07$，$p < 0.05$）。

从上述结果来看，学段间物质要素大体上呈现出随着学段提升而逐渐增加的样态。这说明，物质要素随着学段提升而不断丰富，无论是表征要点数量上，还是表征内容深度上，都呈现出显著的学段效应，即语文教材中物质要素呈现学习进阶样态。

(二) 语文教材中文化要素的学段差异状况

对四个学段文化要素进行弗里德曼检验,可知年级效应显著,$\chi^2 = 8.86$,$p<0.05$。对四个学段间进行威尔科克森符号秩检验。

第四学段文化要素比第一学段文化要素显著多($z = -2.52$,$p < 0.05$)。其他学段间文化要素差异不显著。

基于上述结果,文化要素仅在第一与第四学段间呈现显著差异,其他学段间差异不显著。这说明,文化要素总体上呈现随着学段提升而不断丰富的趋势,但在第二、第三学段间,文化要素的要点数量上呈现出较为一致的样态。总体来说,语文教材中文化要素呈现出学习进阶的趋势,即大体遵循了心理发展规律进行表征。

(三) 语文教材中政治要素的学段差异状况

对四个学段政治要素进行弗里德曼检验,可知学段效应不显著,$\chi^2 = 6.80$,$p>0.05$。

基于上述结果,所有学段间的政治要素的要点数量呈现出较为稳定、一致的样态。因此,语文教材中政治要素未呈现出显著的学段效应,即未出现学习进阶的样态。这也进一步指出,语文教材中政治要素未遵照心理发展规律进行表征。

(四) 语文教材中国民要素的学段差异状况

对四个学段国民要素进行弗里德曼检验,可知学段效应显著,$\chi^2 = 17.88$,$p<0.01$。对四个学段间进行威尔科克森符号秩检验。

第四学段国民要素显著多于第三学段($z = -2.52$,$p<0.05$),显著多于第二学段($z = -2.52$,$p<0.05$),显著多于第一学段($z = -2.52$,$p<0.05$)。

第三学段国民要素与第一学段、第二学段间差异均不显著。

第二学段国民要素显著多于第一学段($z = -1.99$,$p<0.05$)。

上述结果显示,国民形象要素出现不完全学段效应。具体来说,国民要素总体上呈现随着学段提升而不断丰富的趋势,但在第二、第三学段间,国民要素的要点数量上呈现出较为稳定、一致的样态。总体上,语文教材中国民要素仅呈现出学习进阶的趋势,即大体上遵循了心理发展规律进行表征。

二 语文教材国家形象表征维度各学段上差异具体状况

(一) 第一学段语文教材国家形象表征维度差异具体状况

第一学段语文教材中,物质要素最多(4.03%),国民要素最少(0.38%)。见表 5-1。这即说明,第一学段上,语文教材中物质要素最为丰富,国民要素最为贫乏。这表示,第一学段语文教材最为重视国家形象之客观属性的表征,最为关注国家硬实力样态,最为不重视国家形象之个人属性的表征,最为不关注国家普通民众现实样态。

表 5-1 第一学段统编版语文教材国家形象表征关键要点频数分布情况

表征要素	主题	具体要素	具体要素出现频次	具体要素所占百分比(%)	主题所占百分比(%)	表征要素所占百分比(%)
物质要素	领土主权	领陆	13	0.70	0.75	4.03
		领海	1	0.05		
		领空	0	0		
	地理风貌	人文地理风貌	17	0.94	2.30	
		自然地理风貌	25	1.36		
	生态环境	生物个体间互动	9	0.49	0.71	
		生物与环境间互动	4	0.22		
	科学技术	科学探索	4	0.22	0.27	
		技术革新	1	0.05		
文化要素	文化遗产	非物质遗产	5	0.27	0.32	1.83
		物质遗产	1	0.05		
	民俗习惯	物质生活民俗	7	0.38	1.51	
		社会生活民俗	19	1.13		
		精神生活民俗	0	0		
政治要素	政治人物	政治事件中的人物	1	0.05	0.87	1.25
		政权中执掌权力的人物	15	0.82		
	政治行为	对内政治行为	4	0.22	0.38	
		对外政治行为	3	0.16		

第五章 语文教材国家形象表征学段差异分析

续表

表征要素	主题	具体要素	具体要素出现频次	具体要素所占百分比（%）	主题所占百分比（%）	表征要素所占百分比（%）
国民要素	精神风貌	面向国家	2	0.11	0.33	0.38
		面向社会与个人	4	0.22		
	典型行为	积极行为	1	0.05	0.05	
		消极行为	0	0		

（二）第二学段语文教材国家形象表征维度差异具体状况

第二学段语文教材中，物质要素最多（7.02%），文化要素最少（1.69%）。见表5-2。这说明，第二学段上，语文教材中物质要素最为丰富，文化要素最为贫乏。这表示，第二学段语文教材最为重视国家形象之客观属性的表征，最为关注国家硬实力样态，最为不重视国家形象之历史文化属性的表征，最为不关注国家软性力量。

表5-2 第二学段统编版语文教材国家形象表征关键要点频数分布情况

表征要素	主题	具体要素	具体要素出现频次	具体要素所占百分比（%）	主题所占百分比（%）	表征要素所占百分比（%）
物质要素	领土主权	领陆	17	0.93	1.09	7.02
		领海	2	0.11		
		领空	1	0.05		
	地理风貌	人文地理风貌	24	1.30	4.19	
		自然地理风貌	53	2.88		
	生态环境	生物个体间互动	9	0.49	1.03	
		生物与环境间互动	10	0.54		
	科学技术	科学探索	0	0.00	0.71	
		技术革新	13	0.71		

续表

表征要素	主题	具体要素	具体要素出现频次	具体要素所占百分比(%)	主题所占百分比(%)	表征要素所占百分比(%)
文化要素	文化遗产	非物质遗产	16	0.87	1.19	1.69
		物质遗产	6	0.32		
	民俗习惯	物质生活民俗	2	0.11	0.49	
		社会生活民俗	7	0.38		
		精神生活民俗	0	0.00		
政治要素	政治人物	政治事件中的人物	3	0.16	1.20	1.73
		政权中执掌权力的人物	19	1.04		
	政治行为	对内政治行为	2	0.11	0.55	
		对外政治行为	8	0.44		
国民要素	精神风貌	面向国家	13	0.70	1.08	3.05
		面向社会与个人	7	0.38		
	典型行为	积极行为	34	1.85	1.96	
		消极行为	2	0.11		

（三）第三学段语文教材国家形象表征维度差异具体状况

第三学段语文教材中，文化要素最多（6.04%），国民要素最少（1.52%）。见表5-3。这说明，第三学段上，语文教材中文化要素最为丰富，国民要素最为贫乏。这表示，第三学段语文教材最为重视国家形象之历史文化属性的表征，最为关注国家软性力量，最为不重视国家形象之个人属性的表征，最为不关注国家民众现实样态。

（四）第四学段语文教材国家形象表征维度差异具体状况

第四学段语文教材中，物质要素最多（26.44%），政治要素最少（11.48%）。见表5-4。这说明，第四学段上，语文教材中物质要素最为丰富，政治要素最为贫乏。这表示，第四学段语文教材最为重视国家形象之客观属性的表征，最为关注国家硬实力样态，最为不重视国家形象政治属性的表征。

第五章 语文教材国家形象表征学段差异分析

表 5-3 第三学段统编版语文教材国家形象表征关键要点频数分布情况

表征要素	主题	具体要素	具体要素出现频次	具体要素所占百分比（%）	主题所占百分比（%）	表征要素所占百分比（%）
物质要素	领土主权	领陆	8	0.44	0.44	4.09
		领海	0	0.00		
		领空	0	0.00		
	地理风貌	人文地理风貌	23	1.25	2.40	
		自然地理风貌	21	1.14		
	生态环境	生物个体间互动	8	0.44	1.09	
		生物与环境间互动	12	0.65		
	科学技术	科学探索	0	0.00	0.16	
		技术革新	3	0.16		
文化要素	文化遗产	非物质遗产	51	2.77	4.13	6.04
		物质遗产	25	1.36		
	民俗习惯	物质生活民俗	3	0.16	1.90	
		社会生活民俗	32	1.74		
		精神生活民俗	0	0.00		
政治要素	政治人物	政治事件中的人物	17	0.92	2.01	4.84
		政权中执掌权力的人物	20	1.09		
	政治行为	对内政治行为	40	2.18	2.83	
		对外政治行为	15	0.82		
国民要素	精神风貌	面向国家	14	0.76	1.36	1.52
		面向社会与个人	11	0.60		
	典型行为	积极行为	3	0.16	0.16	
		消极行为	0	0.00		

表 5-4　第四学段统编版语文教材国家形象表征关键要点频数分布情况

表征要素	主题	具体要素	具体要素出现频次	具体要素所占百分比（%）	主题所占百分比（%）	表征要素所占百分比（%）
物质要素	领土主权	领陆	42	2.29	2.56	26.44
		领海	3	0.16		
		领空	2	0.10		
	地理风貌	人文地理风貌	177	9.63	17.90	
		自然地理风貌	152	8.26		
	生态环境	生物个体间互动	21	1.14	4.08	
		生物与环境间互动	54	2.95		
	科学技术	科学探索	10	0.54	1.90	
		技术革新	25	1.36		
文化要素	文化遗产	非物质遗产	71	3.87	6.47	11.59
		物质遗产	48	2.61		
	民俗习惯	物质生活民俗	42	2.28	5.12	
		社会生活民俗	24	1.30		
		精神生活民俗	28	1.52		
政治要素	政治人物	政治事件中的人物	102	5.55	7.02	11.48
		政权中执掌权力的人物	27	1.47		
	政治行为	对内政治行为	65	3.54	4.46	
		对外政治行为	17	0.92		
国民要素	精神风貌	面向国家	41	2.23	7.41	12.80
		面向社会与个人	95	5.17		
	典型行为	积极行为	63	3.42	5.39	
		消极行为	36	1.96		

第三节　关于语文教材国家形象表征学段差异特征的讨论

基于结果分析可知，义务教育统编版语文教材国家形象表征维度学段

第五章　语文教材国家形象表征学段差异分析

差异总体状况与具体状况。学段差异的总体状况与具体状况须置于语文教材文本语境中加以分析，才能获取实在的意义。因此，本部分将回归语文教材文本，来解读语文教材国家形象表征学段差异特征。

一　物质要素学段间占比差异最为显著

各学段语文教材中物质要素的占比，更高的学段显著多于相对低的学段，各学段间差异显著。这说明各学段物质要素呈现显著学段效应。物质要素随着学段升高，其表征主题（领土主权、地理风貌、生态环境、科学技术）逐渐增加。首先，领土主权主题随学段升高，内容呈现从隐喻到显性。第一学段中，领土主权集中在台湾问题上，以《日月潭》为隐喻的载体，表达出台湾是我国领土不可分割的部分。第二学段中，领土主权以强化本国边境区域掌控权为议题，例如《美丽的小兴安岭》《海滨小城》《富饶的西沙群岛》等，呈现出对中国海域边境、陆地边境的关注。第三学段中，领土主权凸显对本国内陆重点区域的把控，如《草原》《江南春》等，呈现出对中国内陆区域的关注。第四学段中，领土主权主要以领土沦丧为主题，如《土地的誓言》《我爱这土地》以抗日战争时期为历史背景，通过描写对土地的热爱，表达对领土的坚决捍卫。其次，地理风貌主题随学段升高，选文主题范围不断扩大。第一学段中，地理风貌主题以山、水等自然风光为主。如《黄山奇石》《望庐山瀑布》等，以描绘自然风光为主，表达对祖国大好河山的热爱。第二学段中，地理风貌主题开始纳入具有人文意义的区域内容。如《富饶的西沙群岛》《美丽的小兴安岭》，在呈现自然风光的同时，渗透海域、边境概念。第三学段中，地理风貌主题对自然地理风貌与人文地理风貌呈现出更大程度的关注。无论是自然风光类主题选文《江南春》《浣溪沙》等，还是人文地理风貌主题选文《西江月·夜行黄沙道中》《黄鹤楼送孟浩然之广陵》等，在描写地理景观之外，纳入了更加复杂的情感表达。第四学段中，地理风貌主题涉猎范围最大。自然地理风貌主题如《黄河颂》《沁园春·雪》等，贯穿作者对祖国大好河山浓重的爱，地理风貌主题如《潼关》《渡荆门送别》等，开始关注军事战略要地，更多注重借助景物描写所隐喻的历史事件。再次，生态环境主题随着学段升高，内容层次逐渐增加。无论是人与环境间互动主题，还是人与其他生物之间互动主题，均以隐性方式嵌入其他物质要素中。从第一学段中《葡萄沟》渗透的人合理利用自然的主题,到第二学段中《三衢道中》《滁州西涧》《大理寺桃花》等选文大量渗透人与自然和谐共处的主题,到第三学段中《七月的天山》《记金华的双龙洞》等强调人与自然多种关系的主题,再到第四学段中《三峡》《我爱这土地》等选文在生态环境描写的背后,渗透较为深层的价值判断。最后,科学技术主题随着学段升高,占比逐渐加大。科学技术主题,集中出现在第二学段与第四学段,包括《纸的发明》《太空一日》《一着惊海天——目击我国航母舰载战斗机首架次成功着舰》等选文。

语文教材中物质要素随着学段升高,占比逐渐加大,主题逐渐多样化,呈现形式逐渐多样化的状况,其具有一定的合理性。语文教材中物质要素附着在语文知识上,随着语文知识数量、形式等的变化而变化。从语文课程目标上来看,物质要素呈现学段差异与语文课程标准跨学段目标相符。随着学段升高,语文课程标准对"阅读"的要求逐渐提高,选文所涵盖的语文知识数量、语文知识呈现形式、语文知识深度都逐渐增加。从个体发展目标来看,物质要素呈现出学段差异与个体不同阶段认知发展水平相符。义务教育四个学段,个体认知发展水平大体经历皮亚杰认知发展阶段理论中提及的前运算阶段、具体运算阶段与形式运算阶段初期,从具象思维向抽象思维演进,对应语文教材中物质要素,从单一地理风貌主题到复合主题,从分布于记叙文拓展到应用文,从分布于白话文到分布于文言文。两个层面上的差异,促成了语文教材中物质要素的学段差异。

二 文化要素存在跨学段占比差异,在高学段中差异较为突出

文化要素在第四学段中呈现最多,并且显著多于第一学段。这说明第四学段中文化要素分布最为集中。文化要素中文化遗产主题与民族风俗主题随着学段升高,覆盖选文主题增多。首先,文化遗产主题随着学段升高,涉猎主题增多。从第一学段《"贝"的故事》,到第二学段《一幅名扬中外的画》《盘古开天地》《女娲补天》《颐和园》,到第三学段《圆明园的毁灭》《牛郎织女(一)》《有趣的形声字》《故宫博物院》等,再到第四学段《女娲造人》《中国石拱桥》《山水画的意境》等,非物质文化遗产与物质文化遗产比重均加大。其次,民俗习惯主题随着学段升高,涉猎主题增多。从传统习俗如《数九歌》,到传统节日如《寒食》《春节》

《九月九日忆山东兄弟》，再到传统习俗的表征物，如《灯笼》，从低学段到高学段，民俗习惯主题逐渐丰富。

语文教材中文化要素并未出现全学段差异，仅在第四学段与第一学段间出现跨学段差异，这说明文化要素存在一定的局限性。文化要素虽然附着在语文知识上，但并未完全遵循心理发展规律，也未完全遵照语文课程目标，呈现跨越性表征，即第一至第三学段间未出现学段差异，第三至第四学段间未出现学段差异，只有第四与第一学段间出现典型差异。这说明，文化要素的数量上，第一至第三学段以及第一与第四学段间出现均衡化样态，并未与文化要素内容深度的变化相匹配。这使得文化要素呈现"内外双轨道"的样态，从某种程度上来说，可能限制文化要素育人功能的发挥。

三 政治要素占比未出现学段差异

语文教材中政治要素呈现出随着学段升高，而逐渐增多的趋势，但未达显著性水平。政治要素涉及政治人物与政治行为两个主题。从第一学段到第四学段间，政治要素从关注政治人物服务于社会的主题，如《吃水不忘挖井人》《邓小平爷爷植树》，到关注政治人物的爱国意识，如《为中华之崛起而读书》《黄继光》，再到关注战争行为，如《闻官军收河南河北》《从军行》等，再到关注政治人物与政治行为符合主题，如《人民解放军百万大军横渡长江》《邹忌讽齐王纳谏》《山坡羊·骊山怀古》等，政治要素呈现出随着学段升高，主题内容更加复杂化，情感倾向鲜明化（如对战争行为的排斥以及维护和平的决心）。学段效应不显著，可能说明，义务教育统编版语文教材中政治要素并未达到学段知识目标要求，以至于政治要素不能有效负载于知识之上。

语文教材中政治要素未出现学段差异，说明政治要素的显性分布与其隐性内容深度的递增不匹配。学段间政治要素显性表征成均衡化样态，说明各学段间对政治要素的显性表征程度相一致，这种均衡化的样态弱化了语文教材中政治要素应有的知识性育人功能。举例来说，高学段学生认知水平较高，可以吸纳多层面、多样化、数量较多的政治要素相关内容，但是由于学段间政治要素均衡化的样态，高学段学生只能学习到少于认知承载量的知识，这限制了语文教材中政治要素功能的充分发挥。因此，语文教材中政治要素应注重学段间差异化分布。

四　国民要素占比出现不完全学段差异

语文教材中国民要素大体上呈现出随着学段升高而逐渐增多的趋势，但在个别学段间差异未达显著性水平。第四学段国民要素显著多于第一学段和第二学段。第三学段国民要素与第一学段、第二学段间差异均不显著。第二学段国民要素显著多于第一学段。并且在高学段呈现出较鲜明的情感效价分化。国民涉及精神风貌与典型行为主题。第一学段到第四学段之间，从《王二小》等为国奉献的普通人，到《梅兰芳蓄须》等爱憎分明的典型人物，再到《詹天佑》等为国家建设作出重大贡献的先进人物，到《卖炭翁》《孔乙己》等负面人物，国民形象随着学段提升，关注点从小人物到大人物，从正面人物到负面人物，人物越加复杂，其所表征的内容深度逐渐加深。

语文教材中国民要素出现不完全学段差异，在除了第三学段以外的其他学段上出现学段差异，说明语文教材中国民要素随着学段提高出现断层式的增加，国民要素在第三学段出现内容数量与内容深度不匹配的样态。这表示国民要素未能完全依照学生认知发展水平，附着在第三学段语文知识上的国民要素比预期要少。为了使国民要素显性表征与内容深度在各学段上相匹配，应在第三学段适当增加国民要素，基于学生认知发展规律而进行表征。

第六章
语文教材国家形象表征年级差异分析

本章对各年级语文教材国家形象表征要素的差异进行分析，并阐释了各年级语文教材国家形象表征要素差异的基本特征。

第一节 语文教材国家形象表征的年级差异总体状况

对 1—9 年级语文教材国家形象表征要素进行 Kruskal – Wallis 非参数方差分析，结果显示主体效应显著，$\chi^2 = 20.27$，$p < 0.001$。经过编秩转化，单因素方差分析后，发现语文教材国家形象表征要素的年级主体效应显著，$F = 5.45$，$p < 0.001$。事后 LSD 检验比较发现，各年间语文教材国家形象表征具体要素上的差异。

9 年级显著多于 2 年级（$\Delta \bar{X} = 35.10$，$p < 0.05$），显著多于 3 年级（$\Delta \bar{X} = 35.89$，$p < 0.05$），显著多于 5 年级（$\Delta \bar{X} = 32.34$，$p < 0.05$），显著少于 8 年级（$\Delta \bar{X} = -47.32$，$p < 0.01$）。

8 年级显著多于 1 年级（$\Delta \bar{X} = 47.32$，$p < 0.01$），显著多于 2 年级（$\Delta \bar{X} = 82.41$，$p < 0.001$），显著多于 3 年级（$\Delta \bar{X} = 83.20$，$p < 0.001$），显著多于 4 年级（$\Delta \bar{X} = 67.39$，$p < 0.001$），显著多于 5 年级（$\Delta \bar{X} = 79.66$，$p < 0.001$），显著多于 6 年级（$\Delta \bar{X} = 55.25$，$p < 0.001$），显著多于 7 年级（$\Delta \bar{X} = 49.23$，$p < 0.001$）。

7 年级显著多于 2 年级（$\Delta \bar{X} = 33.18$，$p < 0.05$），显著多于 3 年级（$\Delta \bar{X} = 33.98$，$p < 0.05$），显著少于 8 年级（$\Delta \bar{X} = -49.22$，$p < 0.01$）。

6 年级显著少于 8 年级（$\Delta \bar{X} = -55.25$，$p < 0.001$）。

5 年级显著多于 1 年级（$\Delta \bar{X} = 32.34$，$p < 0.05$），显著少于 8 年级（$\Delta \bar{X} = -79.66$，$p < 0.001$），显著少于 9 年级（$\Delta \bar{X} = -32.34$，$p < 0.05$）。

4 年级显著少于 8 年级（$\Delta \bar{X} = -67.39$，$p < 0.001$）。

3 年级显著多于 1 年级（$\Delta \bar{X} = 35.89$，$p < 0.05$），显著少于 7 年级（$\Delta \bar{X} = -33.98$，$p < 0.05$），显著少于 8 年级（$\Delta \bar{X} = -83.20$，$p < 0.001$），显著少于 9 年级（$\Delta \bar{X} = -35.89$，$p < 0.05$）。

2 年级显著多于 1 年级（$\Delta \bar{X} = 35.09$，$p < 0.05$），显著少于 7 年级（$\Delta \bar{X} = -33.18$，$p < 0.05$），显著少于 8 年级（$\Delta \bar{X} = -82.41$，$p < 0.001$），显著少于 9 年级（$\Delta \bar{X} = -35.10$，$p < 0.05$）。

1 年级显著少于 2 年级（$\Delta \bar{X} = -35.09$，$p < 0.05$），显著少于 3 年级（$\Delta \bar{X} = -35.89$，$p < 0.05$），显著少于 5 年级（$\Delta \bar{X} = -32.34$，$p < 0.05$），显著少于 8 年级（$\Delta \bar{X} = -47.32$，$p < 0.01$）。

从上述结果来看，年级间国家形象表征要素大体上呈现出随着学段提升而逐渐增加的样态。这说明，国家形象表征要素随着年级升高而不断丰富，无论是国家形象表征要点数量上，还是国家形象表征内容深度上，都呈现出鲜明的年级效应。

与学段间国家形象表征要素差异状况相比，年级间国家形象表征差异状况进一步呈现出学段内国家形象表征要素差异状况。具体来说，1—2 年级、3—4 年级、5—6 年级与 7—9 年级，国家形象表征要素随着年级升高而逐渐丰富化。这表示，语文教材国家形象表征呈现出更加细化、连续的学习进阶样态，语文教材国家形象按照心理发展规律进行了系统化表征。

第二节 语文教材国家形象表征的年级差异具体状况

一 语文教材国家形象表征维度年级差异具体状况

（一）语文教材中物质要素的年级差异状况

物质要素的年级差异最为显著。各年级语文教材中物质要素的占比，

第六章 语文教材国家形象表征年级差异分析

更高的年级显著多于相对低的年级，各年级间差异显著。这说明各年级物质要素的表征受心理发展逻辑影响，随着年级的升高，物质要素在质与量上都显著增加。

对 1—9 年级物质要素进行弗里德曼检验，可知年级效应显著，$\chi^2 = 36.07$，$p < 0.001$。对 1—9 年级间进行威尔科克森符号秩检验。

9 年级物质要素显著少于 8 年级（$z = -2.49$，$p < 0.05$）。

8 年级物质要素显著多于 1 年级（$z = -2.67$，$p < 0.01$），显著多于 2 年级（$z = -2.52$，$p < 0.05$），显著多于 3 年级（$z = -2.49$，$p < 0.05$），显著多于 4 年级（$z = -2.52$，$p < 0.05$），显著多于 5 年级（$z = -2.67$，$p < 0.01$），显著多于 6 年级（$z = -2.67$，$p < 0.01$），显著多于 7 年级（$z = -2.37$，$p < 0.05$）。

7 年级物质要素显著多于 1 年级（$z = -2.52$，$p < 0.05$），显著多于 5 年级（$z = -2.37$，$p < 0.05$），显著多于 6 年级（$z = -2.52$，$p < 0.05$）。

6 年级物质要素与 1—5 年级物质要素间差异不显著。

5 年级物质要素比 2 年级显著少（$z = -2.05$，$p < 0.05$），比 3 年级显著少（$z = -2.20$，$p < 0.05$），与 1、4 年级物质要素间差异不显著。

4 年级物质要素与 1、2、3 年级物质要素差异不显著。

3 年级物质要素显著多于 1 年级（$z = -2.20$，$p < 0.05$），与 2 年级物质要素间差异不显著。

2 年级物质要素显著多于 1 年级物质要素（$z = -2.04$，$p < 0.05$）。

从上述结果来看，年级间物质要素大体上呈现出随着年级升高而逐渐增加的样态。这说明，物质要素随着年级升高而不断丰富，无论是物质要素的要点数量上，还是物质要素的内容深度上，都呈现出显著的年级效应，即语文教材中物质要素呈现极为连续的学习进阶样态。

（二）语文教材文化要素的年级差异状况

文化要素在 7—9 年级上呈现出年级效应。文化要素在 7—9 年级中呈现出随着年级升高而不断增加的现象。这说明 7—9 年级中文化要素的组织遵循了心理逻辑。

对 1—9 年级文化要素进行弗里德曼检验，可知年级效应显著，$\chi^2 = 18.37$，$p < 0.05$。对 1—9 年级进行威尔科克森符号秩检验。

9年级文化要素与8年级文化要素间差异显著,显著少于8年级($z = -2.02$, $p < 0.05$)。

8年级文化要素显著多于1年级($z = -2.02$, $p < 0.05$),显著多于2年级($z = -2.02$, $p < 0.05$),显著多于3年级($z = -2.02$, $p < 0.05$),显著多于4年级($z = -2.02$, $p < 0.05$),显著多于5年级($z = -2.02$, $p < 0.05$),与6年级文化要素间差异不显著($z = -1.75$, $p > 0.05$),显著多于7年级($z = -2.02$, $p < 0.05$)。

7年级文化要素与1、2、3、4、5、6年级间文化要素差异不显著。

6年级文化要素与1、2、3、4、5年级间文化要素差异不显著。

5年级文化要素与1、2、3、4年级间文化要素差异不显著。

4年级文化要素与1、2、3年级间文化要素差异不显著。

3年级文化要素与1、2年级间文化要素差异不显著。

2年级文化要素与1年级间差异不显著。

从上述结果来看,7—9年级文化要素呈现出年级效应,1—6年级间文化要素未出现年级效应,这说明,7—9年级间文化要素大体上呈现出随着年级升高而逐渐增加的样态,1—6年级上文化要素呈现较为稳定的样态。这说明,文化要素虽然在7—9年级上呈现随着年级升高而不断丰富的样态,即无论是在文化要素的要点数量上,还是在文化要素的内容深度上,都呈现出显著的年级效应,但在1—6年级上文化要素的丰富程度较为一致。总体上,语文教材中文化要素呈现出连续学习进阶的趋势,但具体年级间并未完全遵照心理发展规律进行表征。

(三)语文教材中政治要素的年级差异状况

对1—9年级政治要素进行弗里德曼检验,可知年级效应显著,$\chi^2 = 18.41$, $p < 0.05$。对1—9年级进行威尔科克森符号秩检验,发现各年级间政治要素差异均不显著。

上述结果显示,政治要素占比未出现显著年级差异。即各年级语文教材中政治要素虽然呈现出随着年级增加,而逐渐增多的趋势,但各年级间的差异并不显著。这即说明,所有年级间在政治要素的数量上呈现出较为稳定、一致的样态。这说明政治要素虽然遵循心理逻辑,但是并未达到跟随认知发展水平变化而显著变化的标准,也未出现显著学习进阶样态。

第六章　语文教材国家形象表征年级差异分析

（四）语文教材中国民要素的年级差异状况

对 1—9 年级国民要素进行弗里德曼检验，可知年级效应显著，$\chi^2 = 45.57$，$p < 0.01$。对 1—9 年级间进行威尔科克森符号秩检验，发现各年级间国民要素占比差异均不显著。

上述结果显示，国民要素占比未出现显著年级差异。各年级语文教材中国民要素呈现出与政治要素相似的趋势，虽然呈现出随着年级增加，而逐渐增多的趋势，但各年级间的差异并不显著。这说明，虽然国民要素呈现随着年级提升而不断丰富的趋势，但在表征要点具体数量上呈现跨年级的一致性。这表示，国民要素并未完全遵循心理发展规律表征，也未呈现纵向学习进阶的样态。

二　语文教材国家形象表征维度各年级上差异具体状况

（一）1 年级语文教材国家形象表征维度差异具体状况

1 年级语文教材中，物质要素最多（0.98%），国民要素最少（0.22%）。见表 6-1。这即说明，1 年级上，语文教材中物质要素最为丰富，国民要素最为贫乏。这表示，1 年级语文教材最为重视国家形象之客观属性的表征，最为关注国家硬实力样态，最为不重视国家形象之个人属性的表征，最为不关注国家普通民众现实样态。

（二）2 年级语文教材国家形象表征维度差异具体状况

2 年级语文教材中，物质要素最多（3.05%），国民要素最少（0.16%）。见表 6-1。这即说明，2 年级上，语文教材中物质要素最为丰富，国民要素最为贫乏。这表示，2 年级语文教材最为重视国家形象之客观属性的表征，最为关注国家硬实力样态，最为不重视国家形象之个人属性的表征，最为不关注国家普通民众现实样态。

（三）3 年级语文教材国家形象表征维度差异具体状况

3 年级语文教材中，物质要素最多（3.38%），政治要素最少（0.16%）。见表 6-1。这即说明，3 年级上，语文教材中物质要素最为丰富，政治要素最为贫乏。这表示，3 年级语文教材最为重视国家形象之客观属性的表征，最为关注国家硬实力样态，最为不重视国家形象之权力属性的表征，最为不关注政治上层建筑的样态。

(四) 4年级语文教材国家形象表征维度差异具体状况

4年级语文教材中,物质要素最多(3.64%),文化要素最少(0.60%)。见表6-2。这即说明,4年级上,语文教材中物质要素最为丰富,文化要素最为贫乏。这表示,4年级语文教材最为重视国家形象之客观属性的表征,最为关注国家硬实力样态,最为不重视国家形象历史文化属性的表征,最为不关注国家软性力量的现实样态。

(五) 5年级语文教材国家形象表征维度差异具体状况

5年级语文教材中,文化要素最多(2.39%),国民要素最少(0.32%)见表6-2。这即说明,5年级上,语文教材中文化要素最为丰富,国民要素最为贫乏。这表示,5年级语文教材最为重视国家形象历史文化属性的表征,最为关注国家软性力量的现实样态,最为不重视国家形象之个人属性的表征,最为不关注国家普通民众的现实样态。

(六) 6年级语文教材国家形象表征维度差异具体状况

6年级语文教材中,文化要素最多(3.65%),国民要素最少(1.20%)。见表6-2。这即说明,6年级上,语文教材中文化要素最为丰富,国民要素最为贫乏。这表示,6年级语文教材最为重视国家形象历史文化属性的表征,最为关注国家软性力量的现实样态,最为不重视国家形象之个人属性的表征,最为不关注国家普通民众的现实样态。

(七) 7年级语文教材国家形象表征维度差异具体状况

7年级语文教材中,物质要素最多(6.09%),文化要素最少(1.03%)。见表6-3。这即说明,7年级上,语文教材中物质要素最为丰富,文化要素最为贫乏。这表示,7年级语文教材最为重视国家形象之客观属性的表征,最为关注国家硬实力样态,最为不重视国家形象历史文化属性的表征,最为不关注国家软性力量的现实样态。

(八) 8年级语文教材国家形象表征维度差异具体状况

8年级语文教材中,物质要素最多(16.05%),政治要素最少(4.19%)。见表6-3。这即说明,8年级上,语文教材中物质要素最为丰富,政治要素最为贫乏。这表示,8年级语文教材最为重视国家形象之客观属性的表征,最为关注国家硬实力样态,最为不重视国家形象之权力属性的表征,最为不关注政治上层建筑的样态。

第六章 语文教材国家形象表征年级差异分析

表6-1 1—3年级统编版语文教材国家形象表征关键要点频数分布表

表征要素	主题	具体要素	1年级 频次	1年级 百分比1(%)	1年级 百分比2(%)	1年级 百分比3(%)	2年级 频次	2年级 百分比1(%)	2年级 百分比2(%)	2年级 百分比3(%)	3年级 频次	3年级 百分比1(%)	3年级 百分比2(%)	3年级 百分比3(%)
物质要素	领土主权	领陆	3	0.16			10	0.54	0.60		9	0.49	0.60	
		领海	0	0	0.16		1	0.05			2	0.11		
		领空	0	0			0	0			0	0		
	地理风貌	人文地理风貌	7	0.38	0.49	0.98	10	0.54	1.80	3.05	10	0.54	1.80	3.38
		自然地理风貌	2	0.11			23	1.25			23	1.25		
	生态环境	生物个体间互动	6	0.33	0.33		3	0.16	0.38		5	0.27	0.76	
		生物与环境间互动	0	0			4	0.22			9	0.49		
	科学技术	科学探索	0	0	0		4	0.22	0.27		0	0	0.22	
		技术革新	0	0			1	0.05			4	0.22		
文化要素	文化遗产	非物质遗产	0	0	0.06	0.44	5	0.27	0.27	1.30	10	0.54	0.60	1.09
		物质遗产	1	0.05			0	0			1	0.05		
	民俗习惯	物质生活民俗	0	0	0.38		7	0.38	1.03		2	0.11	0.49	
		社会生活民俗	7	0.38			12	0.65			7	0.38		
		精神生活民俗	0	0			0	0			0	0		
政治要素	政治人物	政治事件中的人物	0	0	0.22	0.44	1	0.05	0.65	0.81	1	0.05	0.16	0.16
		政权中执掌权力的人物	4	0.22			11	0.60			2	0.11		
	政治行为	对内政治行为	4	0.22	0.22		0	0	0.16		0	0	0	
		对外政治行为	0	0			3	0.16			0	0		

170 语文教材国家形象表征研究

续表

表征要素	主题	具体要素	1年级 频次	百分比1（%）	百分比2（%）	百分比3（%）	2年级 频次	百分比1（%）	百分比2（%）	百分比3（%）	3年级 频次	百分比1（%）	百分比2（%）	百分比3（%）
国民要素	精神风貌	面向国家	2	0.11	0.22	0.22	0	0	0.11	0.16	1	0.05	0.16	0.54
		面向社会与个人	2	0.11			2	0.11			2	0.11		
	典型行为	积极行为	0	0	0		1	0.05	0.05		7	0.38	0.38	
		消极行为	0	0			0	0			0	0		

表6-2 4—6年级统编版语文教材国家形象表征关键要点频数分布表

表征要素	主题	具体要素	4年级 频次	百分比1（%）	百分比2（%）	百分比3（%）	5年级 频次	百分比1（%）	百分比2（%）	百分比3（%）	6年级 频次	百分比1（%）	百分比2（%）	百分比3（%）
物质要素	领土主权	领陆	8	0.44	0.49	3.64	6	0.33	0.33	1.48	2	0.11	0.11	2.61
		领海	0	0			0	0			0	0		
		领空	1	0.05			0	0			0	0		
	地理风貌	人文地理风貌	14	0.76	2.39		10	0.54	0.82		13	0.71	1.58	
		自然地理风貌	30	1.63			5	0.27			16	0.87		
	生态环境	生物个体间互动	4	0.22	0.27		4	0.22	0.33		4	0.22	0.76	
		生物与环境间互动	1	0.05			2	0.11			10	0.54		
	科学技术	科学探索	0	0	0.49		0	0	0		0	0	0.16	
		技术革新	9	0.49			0	0			3	0.16		

第六章　语文教材国家形象表征年级差异分析

续表

表征要素	主题	具体要素	4年级 频次	4年级 百分比1（%）	4年级 百分比2（%）	4年级 百分比3（%）	5年级 频次	5年级 百分比1（%）	5年级 百分比2（%）	5年级 百分比3（%）	6年级 频次	6年级 百分比1（%）	6年级 百分比2（%）	6年级 百分比3（%）
文化要素	文化遗产	非物质遗产	6	0.33	0.60	0.60	30	1.63	2.23	2.39	21	1.14	1.90	3.65
文化要素	文化遗产	物质遗产	5	0.27	0.60	0.60	11	0.60	2.23	2.39	14	0.76	1.90	3.65
文化要素	民俗习惯	物质生活民俗	0	0	0		0	0	0.16		3	0.16	1.74	
文化要素	民俗习惯	社会生活民俗	0	0	0		3	0.16	0.16		29	1.58	1.74	
文化要素	民俗习惯	精神生活民俗	0	0	0		0	0	0.16		0	0	1.74	
政治要素	政治人物	政治事件中的人物	2	0.11	1.03	1.57	3	0.16	0.87	1.96	14	0.76	1.14	2.88
政治要素	政治人物	政权中执掌权力的人物	17	0.93	1.03	1.57	13	0.71	0.87	1.96	7	0.38	1.14	2.88
政治要素	政治行为	对内政治行为	2	0.11	0.54	1.57	14	0.76	1.09	1.96	26	1.42	1.74	2.88
政治要素	政治行为	对外政治行为	8	0.44	0.54	1.57	9	0.49	1.09	1.96	6	0.33	1.74	2.88
国民要素	精神风貌	面向国家	12	0.65	0.93	2.51	5	0.27	0.27	0.32	9	0.49	1.09	1.20
国民要素	精神风貌	面向社会与个人	5	0.27	0.93	2.51	0	0	0.27	0.32	11	0.60	1.09	1.20
国民要素	典型行为	积极行为	27	1.47	1.58	2.51	1	0.05	0.05	0.32	2	0.11	0.11	1.20
国民要素	典型行为	消极行为	2	0.11	1.58	2.51	0	0	0.05	0.32	0	0	0.11	1.20

表6-3　7—9年级统编版语文教材国家形象表征关键要点频数分布表

表征要素	主题	具体要素	7年级 频次	7年级 百分比1(%)	7年级 百分比2(%)	7年级 百分比3(%)	8年级 频次	8年级 百分比1(%)	8年级 百分比2(%)	8年级 百分比3(%)	9年级 频次	9年级 百分比1(%)	9年级 百分比2(%)	9年级 百分比3(%)
物质要素	领土主权	领陆	6	0.33			29	1.58			7	0.38	0.49	
		领海	0	0	0.38		1	0.05	1.69		2	0.11		
		领空	1	0.05			1	0.05			0	0		
	地理风貌	人文地理风貌	32	1.74	3.75	6.09	126	6.86	11.10	16.05	19	1.03	3.05	4.30
		自然地理风貌	37	2.01			78	4.24			37	2.01		
	生态环境	生物个体间互动	7	0.38	1.31		11	0.60	2.01		3	0.16	0.76	
		生物与环境间互动	17	0.93			26	1.42			11	0.60		
	科学技术	科学探索	5	0.27	0.65		5	0.27	1.25		0	0	0	
		技术革新	7	0.38			18	0.98			0	0		
文化要素	文化遗产	非物质遗产	7	0.38	0.54	1.03	51	2.78	5.22	9.14	13	0.71	0.71	1.42
		物质遗产	3	0.16			45	2.45			0	0		
	民俗习惯	物质生活民俗	0	0	0.49		35	1.90	3.92		7	0.38	0.71	
		社会生活民俗	7	0.38			16	0.87			1	0.05		
		精神生活民俗	2	0.11			21	1.14			5	0.27		
政治要素	政治人物	政治事件中的人物	38	2.07	2.23	2.72	19	1.03	1.74	4.19	45	2.45	3.05	4.57
		政权中执掌权力的人物	3	0.16			13	0.71			11	0.60		
	政治行为	对内政治行为	8	0.44	0.49		44	2.39	2.45		13	0.71	1.52	
		对外政治行为	1	0.05			1	0.05			15	0.82		

第六章　语文教材国家形象表征年级差异分析

续表

表征要素	主题	具体要素	7年级 频次	7年级 百分比1(%)	7年级 百分比2(%)	7年级 百分比3(%)	8年级 频次	8年级 百分比1(%)	8年级 百分比2(%)	8年级 百分比3(%)	9年级 频次	9年级 百分比1(%)	9年级 百分比2(%)	9年级 百分比3(%)
国民要素	精神风貌	面向国家	8	0.44	2.67	3.43	21	1.14	3.43	7.08	12	0.65	1.31	2.29
		面向社会与个人	41	2.23			42	2.29			12	0.65		
	典型行为	积极行为	12	0.65	0.76		37	2.01	3.65		14	0.76	0.98	
		消极行为	2	0.11			30	1.63			4	0.22		

（九）9年级语文教材国家形象表征维度差异具体状况

9年级语文教材中，政治要素最多（4.57%），文化要素最少（1.42%）。见表6-3。这即说明，9年级上，语文教材中政治要素最为丰富，文化要素最为贫乏。这表示，9年级语文教材最为重视国家形象之权力属性的表征，最为关注国家政治上层建筑的现实样态，最为不重视国家形象之历史文化属性的表征，最为不关注国家软性力量的现实样态。

第三节 关于语文教材国家形象表征的年级差异特征讨论

基于对义务教育统编版语文教材国家形象表征维度年级差异总体状况与具体状况的分析，现将年级差异的总体状况与具体状况置于语文教材文本语境中加以分析，旨在了解语文教材国家形象表征年级差异特征。

一 物质要素占比呈现出年级差异

纵观各年级国家形象表征关键要点，物质要素皆占有最大比例，并且随着年级升高，物质要素逐渐增加。物质要素中领土主权、地理风貌、生态环境与科学技术四个主题对各年级国家形象的贡献程度皆有不同。首先，高年级领土主权主题呈现方式更加多样化。例如，8年级选文《人民解放军百万大军横渡长江》《我三十万大军胜利南渡长江》中"长江防线""西起九江（不含）、东至江阴，均是人民解放军的渡江区域"；7年级选文《土地的誓言》中"土地，原野，我的家乡，你必须被解放！你必须独立！"；5年级选文《闻官军收河南河北》中"剑外忽传收蓟北"。这些选文充满捍卫国土、保家卫国的基调，强化了领土主权主题。其次，各年级地理风貌主题占据主导地位，随着年级升高，主题范围逐渐扩大。各年级选文中人文地理风貌要素与自然地理风貌要素占有大量比重，涉猎范围甚广。在人文地理风貌要素中，从南下江南莲池到西北塞上大漠，从东北林区到西南岷江渡口，各类极具政治、社会、文化以及军事意义的要塞、城市、山脉等在语文教材中均有体现；在自然地理风貌要素中，从唐

第六章　语文教材国家形象表征年级差异分析

古拉山脉的冰川到黄山奇石,从洞庭湖到西湖,从济南的冬到昆明的雨,横跨中国各地的自然风光尽收语文教材中。再次,各年级生态环境主题常内嵌于人文地理风貌要素与自然地理风貌要素中,高年级涉猎的生态环境主题呈现方式更为复杂。如1年级选文《江南》中"鱼戏莲叶东,鱼戏莲叶西,鱼戏莲叶南,鱼戏莲叶北";9年级选文《岳阳楼记》中"长烟一空,皓月千里,浮光跃金,静影沉璧,渔歌互答,此乐何极!"这些对自然环境中动物、人的描绘,呈现出一幅生态和谐之景。最后,高年级涵盖少量科学技术主题。科学技术主题虽在语文教材中占比较少,但却是最具时代特征的主题。高年级涵盖的科学技术主题包括神舟五号载人航天飞船发射、航母舰载战斗机等高精尖领域的成就,这些成就标志着中国科学技术领域的巨大进步。各年级中物质要素将中国自然、生态与科技的现实状态符号化呈现,彰显国家硬实力。

语文教材中物质要素出现年级差异,这不仅说明物质要素表征样态与语文课程目标相符,遵循学生心理发展规律,与学段差异相比,还进一步说明,物质要素呈现出较强的纵向连续性。物质要素随着年级升高,占比逐渐加大,呈现方式更加复杂,呈现主题更加具有深度,物质要素从数量、呈现方式以及难度层面都呈现出逐级递增。语文教材中物质要素较为严格地依托于心理发展逻辑与知识延展逻辑进行表征,并在两种逻辑间达到较为契合的状态。

二　文化要素在5—9年级中占比差异较为显著

在各年级国家形象表征关键要点中,文化要素大比重出现于5—9年级。文化要素中文化遗产主题与民族风俗主题虽在各年级都有涉及,但高年级语文教材中占比较大,覆盖主题较多。首先,高学段中文化要素涵盖多种文化遗产主题。非物质文化遗产主题涉及神话故事(如《牛郎织女》),传统艺术(如国画、京剧),文学创作(如四大名著的节选),传统技艺(如《核舟记》)等;物质文化遗产主要涉及古建筑(如黄鹤楼),历史遗迹(如圆明园)等。其次,高学段中文化要素涉及多种民俗风俗。社会生活民俗包括春节、乞巧节、正月十五、重阳节等节日;精神生活风俗涉及社戏、五猖会等。在高年级中,多种传统文化要素汇聚,使文化要素充满着中国味。

语文教材中文化要素在5—9年级上呈现较为典型的年级差异，这一方面反映了5—9年级上文化要素呈现稳步地纵向递增样态，与5—9年级语文课程目标较为吻合，较为明确地遵照心理发展规律；另一方面反映了4—6年级上文化要素成均衡化、碎片化样态，虽然附着在语文知识上，但却未能随着知识数量、呈现形式等的递增而变化。为了促使文化要素纵向系统化表征，低、中年级文化要素应进行组织化调整。

三 政治要素占比未出现显著年级差异

在各年级国家形象表征关键要点中，政治要素展现出随着年级增加，占比增加的趋势，但未达显著性水平。政治要素涉及政治人物与政治行为两个主题。在政治人物方面，1、2年级以呈现当代国家领导人（如毛泽东）为主，3、4年级开始增加具有典型意义的政治人物（如黄继光），5、6年级继续增加了古代典型政治人物（如蔺相如、廉颇等），7、8、9年级涵盖了前几学段所有类型政治人物；在政治行为方面，1、2年级不涉及政治行为，3、4年级加入抗美援朝战争内容，5、6年级增加抗日战争、解放战争与古代战争的内容，7、8、9年级除了涵盖之前的政治行为外，还增加了近代英法联军侵略中国的内容。随着年级升高，所呈现的政治要素更加多样化。

语文教材中政治要素呈现出深度、主题多样化程度的纵向递增，但在数量上呈现出纵向递增趋势，未能实现层级性跨越。可能由于政治形象表征未能完全依照心理发展逻辑与知识逻辑两条逻辑线纵向延伸，未达到各年级知识目标要求，致使知识所载的政治要素数量有限。为促使语文教材中政治要素更具纵向连贯性，除了关注政治要素所涉及的主题外，还应思考其各年级分布的比重问题。

四 国民要素占比未出现显著年级差异

在各年级国家形象表征关键要点中，国民要素占比没有出现随着年级升高而逐渐增加的样态，但却随着年级升高，呈现出具有多种特质的典型人物以及越加明确的价值判断。这主要体现在精神风貌与典型行为主题两个层面。例如，在精神风貌方面，各年级所涉及的人物，或者具有无私奉献的精神（如雷锋、张思德等），或者具有可贵的品质（如愚公、叶圣陶等),或者出色地掌握某种知识与技能(如李时珍、俞伯牙、钟子期等),再或者将上述特质集中的人物的精神面貌(如詹天佑、邓稼先等)。这些类型人物的精神风貌成为国民要素的典型表征。而在个人行为方面,又表现出推崇正向积极行为(如诚实守信、不求甚解等),鄙视消极行为(如刻板教条等)。这使得国民要素总体上出现在较强的价值偏向语义环境下。

与国民要素不完全的学段差异相比,国民要素并未出现年级差异。国民要素在学段差异与年级差异上不同的样态说明,国民要素虽然总体上依照心理发展阶段性规律进行表征,但是却不能有效把握各年龄阶段中的纵向连续性。为促进语文教材中国民要素纵向连续性表征,使其与知识深度、内容主题呈现形式保持更为一致的样态,国民要素需从纵向发展视角进行改进,以促进国民要素育人功能的有效发挥。

第七章
语文教材国家形象表征的影响因素

　　基于上述研究结果可知，语文教材国家形象表征在年级、学段等多种变量的直接影响下，物质要素表征、文化要素表征、政治要素表征、国民要素表征以及国家形象总体表征呈现出差异化样态。本章将通过对这些变量的寻根溯源，辅以对专家访谈的结果，探寻影响语文教材国家形象表征的根本因素。

　　基于对语文教材国家形象表征的理性分析，辅以访谈资料，现认为语文教材国家形象表征的影响因素应从四个层面加以思考：第一层面，从国家形象生成的本体问题入手，分析影响国家形象生成的根本性因素，这是决定国家形象得以表征的基本层面；第二层面，从国家形象纳入教材的前提条件入手，分析影响国家形象纳入教材的根本性因素，这是决定国家形象得以在教材中表征的基本层面；第三层面，从语文教材对国家形象进行表征的基础性问题入手，分析影响语文教材对国家形象表征特异性因素，这是语文教材国家形象表征取向的基本层面；第四层面，从学生发展的需求与特征出发，分析影响语文教材国家形象表征年级/年段差异的主要因素，这是语文教材国家形象差异化表征的基本层面。

第一节　综合国力是决定国家形象
　　　　得以表征的前提性因素

综合国力是国家形象得以表征的重要基础性要素，它不仅影响国家形象表征的价值定位，还决定了国家形象表征样态的层次性，它是国家形象得以表征的重要条件。

一　综合国力是国家形象生成的重要依托
（一）认识综合国力与国家形象生成间的关系

综合国力是在衡量国家基本国情使用的概念。[①]"综合"涵盖了国家政治、经济、文化、军事等各方面，"国力"即国家的力量，其指向一国所具备的能力、实力。"国家形象"即作为主体的人（国内或国外）对一国政治、经济、文化、军事等要素的整体评价与认识，"国家"是"形象"主体，"形象"是"国家"的定位。综合国力是国家形象之内里，一国只有拥有一定的综合国力，其客体国家才会被形象化，才能通过"口口相传"，或者通过"纸质媒介"，或者通过"数字媒介"被人所提及、认识以及评价，而国家形象也是综合国力的外在表现，一国之形象一定程度上代表了国家软性实力，是综合国力的重要组成部分。综合国力与国家形象互为表里，不可分割。下面是几位专家访谈的摘录。

　　被访者（Z1-W1-1）：我理解的国家形象，就是国家的符号，就想想哪些可以代表中国，像是长城、故宫、龙……这些能够指代中国的原因可以归结为文化，直接来说应该是文化影响力，也可以说软实力。这些在语文教材编写过程中都是必须考虑的内容。

　　被访者（Z2-W1-1）：关于国家形象，我最先想到的是，国家的国力。在以前国家形象这个词提及的频率远没有现在高，我想这是

[①] Boulding Kenneth E., "National Images And International Systems", *The Journal of Conflict Resolution*, Vol. 3, No. 2, February–March 1959.

因为我们国家国力的提升，比如我国现在已经是世界第二大经济体，比如我国在外交事务上的话语权问题等，我国国力的提升，让我们开始关注，我国在其他国、其他外国人眼中是什么样的。

（二）国家形象生成以"综合"范畴为内容

国家形象生成是以国家各领域集合体为具体内容。首先，国家形象生成是以国家各领域集合体的具体内容为根本。国家各领域包括国家实体类，如自然资源、生态环境、军事、科技等有形成分，也包括国家非实体类，如文化、价值观念，还包括组织管理国家实体类与非实体类相结合的内容，如政策、制度等。这些都构成国家形象生成的基础。其次，国家形象生成是以国家构成要素的符号化意象为依托。国家构成要素之所以可转化为国家形象，其基础在于国家构成要素的可符号化。国家形象形成经历从"国家客体"到"形象评价主体"再到"国家形象生成"的系列过程。在此过程中，国家客体的符号化是最为重要的环节，只有国家客体变为符号，才会生成国家形象。形象学理论已指出，形象的生成实质是一种自我认知的投射。依照此逻辑理解，国家形象即是将主体认知的客体内容符号化。如此，国家各领域集合体的符号化意象即是国家形象生成的"前身"，即是国家形象生成的基础。下面是专家访谈的摘录。

被访者（Z3-W1-1）：我对国家形象的理解，最初来自前几年我们国家开始拍摄国家宣传片，宣传片中包括传统文化中许多核心的要素，像是古代青铜器做的乐器，像是比较著名的人物，比如姚明、郎平，我们选择的常是代表各个时代或者某项领域的符号化人物。而BBC拍摄的中国国家宣传片，选择与我们国家不同的视角，更多选择中国普通人，以及那些可能在他们眼中代表中国的符号。

（三）国家形象生成以提升"国力"为目标

国家形象生成是以提升综合国力为目标。综合国力的提升，具体来说，包括硬实力与软实力的提升。而软实力的提升一直是中国近些年来极

第七章　语文教材国家形象表征的影响因素

为关注的问题。2013年，习近平同志在中共中央政治局第十二次集体学习时发表重要讲话中指出"提高国家文化软实力，关系'两个一百年'奋斗目标和中华民族伟大复兴中国梦的实现"[1]，并且在这次会议讲话中，习近平同志强调"要注重塑造我国的国家形象"。这是官方语境下首次将"软实力"与"国家形象"联系在一起，强调软实力提升须通过国家形象的塑造来实现。在此意义上，国家形象生成自然是要达到软实力提升的目的，进而实现综合国力的提升。

二　综合国力为国家形象表征提供基本价值定位

综合国力作为对国家政治、经济、文化等领域的衡量结果，其隐含了对一国"强""弱"的价值定位。中国国家形象表征常被置于历史语境中去解读，如"盛唐""晚清""新时代"等语境下的中国会隐含不同时期对综合国力的考量，这直接影响国家形象表征的基本定位。因此，在思考综合国力如何成为国家形象表征的影响因素时，必须从历史的历时性出发，才能对综合国力这一因素达到完整认识。

（一）综合国力的应时而生为国家形象表征提供"横向坐标轴"

综合国力的应时而生是其作用于国家形象表征的重要机理。20世纪初，意大利哲学家贝奈戴托·克罗齐提出"一切真历史都是当代史"，引发学界从"过去"中解放出来而重视"现在"的思考。20世纪80年代，法国历史学家雅克·勒高夫基于"记忆转向"指出历史书写不仅涉及对"过去"的重构，还涉及集体记忆的塑造，是在集体层面上为国家的过去/现在"下定义"，这种意识形态上的规划是赋予现代国家身份合理性的基本路径。一国当代的综合国力不仅是现实国家的映像，更是国家形象得以表征的基础。

1. 当代的综合国力为国家形象表征奠定基础

国家形象表征是以一国当代综合国力为现实坐标轴，以当代国家政治、经济、文化等方面取得的成就为基本要素，形成基于当代现实的国家映像。

---

[1]　习近平：《建设社会主义文化强国　着力提高国家文化软实力》，2014年4月，中国理论网（https：//www.ccpph.com.cn/jbllhzdxswt_10174/ldjhhzywj/201404/t20140402_172663.htm）。

国家形象表征与政权更迭、民族复兴历程紧密相连。就政权更迭而言，中国共产党是唯一带领中国人民取得革命胜利，解放人民，使人民获得幸福生活的政党，并建立以人民利益为核心、人民当家作主的政权，成立中华人民共和国，使得中国国家形象从积贫羸弱转向独立自主。就民族复兴历程而言，从近代至当前新时代，中国人民不断探索现代化之路，从早期的"西学东渐"到当前的"东学西渐"，中国国家形象从"他者标准"转向"自我标准"。国家形象是基于中华民族复兴整体视角而进行的表征，其不仅着眼于政权、民族等传统命题，还将焦点转向这些命题背后所蕴含的当代哲理。这使国家形象表征具有整体性。

国家形象表征是以历史整体性为根，以综合国力为轴，以中华民族现代化进程为途径的当代映像。在民族复兴的道路上，中国国家形象不断蜕变。从中华人民共和国成立初期，以革命为表征，到改革开放开始，以解放生产力为表征，再到新时代，以治国为表征，中国国家形象的当代表征无一不嵌入历史文化色彩，并在此之上，不断吐故纳新，统摄其他历史时期，熔铸当代形象。

2. 当代综合国力为国家形象表征提供助力

改革开放以来，尤其是新时代以来，中国综合国力不断提高，新兴媒介不断涌现，成为国家形象表征的重要依托。作为传统制度化媒介，教材在表征国家形象的过程中，也逐渐与其他媒介相配合进行联合表征。例如，新兴媒体（如微信、微博）、国家传统媒介（如电视台、广播台）等，都参与国家形象表征。但无论何种媒介形式，其进行的国家形象表征都是以综合国力标准作为基准。教材国家形象表征与其他媒介中国家形象表征的相互配合，使得各媒介发挥协同作用。在这一作用下，国家形象表征从单一教材层面，延伸至多维媒介层面，形成了多视角、跨领域的内在价值统一。一方面，综合国力通过多种渠道得以彰显；另一方面，国家形象得以通过多种渠道加以表征。前者为后者提供助力，后者具体化了前者。

3. 当代综合国力为国家形象表征提供方向

当代综合国力是国家形象表征的基础与参照，而如何能够正确反映当代综合国力、进行国家形象表征，是国家形象表征领域的重要问题。历史和现实证明，当代综合国力的现实样态决定了国家形象表征的基本取向。

第七章 语文教材国家形象表征的影响因素

中华人民共和国成立 70 余年，随着综合国力的不断提升，中国国家形象表征的取向不断变化。中华人民共和国成立后至改革开放以前，中国施行重工业优先发展的战略，旨在通过优先发展重工业使中国能够迅速走上工业化的道路，这一时期国家形象表征以凸显工业生产为取向。改革开放至 21 世纪前十年，中国遵循着"解放生产力，发展生产力""科学技术是第一生产力""科学发展观"等发展理念，使中国不断开放，人民生活水平不断提高，这一时期国家形象表征以凸显科学发展为取向。新时代以来，中国从大国向强国迈进，从器物现代化走向制度现代化，国家形象表征以凸显全面强国为取向。在综合国力不断提升的过程中，中国国家形象表征的主体从西方转移到东方，中国国家形象表征的话语从他者转向自我，中国国家形象表征的要素从消极取向转为积极取向。这正是当代综合国力提升对国家形象表征提供的积极作用。

（二）综合国力的历时性回溯为国家形象表征提供"纵向坐标轴"

综合国力的历时性即特指以纵向时间演进为脉络主线的综合国力变迁，对其的回溯为国家形象表征提供了纵向延伸空间。中华民族五千多年的文明史是国家形象表征的灵魂，其决定了中国国家形象带有浓重的历史痕迹，而这些痕迹与不同历史时期强盛的综合国力样态紧密相关。

1. 综合国力的历时性为国家形象表征提供亮点

综合国力的历时性展现不同历史时代下国家力量的实然样态，这为国家形象表征提供亮点。国家形象深受历史演进的影响，以特定时期的关键历史事件为基点，得以具象表征。例如，兵马俑、长城、故宫等中国不同时期的历史文化遗产，均是表征当代中国的典型符号。再如，京剧、春节等艺术类、生活类遗产，也是表征当代中国的典型符号。这些构成国家形象的基本要素，其本源不是来自当代中国，而是来自古代中国，然而当代中国将它们继承与发扬，成为代表国家、民族的典型性符号。归根结底，这些典型的历史文化要素彰示其所属年代的兴盛与强大，那些留存在历史上的光辉岁月不仅是古代中国繁盛的表征，更是当代中国自信的重要来源，它们不仅是国家形象表征的亮点，还是国家、民族建立集体记忆、建构国家认同的重要依托。下面是专家访谈的摘录。

被访者（Z7-W1-1）：就我自己学习经验而言，我认为国家形象应该包括很多历史性要素，就比如，我们谈到中国古代历史，会想到唐朝繁荣，清朝衰落。

被访者（Z8-W1-1）：因为我从事初中语文教学工作，在语文教材中有很多国家形象的内容，就像故宫、赵州桥等这类代表古代技艺水平的内容，它们虽然是建筑物，但是在古代没有一定的物质基础支撑，还是不可能建造成功的，所以这应该是中国古代形象的代表。

2. 综合国力的历时性为国家形象表征提供要点

综合国力的历时性呈现历史演进中国家发展的不同样态，这为国家形象表征提供必备要素。国家形象表征离不开一国精神的核心，而一国精神的核心不外乎文化。中国悠久的历史与灿烂的文化，为国家形象表征提供必备要素。2013年，习近平同志在中共中央政治局第十二次集体学习时发表重要讲话中指出"提高国家文化软实力，要努力展示中华文化独特魅力"①。这即是指出中华民族优秀传统文化是国家形象表征中的关键部分。文化不仅是国家形象表征的亮点与燃点，更是国家形象表征之灵魂所在。2018年当代中国与世界研究院与凯度集团合作开展的第6次中国国家形象全球调查中发现：中国参与全球治理的实践中，科技、经济与文化是海外受访者最为认可的三个领域。可见，文化已成为一种软性力量的象征，是国家形象表征的基本要素。

3. 综合国力的历时性为国家形象表征提供锚点

综合国力的历时性呈现出国家在历史演进中的发展逻辑，这为国家形象表征提供辩证性锚点。历史作为"时空的进程与人文话语的双重叠加"，是现代国家基于政治合法性诉求而对过去发生事件的建构，旨在生成一种国家记忆模式，整合国家主权范围内不同群体，强调国家、民族与个人休戚与共，形成共同心理认同，推进现代国家形象建构。国家形象表征以综合国力历时性为辩证性锚点，不仅是对中华民族上下五千年历史脉络的掌控，更是对其内在规律的批判与创新。首先，历史书写中囊括了中华民族

---

① 习近平：《建设社会主义文化强国　着力提高国家文化软实力》，2014年4月，中国理论网（https://www.ccpph.com.cn/jbllhzdxswt_ 10174/ldjhhzywj/201404/t20140402_ 172663.htm）。

第七章 语文教材国家形象表征的影响因素

几千年来"合久必分，分久必合""一治一乱，治乱相循"的演进历程。如，对中国古代王朝政权更迭的本质、意义等的描述与解读。其次，历史书写中强化了中国共产党领导的革命历史，将红色记忆与现代国家记忆融为一体。如，从新民主主义革命到社会主义革命再到改革开放，中国共产党带领人民从争取民族独立、人民解放到追求国家富强贯穿了夺取政权与巩固政权的主题，将民族、国家与政权紧密结合。这将国家记忆在中华民族历史积淀与中国共产党奋斗历程中形成并深化，以直接的方式界定了"我们"如何成为"我们"。

（三）综合国力的应时而变为国家形象表征提供"多维空间"

综合国力的应时而变即综合国力随着时代向前发展不断变迁，其未来发展的多种可能性，为国家形象表征提供多维发展空间。

1. 综合国力的"最近发展区"为国家形象表征提供应然指向

综合国力不是静态的，而是动态的。其以国家现实样态为基础，以国家战略目标为指向，以国家宏观调控与市场调节为手段，不断延伸与变化。从本质上来说，正是这种延伸与变化的可能空间为国家形象表征提供应然指向。2017年，在党的十九大报告中，习近平同志指出"从十九大到二十大，是'两个一百年'奋斗目标的历史交汇期。我们既要全面建成小康社会、实现第一个百年奋斗目标，又要乘势而上开启全面建设社会主义现代化国家新征程，向第二个百年奋斗目标进军"[①]。这一论述既有对现阶段综合国力所及的水平进行了阐释（即全面建成小康社会所要达到的标准），也有对未来阶段综合国力的发展水平的预估。从目标层面上定位了下个一百年综合国力的应然样态。综合国力的延展性为国家形象表征提供应然指向。下面是专家访谈的摘录。

> 被访者（Z3-W1-1）：国家形象中除了包括中国古代恢宏历史成就，也应该涉及现代中国发展的成就，比如改革开放、中国加入世界贸易组织、中国跃升为全球第二大经济体，这些都是中国现代发展的表征。

[①] 习近平：《决胜全面建成小康社会　夺取新时代中国特色社会主义伟大胜利——在中国共产党第十九次全国代表大会上的报告》，人民出版社2017年版，第27页。

2. 综合国力的跨越式"叠加"为国家形象表征提供多维视野

处于"最近发展区"的综合国力是历史和现实的结合,以其为基础进行的国家形象表征产生超越各自独立状态之和的效能。从本质上说,国家形象表征不仅仅是一种"国家想象",而是不同时期国家形象再表征,这种表征方式以当代语境下综合国力作为参照系,历史与现实相遇在未来国家形象表征中,在一种指向未来发展的凝聚力量中合理形成对未来国家的预期以及国家形象表征。这可为国家形象表征提供更广阔的语境与视角。

三 综合国力为国家形象表征提供具体路径参照

综合国力是国家形象得以表征的根本影响因素,其具备鲜明的历史属性。在国家形象表征过程中,应把握综合国力的共识性与历时性特征,将不同历史阶段综合国力整体予以表征化,丰富国家形象表征层次。

（一）以综合国力现实取向为基础,保留国家形象的客观性特征

综合国力涵盖硬实力与软实力。硬实力是以客观实体要素为基生成,可用客观数据来衡量,如军事力量、科学发明、自然资源等,其本身具有客观性特征;软实力是以精神类要素为基生成,通常不使用客观数据来衡量,如文化、价值观、意识形态等,其本身具有主观性特征。然而无论是硬实力本身具备客观属性,还是软实力本身具备主观属性,其呈现出的样态皆可通过各类媒介进行主观化重塑。教材国家形象表征即是经过教材这一制度化媒介主观化重塑的结果,并在重塑过程中保留国家形象客观化特质。首先,教材是教育教学的依据,其所形塑的国家形象既作为一种象征符号又作为知识负载,这就决定其必须遵循科学化、客观化的标准。2019年,教育部发布《中小学教材管理办法》,对教材编写修订提出明确要求,即"内容选择科学适当"。这即是对教材知识的科学性作出明确阐释。作为教材知识的组成部分,国家形象表征必须遵循科学化标准,来适应于教育教学的基本要求。其次,教材是制度化媒介,其所表征的国家形象需反映综合国力客观化样态,力求展现真实的中国。2018年,在全国宣传思想工作会议上,习近平同志指出"要推进国际传播能力建设,讲好中国故事、传播好中国声音,向世界展现真实、立体、全面的中国,提高国家文

第七章 语文教材国家形象表征的影响因素

化软实力和中华文化影响力"①。这对国家形象表征作出明确定位，即"真实、立体、全面"。教材与其他媒介中国家形象表征共同讲好中国故事，力求呈现客观化的中国。

（二）以综合国力历时取向为基础，铸牢共同体意识

综合国力历时取向即以纵向时间为轴，处于历史上不同时期的国家力量样态。综合国力兼具横向空间与纵向时间特性，这使其成为构建共同体意识的重要依据。以纵向时间为轴，综合国力所指代的不仅是当代国家力量样态，而是将历史上不同时期的国家样态纳入其中，以历史书写来塑造国家形象，建构集体意识。一方面，综合国力历时取向着重将本国历史要素纳入国家形象表征范畴，这促进民族共同体意识的生成。2019 年，在全国民族团结进步表彰大会上，习近平同志指出"一部中国史，就是一部各民族交融汇聚成多元一体中华民族的历史，就是各民族共同缔造、发展、巩固统一的伟大祖国的历史"②。本国历史要素涵化整合了各民族，使之成为中华民族，也使得每个个体找到共同体的归属。另一方面，综合国力历史取向将世界历史要素纳入国家形象表征范畴，这促进命运共同体意识的生成。综合国力的强或弱是将单一国家置于世界各国总体之中形成的论断，这即是说明综合国力是大历史范畴的概念。第二次世界大战之后，世界政治格局几经变化，伴随东欧剧变、苏联解体，民族解放运动兴起，使得第三世界国家成为不可忽视的政治力量。在此背景下，全球目光从聚焦西方转移至东方，中国承担了全球治理的重大职责。2022 年，在党的二十大报告中，习近平同志指出"中国式现代化的本质要求是：坚持中国共产党领导，坚持中国特色社会主义，实现高质量发展，发展全过程人民民主，丰富人民精神世界，实现全体人民共同富裕，促进人与自然和谐共生，推动构建人类命运共同体，创造人类文明新形态。"③ 中国综合国力的

---

① 习近平：《举旗帜聚民心育新人兴文化展形象　更好完成新形势下宣传思想工作使命任务》，2018 年 8 月，中国政府网（http://www.gov.cn/xinwen/2018-08/22/content_5315723.htm）。

② 习近平：《在全国民族团结进步表彰大会上的讲话》，2019 年 9 月，中国政府网（http://www.gov.cn/gongbao/content/2019/content_5442260.htm?ivk_sa=1024320ll）。

③ 习近平：《高举中国特色社会主义伟大旗帜　为全面建设社会主义现代化国家而团结奋斗——在中国共产党第二十次全国代表大会上的报告》，2022 年 10 月，中国政府网（https://www.gov.cn/xinwen/2022-10/25/content_5721685.htm）。

提升，不仅将民族共同体内部成员拧成一股绳，也有能力将人类命运连结在一起，这使得国家形象表征具有铸牢两大共同体的作用。

（三）以综合国力未来取向为基础，构筑国家形象应然样态

综合国力中存在的"最近发展区"，更多地起到的是激发共同愿景、强化发展逻辑的功能，它是国家形象表征应然样态的重要构成。综合国力未来取向即以综合国力未来达到的应然样态为基本要素，将其纳入国家形象表征范畴，旨在构建理想的国家形象。2018年，在中国科学院第十九次院士大会、中国工程院第十四次院士大会上，习近平同志指出"我们比历史上任何时期都更接近中华民族伟大复兴的目标，我们比历史上任何时期都更需要建设世界科技强国"[①]。这是习近平同志分析国际国内大势，基于中国发展全局作出的战略性论断。该论断指出新时代中国特色社会主义现代化的理论目标以及达成目标的重要途径，也指出新时代国家形象应然样态即科技强国。这即是以综合国力未来可延展性为取向，将国家现实样态、未来应然样态贯穿起来，建构国家形象的可能样态。

第二节 语文课程标准决定语文教材国家形象表征的目标指向

语文教材国家形象表征是以语文课程标准为直接表征标准参照。语文课程系统是语文课程标准与国家形象的关系确立的基础。按照语文学科课程逻辑，语文学科除落实培养目标，同时也与语文学科的知识、能力培养体系相结合，依照学生发展的阶段性、渐进性、差异性等特征分解，形成一个具有语文学科属性的目标体系。表征是以此目标体系为标准，基于各年级语文课程标准生成具有年级差异的，乃至选文类型差异的国家形象。

一 语文课程分阶段目标决定国家形象表征的年级差异

不同学段课程目标的年级效应决定国家形象表征的差异性分布。

---

① 习近平：《在中国科学院第十九次院士大会、中国工程院第十四次院士大会上的讲话》，2018年5月，中国政府网（http://www.gov.cn/xinwen/2018-05/28/content_5294322.htm）。

第七章　语文教材国家形象表征的影响因素

（一）低学段语文课程目标的强工具取向导致国家形象表征占比较小

语文课程标准中低学段课程目标呈现较鲜明的工具取向，这导致国家形象表征的意义空间相对减少，进而影响低学段中国家形象表征分布的比重。《义务教育语文课程标准（2011年版）》中第一学段（1—2年级）关于"识字与写字""阅读""写话""口语交际"与"综合性学习"五类目标皆是对语言识别、积累以及运用等方面的具体要求，展现出强烈的工具取向。究其根本原因，该学段代表了人类认知发展水平较初级的阶段，这一学段的特征决定个体以接收生动、多样的形式性内容为主。因此，介于国家形象表征是建立在语言形式与语言内容之上的高级思辨思维发展的产物，这导致低学段中国家形象表征占比的局限性。下面是专家访谈的摘录。

被访者（Z2 - W3 - 1）：语文教材课程标准依照学生心理发展设定具体学段的课程目标，各学段或者年级课程目标对知识量与质上都有要求。例如，低学段或低年级学生所要掌握的知识量较少，所要求的内容目标以较低层面的语言语用为主。国家形象本就是意识形态化的内容，这部分在低学段或低年级就会较少。

被访者（Z4 - W3 - 2）：在语文课程标准中就涵盖了国家形象的内容目标，比如对中华民族优秀传统文化的要求、对社会主义核心价值观的要求，这些目标在小学低年级课程上有所体现，虽然与高年级相比，比较少。

（二）高学段语文课程目标的多层次性导致国家形象表征占比较大

语文课程标准中高学段课程目标的多层次性，促使国家形象表征分布较广。《义务教育语文课程标准（2011年版）》中第四学段（7—9年级）的课程目标在"识字与写字""阅读""写作""口语交际"与"综合性学习"中强调辩证、思辨思维的发展，增加了较大比重的散文、诗歌等人文性较强的内容，为国家形象表征提供了较多的资源，促进国家形象表征分布比重增大。

二　语文课程标准中的国家形象目标影响选文主题与类型

语文课程标准中对于国家形象内涵的关注程度对教材中各类主题选文的选择与分布产生直接影响。

（一）语文课程标准中对国家形象内涵的明确化程度影响选文主题

语文课程标准中是否涵盖国家形象内容标准以及其标准的明晰化、细节化程度，直接决定语文教材中是否纳入国家形象有关主题。尽管在语文课程标准中并未直接指明国家形象的目标，但是其总目标中关注的"爱国主义""集体主义""社会主义思想道德""认识中华文化的丰厚博大，汲取民族文化智慧""关心当代文化生活，尊重多样文化，吸收人类优秀文化的营养，提高文化品位"以及"培育热爱祖国语言文字的情感"等都是国家形象表征的关键点，可被视作"不完整的"国家形象目标，这切实地影响了选文主题中"文化遗产""精神风貌"等主题的具体分布。

（二）各学段课程目标中国家形象内涵的分段标准影响选文具体类型

语文课程标准中各学段课程目标中关于国家形象的分段内容标准，决定了选文的多种类型。第一学段（1—2年级）、第二学段（3—4年级）、第三学段（5—6年级）与第四学段（7—9年级）课程目标比较来说，由于面向认知水平不断提高的个体，其在"识字与写字""阅读""写作""口语交际"与"综合性学习"各领域目标中，在不断提高思维能力训练的同时，也提高了对情感、态度价值观念深刻程度的要求，促使各类国家形象主题要素从主要负载于文艺文到开始负载于实用文，从主要负载于白话文到开始负载于文言文，从更多关注当代选文，到大量纳入近现代与当代选文，选文类型的多种变化，不仅带来国家形象具体表征话语方式的变化，也带来国家形象表征内涵深度的变化。下面是专家访谈的摘录。

> 被访者（Z5-W3-3）：语文课程标准对于7—9年级的课程目标要求加大了对课程内容深度的要求，这使得语文教材中选文更具思辨性。
>
> 被访者（Z6-W4-2）：7—9年级语文课程标准对"阅读"目标

提出了较高的要求,其中,对文学作品与古文都提出明确要求。语文教材中也确实选入大量古文内容和有深度的文学作品。国家形象在这些选文中可能获得了更有深度的意义。

第三节 语文教材国家形象编写制度化是国家形象表征的决定因素

语文教材编写者对于国家形象本质内涵的把控程度,直接决定语文教材国家形象表征的具体样态。具体来说,包括以下方面。

一 语文教材编写取向决定国家形象表征的基本样态

语文教材编写取向对国家形象表征的影响,主要从"为谁育人"和"谁来育人"两个层面来思考。

(一)"为谁育人"指明语文教材国家形象表征的目标指向

"为谁育人"即指向教材所适用的对象。语文教材编写所服务的目标对象在学校、教师、学生之外,还存在"国家"这一应然客体。自20世纪初,现代语文教育开启至今语文教材发展已有百年历史,从民国以来的国统区国语、国文教材以及革命区的红色教材,国家形象表征经历了长期复杂的转变。在梳理这一转变历程中发现,语文教材国家形象表征与国家主流意识形态(政治意识形态、文化意识形态等)更迭密不可分。例如,1904年,《奏定学堂章程》颁布,处于风雨飘摇中的清政府将"西学东渐"的思想引入语文教材编写理念之中,语文教材国家形象表征定位于维护清政府政权;20世纪20年代至20世纪30年代新学制实行,"民主""科学"的理念开始渗透于语文教材中,语文教材国家形象表征定位转向构建民族国家观;20世纪30年代至20世纪40年代末国统区、革命区国语教材编写开始融入"以人为本"的思想,语文教材国家形象表征定位又转向建立民主国家。从语文教材国家形象表征演进历程来看,语文教材编写从维护封建统治,到注重社会思潮转向,再到摆脱封建束缚,其所服务的对象都围绕"国家"历史演进而变化。如此来看,"为谁育人"一直引领着语文教材国家形象表征目标转向。下面是专家访谈的摘录。

  被访者(Z1-W1-1):教材编写涉及经典问题"谁的知识最有价值"。其中纳入的选文,必然是隐含国家的价值偏向。
  被访者(Z2-W1-1):语文教材是国家统一编写,一定是反映了国家在语文教育教学方面的要求。

  中华人民共和国成立以来,语文教材经过"一纲一本""一纲多本""多纲多本"和统编版的编写历程,语文教材国家形象表征都是以服务社会主义建设为目的。1949年,全国教育工作会议召开,会议指明要建立中华人民共和国中小学课程体系,并要"以老解放区新教育经验为基础,吸收旧教育有用经验,借助苏联经验,建设新民主主义教育"①。1954—1976年,语文学科经历汉语、文学分科,到分科停止恢复常规语文课程,到陷入"教育大跃进"迷茫中,到开始重视基础知识与基础技能,再到过于强调政治伦理。尽管语文教育经历曲折演进,但语文教材国家形象表征的定位始终是培养"又红又专""德才兼备"的社会主义劳动者。1978—2000年,语文学科经历重拾"抓双基"到"语文科学化",再到"语文素养",语文教材国家形象表征逐步定位于服务社会主义现代化建设,着重培养社会主义建设者与接班人。21世纪以来,语文学科正式开启以素养为导向的改革,从"语文素养"到"语文核心素养",语文教材国家形象表征逐渐定位于国家认同的构建,使其既服务于国家发展战略,又服务于人民集体意识的构建。②回首中华人民共和国成立70余年,伴随社会主义现代化建设的不断深入,语文教材也经历着现代化,语文教材国家形象表征成为服务于中国特色社会主义现代化的基本凭借。

(二)"谁来育人"指明语文教材国家形象表征的直接塑造者
  关于"谁来育人",其指向教材国家形象表征的直接塑造者。教材编

---

  ① 中央教育科学研究所:《中华人民共和国教育大事记(1949—1982)》,教育科学出版社1984年版,第50页。
  ② 吕梦含:《润物无声 爱国有声——我国语文教科书"国家形象"的建构与实效》,《湖南师范大学教育科学学报》2016年第5期。

第七章　语文教材国家形象表征的影响因素

写者对于国家形象内涵的把控程度直接影响语文教材国家形象表征程度。自2001年新课程改革实施以来,"一纲多本"与"多纲多本"的教材建设政策实行十几年,国家、地方都成为语文教材编写的主体。在此期间,语文教材编写问题屡见不鲜。例如,上海市在编写小学语文教材时,出现了对古诗的删减。这不禁让人反思,语文教材作为母语教育的基本凭借,其是否能够担负语言能力培养以及民族文化传递的责任。习近平同志针对此类现象提出"我很不希望把古代经典的诗词和散文从课本中去掉,加入一堆什么西方的东西,我觉得'去中国化'是很悲哀的。应该把这些经典嵌在学生的脑子里,成为中华民族的文化基因"[1]。在面对亟待解决的"弱中国化"问题,自2017年秋季开始,语文、历史与政治(或道德与法治)三门意识形态色彩浓重学科的统编教材在全国中小学校中开始实行,以提升教材质量。在教材编写制度转变的语境下,语文教材国家形象表征主要来自国家统一组织的语文教材编写团队,他们把控了语文教材国家形象表征的基本价值取向,将语文教材国家形象表征打上"强中国化"的印记。

二　语文教材制度化管理保障国家形象表征的质量

教材制度化管理是从国家治理角度解决"为谁育人"以及"谁来育人"问题的手段。统编版语文教材国家形象表征受当前教材管理制度影响。

(一) 语文教材的国家治理取向影响国家形象表征

统编版语文教材国家形象表征是现有教材管理制度的实践化产物。习近平同志指出"要抓好教材体系建设。从根本上讲,建设什么样的教材体系,和新教材传授什么内容、倡导什么价值,体现国家意志,是国家事权"[2]。在立足中国国内国际发展现状,着眼于教育领域发展长远目标,对作为学校教育施行的第一载体教材提出明确的价值定位要求。2020年1

---

[1] 习近平:《不赞成课本去掉古诗词　应嵌在学生脑子里》,2014年9月,人民网(http://culture.people.com.cn/n/2014/0910/c22219-25631909.html)。

[2] 《擦亮"中国底色"的统编三科教材》,2018年1月,中华人民共和国教育部网站(http://www.moe.gov.cn/jyb_xwfb/moe_2082/zl_2018n/2018_03/201801/t20180115_324617.html)。

月,教育部印发《中小学教材管理办法》中明确指出基于国家事权的教材建设"必须体现中国和中华民族风格"。统编版语文教材是在这一政策背景下编撰、出版与发行的,其内在的国家形象表征中政治形象的凸显,正是对这一政策的落实。下面是专家访谈的摘录。

被访者(Z3-W1-1):2016年,国家开始对语文、历史与政治三门意识形态属性学科教材进行统一编写。今年1月,又出台《中小学教材管理办法》,其中,对中华民族优秀传统、革命传统、国家安全等融入教材提出了新要求。我想这也是对语文教材国家形象表征有着一定影响的。

(二)语文教材审查标准的国家形象指向性影响国家形象表征

教材审查标准对国家形象内容主题的考察,直接影响语文教材国家形象表征程度。教材审查不仅是对教材质量把控,也是对语文教材中是否进行了国家形象有效表征,以及对其中国家形象的表征程度的监测。在具体审查过程中,审查标准中是否覆盖对于国家形象的科学化标准至关重要,这直接关系着能否提供有效的国家形象衡量尺度来对语文教材国家形象表征进行科学监测。

(三)语文教材编写的制度化水平影响国家形象表征

教材编写专家团队对国家形象内涵的把控直接影响语文教材国家形象表征水平。当前语文教材专家团队囊括了语文教育各领域的专家,涉及语文研究、语文课程、教材研究等领域的专家。他们对国家形象内涵的专业理解直接决定哪些国家形象要素可纳入语文教材。下面是专家访谈的摘录。

被访者(Z3-W1-1):语文教材编写专家组对国家政策、语文课程标准中有关中华民族优秀传统文化、革命传统、国家安全、民族团结等内容要求的解读,影响一些主题的选文能够进入语文教材,这也是对语文教材国家形象表征有着一定影响的。

第四节 语文学科属性是决定语文教材
国家形象表征的直接因素

语文教材作为国家形象表征的媒介，与其他媒介（例如，数字化媒介、口口相传的原始媒介、传统报刊类纸质媒介）、其他学科教材的本质区别在于，语文教材是语文教育教学的基本依托，其自带语文学科属性，这决定了语文教材国家形象表征的个性化特征。语文学科属性与其他学科间的差异是一种预成性与生成性课程逻辑间的碰撞。[①] 只有把握语文学科属性，才能理解语文教材国家形象表征的异质化特性。因此，以语文学科属性为出发点，探究影响语文教材国家形象表征的直接因素。

一 语文学科属性奠定语文教材国家形象表征的基调

2001年，教育部颁布《义务教育语文课程标准（实验稿）》，其中明确指出："语文是最重要的交际工具，是人类文化的重要组成部分。工具性与人文性的统一，是语文课程的基本特点。"[②] 这是对语文学科属性予以的明确定位。基于这一定位，语文教材表现出话语建构功能以及国家形象表征呈现出语文学科化特征。

（一）语文学科属性决定语文教材具备自我表征功能

"工具性与人文性相统一"即语言与文化之间的协调统一。一方面，强调语言运用规律等形式化知识的有效组织与呈现，另一方面，强调语言形式之下的内容性知识，常指语言所负载的历史文化要素。"工具性与人文性相统一"，强调的是语言形式与内容为一体。语文学科的"工具性与人文性相统一"即是指语文学科以语言运用规律等形式化知识体系及其负载的文化价值体系为特性，语言形式是"血液"，语言内容是"骨肉"，两

[①] 于源溟：《预成性语文课程基点批判》，博士学位论文，湖南师范大学，2004年，第156—169页。

[②] 中华人民共和国教育部：《全日制义务教育语文课程标准（实验稿）》，北京师范大学出版社2001年版，第1页。

者"血肉相连",合为一体。作为语文学科系统知识主要载体的语文教材,将"工具性与人文性相统一"属性外显化,展现出语言形式与语言内容的合理化融合与运用。符号学家查尔斯·皮尔斯将符号划分为图像符号、指索符号与象征符号三类,其中语言是象征性符号的典型代表,这是因为语言本身与其所表征的对象之间没有必然联系,它用来表征何种事物的标准建立在社会集体意识之上。依照此来看,语文教材,一方面由于其是语言形式的集合体,自然具备可表征事物的特性;另一方面,由于其语文形式伴随着系统语言内容,直接提供社会集体意识框架。这使语文教材自身就具备表征任何事物的可能性。下面是专家访谈的摘录。

被访者(Z7-W1-1):语文不仅是一门工具性学科,也是一门人文性学科。这决定了语文教材既要重视语言训练,又要重视文化内容的获得。我认为语文教材国家形象表征既与语言具有符号性功能有关,又与符号所指代的具体内容以及情感有关。

被访者(Z9-W1-1):语文学科属性定位为工具性与人文性相统一,我觉得这工具就是指语言工具,人文就是语言背后的文化。语言本身就可以建构事物,就像学生在口语交际练习过程中,通过学生讲述,他们建构了自己的世界。同样,我认为语文教材中所涵盖的标准化的母语语言,也建构了我们自己的母语世界,这里面肯定含有国家的形象。

(二)语文学科属性决定语文教材国家形象表征的学科化特征

"工具性与人文性相统一"作为语文学科的本质属性,可辐射至语文学科内部的全领域,使得其内部各类内容带有学科属性色彩。从内容领域的听、说、读、写作、口语交际,到形式范畴的实用文、文艺文、文言文、白话文,无一不彰显着语文学科属性,将工具性与人文性相统一贯彻其中。而对于语文教材国家形象表征而言,自然而然将学科属性贯彻其中,呈现出带有"工具性与人文性相统一"的特征。

二 语文学科属性决定语文教材国家形象表征空间的延伸性

基于语文学科属性进行的国家形象表征,呈现出国家形象的多维空间样态。

（一）语文学科属性决定语文教材国家形象表征空间多维化

"工具性与人文性相统一"将其内部的国家形象表征置于语文学科化语境中，自然化地创生多维表征空间。从生产生活空间（如《采桑子》）到地理环境空间（如《黄河颂》），从个人成长空间（如《邓稼先》）到民族发展空间（如《七律长征》），表征囊括多维空间叙事，展现立体化的国家形象。下面是专家访谈的摘录。

> 被访者（Z6-W1-1）：语文教材中能够成为国家形象表征内容的素材很多，比如很多描写祖国大好河山的课文，像《黄山奇石》；还有描写伟人的课文，像《青山处处埋忠骨》；还有描写英雄人物的课文，像《黄继光》。语文教材本身可以提供很多进行国家形象表征的基础性内容。
>
> 被访者（Z9-W1-1）：语文教材中有很多本身就有国家形象意味的内容。比如《土地的誓言》，描写对土地的依恋；比如《邓稼先》这类描写归国人才对祖国深沉的爱与担当；比如《开国大典》这类描写国家建立的场景。这些课文都是有关国家形象的内容。

（二）语文学科属性决定语文教材国家形象表征空间可延伸性

"工具性与人文性相统一"指向语言形式与语言内容的统一，这决定了语文教材国家形象表征过程中"言""意"兼得的特征。"言"为国家形象表征提供直接凭借，"意"为国家形象表征赋予意义，两者构成的国家形象表征空间不仅具备"言"的确定性，还具备"意"的延展性，将语文教材国家形象表征赋予了更广阔的想象空间。

第五节 学生发展特征与需求是影响国家形象差异化表征的主要因素

语文教材国家形象表征呈现了学段与年级差异，而"学段"与"年级"本质上对应学生身心发展的不同阶段,这说明语文教材国家形象表征呈现出与学生身心发展趋势相一致的特征。因此,本部分将从学生层面分析影响语文教材国家形象表征呈现出差异化样态的因素。

一 学生发展特征决定国家形象表征呈现学段与年级差异

语文教材作为语文教育教学的基本凭借,其本质是育人,其使用主体主要是学生,这决定了语文教材在编写过程中必须遵循学生身心发展规律,将语文教材内容基于身心发展逻辑加以组织。因此,语文教材国家形象表征也贯穿了学生身心发展逻辑主线。各阶段学生发展特征决定了语文教材国家形象表征的差异化。例如,在国民表征上,从第一学段的故事性素描,如《王二小》,到第二学段开始精细化描写,如《梅兰芳蓄须》,再到第三学段的特征鲜明化的人物描写,如《詹天佑》,到第四学段较为复杂化的人物描写,如《卖油翁》。国民要素随着学段提升,人物负载的信息量逐渐增大,与人物相关内容呈现方式也增多。这与学生身心发展的特征是一致的,即随着身心发展水平的提高,与之相匹配的语文教材内容在深度上增加,在数量上也要增加。下面是专家访谈的摘录。

> 被访者(Z2-W3-3):语文教材国家形象表征呈现出学段与年级差异化现状,主要是由学生身心发展特征决定的。学生身心发展水平的提高,决定他们所属学段或年级的提升,所面对语文教材中呈现知识的数量与难度都会提升,这影响了各学段或年级上国家形象表征的样态。

> 被访者(Z4-W3-3):语文教材国家形象表征出现学段或年级的差异,这应该是由于语文教材是依照人的身心发展规律编写的,而国家形象表征来源于语文教材内容,也是遵照身心发展规律的。

二 学生发展需求决定国家形象表征呈现学段与年级差异

语文教材作为语文知识的载体,其内容组织也贯穿了知识逻辑线。单一知识逻辑线未考虑学生身心发展规律,单一学生身心发展的逻辑线未考虑知识延展规律,都不能有效组织语文教材内容,只有知识逻辑参照学生身心发展规律而延展才能兼顾知识与个体间的相互平衡。因此,可以说语

第七章 语文教材国家形象表征的影响因素

文教材中知识必须以学生发展的阶段性诉求为基础，是为满足学生发展而进行的选择。语文教材国家形象表征呈现的学段与年级差异，在一定程度上，也是学生不同阶段发展需求的差异化体现。例如，高学段物质要素无论是在主题范围，还是在主题呈现方式上，其多样性都显著多于低学段。例如选文体裁类型增多、文言文比重增加，各时代选文都逐渐增加。这些方面的差异化一方面基于学生发展规律，另一方面也基于由不同发展阶段引发对知识的高层次诉求上。因此，可以说，学生发展的需求决定了语文教材国家形象表征呈现出学段与年级差异化。

第八章
研究结论与建议

本章呈现了关于语文教材国家形象表征情况及其特征、语文教材国家形象表征的学段差异情况及其特征、语文教材国家形象表征的年级差异情况及其特征、语文教材国家形象表征的影响因素等方面的研究结论，基于此，从语文教材国家形象建构的方位性、语文教材国家形象多层面的表征体系以及语文教材国家形象表征的路径三方面提出建议。

第一节 研究结论

一 结论一：语文教材国家形象表征现状及其特征

（一）语文教材国家形象表征总体现状及特征

语文教材国家形象表征上，物质要素占比41.78%，文化要素占比21.00%，政治要素占比19.48%，国民要素占比17.74%。其中，物质要素占比最大，国民要素占比最小。这说明，语文教材国家形象表征中，物质要素最为丰富，国民要素最为贫乏，最为关注国家形象之客观化属性表征，最为注重国家硬实力样态，最不关注国家形象之个体化属性表征，最为不关注国家普通民众现实样态。

（二）语文教材国家形象表征具体现状及特征

物质要素上，领土主权主题占比4.84%，地理风貌主题占比26.88%，生态环境主题占比7.02%，科学技术主题占比3.05%。其中，地理风貌主题占比最大，科学技术主题占比最小。这说明物质要素展现了最为丰富的国家地理样态，展现了最为贫乏的国家科技样态，最为注重物质要素之客观形态，最为不关注物质形象之效用。

文化要素上，文化遗产主题占比较大（12.08%），民俗习惯主题占比稍小（8.92%）。这即说明文化要素展现相对丰富的历史文化遗产样态，以及相对贫乏的民俗习惯样态。这表示，在文化要素上，相对关注客体属性的表征，较为关注民族记忆的塑造，较少关注主题属性成分，较少关注统一化民族行为模式。

政治要素上，政治人物主题占比较大（11.10%），政治行为主题占比稍小（8.38%）。这说明，政治要素展现相对丰富的国家治理权力主体基本样态，以及相对贫乏的权力主体所支配的行为样态。这表示，在政治形象上，相对关注政权治理中的主体人物，较为关注政治要素支配属性的表征，较少关注政权治理中的行为，较少关注政治要素实践属性的表征。

国民要素上，精神风貌主题占比较大（10.17%），典型行为主题占比稍小（7.56%）。这说明，国民要素展现相对丰富的国民精神风貌样态，以及相对贫乏的国民行为样态。这表示，在国民要素上，相对关注普通民众所呈现出的精神氛围，较为关注国民要素内隐属性的表征，较少关注普通民众所表现出的行为，较少关注国民要素外显行为的表征。

二 结论二：语文教材国家形象表征学段间差异状况及其特征

（一）语文教材国家形象表征学段间总体差异状况及其特征

1. 各学段物质要素占比最多且占比逐渐增大，呈现显著学段差异

各学段物质要素呈现显著学段效应。各学段语文教材中物质要素的占比，更高的学段显著多于相对低的年级，各学段间差异显著。物质要素随着学段升高，其表征主题（领土主权、地理风貌、生态环境、科学技术）都逐渐增加，表征内容逐渐丰富，呈现出显著学习进阶样态。

2. 文化要素占比较多，呈现出学段差异，在第四学段较为突出

文化要素呈现出学段差异。在第四学段中，文化要素呈现最多。这说明第四学段中文化要素分布最为集中。文化要素中文化遗产主题与民族风俗主题随着学段升高覆盖选文主题较多。这说明,文化要素总体上呈现随着学段提升而不断丰富的趋势,但在第二、第三学段间,无论是在文化要素的要点数量上,还是在文化要素的内容深度上,都呈现出较为一致的样态。总的来说,语文教材中文化要素仅呈现出学习进阶的趋势,即大体遵循了心理发展规律进行表征。

3. 政治要素占比未出现学段差异

语文教材中政治要素呈现出随着学段增加,而逐渐增多的趋势,但未达到显著性水平。这说明,所有学段间的政治要素的要点数量呈现出较为稳定、一致的样态。因此,语文教材中政治要素未呈现出显著的学段效应,即未出现学习进阶的样态。这也进一步指出,语文教材中政治要素未遵照心理发展规律进行表征。

4. 国民要素占比呈现不完全学段差异

语文教材中国民要素大体上呈现出随着学段增加而逐渐增多趋势,但在个别学段间差异未达显著性水平。第四学段国民要素显著多于第一学段,显著多于第二学段。第三学段国民要素与第一学段、第二学段间差异均不显著。第二学段国民要素显著多于第一学段。这说明,国民要素总体上呈现随着学段提升而不断丰富的趋势,但在第二、第三学段间,国民要素的要点数量上呈现出较为稳定、一致的样态。总体上,语文教材中国民要素仅呈现出学习进阶的趋势,即大体遵循了心理发展规律进行表征。

(二) 语文教材国家形象表征各学段上具体差异状况及其特征

1. 第一学段上,物质要素占比最大,国民要素占比最小

第一学段语文教材中,物质要素占比最大(4.03%),国民要素占比最小(0.38%)。这即说明,第一学段上,语文教材中物质要素最为丰富,国民要素最为贫乏。这表示,第一学段语文教材最为重视国家形象之客观属性的表征,最为关注国家硬实力样态,最为不重视国家形象之个人属性的表征,最为不关注国家普通民众现实样态。

2. 第二学段上,物质要素占比最大,文化要素占比最小

第二学段语文教材中,物质要素占比最大(7.02%),文化要素占比最小(1.69%)。这说明,第二学段上,语文教材中物质要素最为丰富,

文化要素最为贫乏。这表示，第二学段语文教材最为重视国家形象之客观属性的表征，最为关注国家硬实力样态，最为不重视国家形象之历史文化属性的表征，最为不关注国家软性力量。

3. 第三学段上，文化要素占比最大，国民要素占比最小

第三学段语文教材中，文化要素占比最大（6.04%），国民要素占比最小（1.52%）。这说明，第三学段上，语文教材中文化要素最为丰富，国民要素最为贫乏。这表示，第三学段语文教材最为重视国家形象之历史文化属性的表征，最为关注国家软性力量，最为不重视国家形象之个人属性的表征，最为不关注国家民众现实样态。

4. 第四学段上，物质要素占比最大，文化要素占比最小

第四学段语文教材中，物质要素占比最大（26.44%），政治要素占比最小（11.48%）。这说明，第四学段上，语文教材中物质要素最为丰富，政治要素最为贫乏。这表示，第四学段语文教材最为重视国家形象之客观属性的表征，最为关注国家硬实力样态，最为不重视国家形象政治属性的表征。

三 结论三：语文教材国家形象表征年级间差异状况及其特征

（一）语文教材国家形象表征年级间总体差异状况及其特征

1. 各年级物质要素展现最多占比逐渐增大，呈现显著年级差异

年级间物质要素大体上呈现出随着年级升高而逐渐占比增加的样态。这说明，物质要素随着年级升高而不断丰富，无论是物质要素的要点数量上，还是物质要素的内容深度上，都呈现出显著的年级效应，即语文教材中物质要素呈现极为连续的学习进阶样态。

2. 高年级文化要素占比较多，5—9 年级呈现显著年级差异

7—9 年级的文化要素占比呈现出年级效应，1—6 年级的文化要素占比未呈现年级间差异，这说明，7—9 年级间文化要素大体上呈现出随着年级升高而占比逐渐增加的样态，1—6 年级文化要素呈现较为稳定的样态。这说明，文化要素虽然在7—9 年级呈现随着年级升高而不断丰富的样态，即无论是在文化要素的要点数量上，还是在文化要素的内容深度上，都呈现出显著的年级效应，但在1—6 年级间文化要素丰富程度较为一致。总体

上,语文教材中文化要素呈现出连续学习进阶的趋势,但具体年级间并未完全遵照心理发展规律进行表征。

3. 政治要素占比未呈现显著年级差异

政治要素未出现显著年级差异。各年级语文教材中政治要素占比虽然呈现出随着年级增加,而逐渐增多的趋势,但各年级间的差异并不显著。这表示,各年级上用以表征国家形象的政治要素在各年级均衡分布,所有年级间的政治要素在表征要点数量上呈现出较为稳定、一致的样态。这说明政治要素虽然遵循心理逻辑表征,但是并未达到跟随认知发展水平变化而显著变化的标准,也未出现显著学习进阶样态。

4. 国民要素占比未呈现显著年级差异

国民要素未出现显著年级差异。各年级语文教材中国民要素占比呈现出随着年级增加,而逐渐增多的趋势,但各年级间的差异并不显著。这说明,虽然国民要素呈现随着年级提升而不断丰富的趋势,但在表征要点具体数量上呈现跨年级的一致性。这表示,各年级上用以表征国家形象的国民要素在各年级均衡的分布,并未完全遵循心理发展规律,也未呈现纵向学习进阶的样态。

(二)语文教材国家形象表征年级上具体状况及其特征

1. 1年级上,物质要素占比最大,国民要素占比最小

1年级语文教材中,物质要素占比最大(0.98%),国民要素占比最小(0.22%)。这即说明,1年级上,语文教材中物质要素最为丰富,国民要素最为贫乏。这表示,1年级语文教材最为重视国家形象之客观属性的表征,最为关注国家硬实力样态,最为不重视国家形象之个人属性的表征,最为不关注国家普通民众现实样态。

2. 2年级上,物质要素占比最大,国民要素占比最小

2年级语文教材中,物质要素占比最大(3.05%),国民要素占比最小(0.16%)。这即说明,2年级上,语文教材中物质要素最为丰富,国民要素最为贫乏。这表示,2年级语文教材最为重视国家形象之客观属性的表征,最为关注国家硬实力样态,最为不重视国家形象之个人属性的表征,最为不关注国家普通民众现实样态。

第八章 研究结论与建议

3. 3 年级上，物质要素占比最大，政治要素占比最小

3 年级语文教材中，物质要素占比最大（3.38%），政治要素占比最小（0.16%）。这即说明，3 年级上，语文教材中物质要素最为丰富，政治要素最为贫乏。这表示，3 年级语文教材最为重视国家形象之客观属性的表征，最为关注国家硬实力样态，最为不重视国家形象之权力属性的表征，最为不关注政治上层建筑的样态。

4. 4 年级上，物质要素占比最大，文化要素占比最小

4 年级语文教材中，物质要素占比最大（3.64%），文化要素占比最小（0.60%）。这即说明，4 年级上，语文教材中物质要素最为丰富，文化要素最为贫乏。这表示，4 年级语文教材最为重视国家形象之客观属性的表征，最为关注国家硬实力样态，最为不重视国家形象历史文化属性的表征，最为不关注国家软性力量的现实样态。

5. 5 年级上，文化要素占比最大，国民要素占比最小

5 年级语文教材中，文化要素占比最大（2.39%），国民要素占比最小（0.32%）。这即说明，5 年级上，语文教材中文化要素最为丰富，国民要素最为贫乏。这表示，5 年级语文教材最为重视国家形象历史文化属性的表征，最为关注国家软性力量的现实样态，最为不重视国家形象之个人属性的表征，最为不关注国家普通民众的现实样态。

6. 6 年级上，文化要素占比最大，国民要素占比最小

6 年级语文教材中，文化要素占比最大（3.65%），国民要素占比最小（1.20%）。这即说明，6 年级上，语文教材中文化要素最为丰富，国民要素最为贫乏。这表示，6 年级语文教材最为重视国家形象历史文化属性的表征，最为关注国家软性力量的现实样态，最为不重视国家形象之个人属性的表征，最为不关注国家普通民众的现实样态。

7. 7 年级上，物质要素占比最大，文化要素占比最小

7 年级语文教材中，物质要素占比最大（6.09%），文化要素占比最小（1.03%）。这即说明，7 年级上，语文教材中物质要素最为丰富，文化要素最为贫乏。这表示，7 年级语文教材最为重视国家形象之客观属性的表征，最为关注国家硬实力样态，最为不重视国家形象历史文化属性的表征，最为不关注国家软性力量的现实样态。

8. 8年级上，物质要素占比最大，政治要素占比最小

8年级语文教材中，物质要素占比最大（16.05%），政治要素占比最小（4.19%）。这即说明，8年级上，语文教材中物质要素最为丰富，政治要素最为贫乏。这表示，8年级语文教材最为重视国家形象之客观属性的表征，最为关注国家硬实力样态，最为不重视国家形象之权力属性的表征，最为不关注政治上层建筑的样态。

9. 9年级上，政治要素占比最大，文化要素占比最小

9年级语文教材中，政治要素占比最大（4.57%），文化要素占比最小（1.42%）。这即说明，9年级上，语文教材中政治要素最为丰富，文化要素最为贫乏。这表示，9年级语文教材最为重视国家形象之权力属性的表征，最为关注国家政治上层建筑的现实样态，最为不重视国家形象之历史文化属性的表征，最为不关注国家软性力量的现实样态。

四 结论四：语文教材国家形象表征的影响因素

（一）综合国力的实然样态

综合国力作为对国家政治、经济、文化等各方面的综合衡量，其代表一国特定时期硬实力（如军事、科技、物质）与软实力（如文化、价值观），是一国核心竞争力的直接表现。国家形象作为软实力的重要表现，其伴随综合国力总体样态的变化而变化。综合国力的提升，提升国家形象，反之，国家形象的提升，反映了综合国力的提升。在此层面上，综合国力的实然样态影响国家形象表征基本样态。

（二）语文课程标准中国家形象内容目标的明确化程度

语文课程标准中分阶段目标决定语文教材国家形象表征的年级效应。语文课程标准中关于国家形象内涵的细化程度决定语文教材国家形象表征的具体样态。语文教材国家形象表征是以语文课程标准为直接表征参照。语文课程系统是语文课程标准与国家形象的关系确立的基础。按照语文学科课程逻辑，语文学科除落实培养目标，同时也与语文学科的知识、能力培养体系相结合，依照学生发展的阶段性、渐进性、差异性等特征分解，形成一个具有语文学科属性的目标体系。表征是以此目标体系为标准，基于各年级语文课程标准生成具有年级差异的，乃至选文类型差异的国家

形象。

(三) 语文教材国家形象编写制度化水平

国家形象是否在语文教材中加以表征，其表征的具体程度，与语文教材关于国家形象方面编写的制度化程度有关。一是语文教材编写者对国家形象理解的规范化程度。语文教材编写者对于国家形象本质内涵的把控程度，直接决定语文教材国家形象表征的具体样态。二是语文教材编写过程的规范化程度。语文教材国家形象编写的制度化程度直接影响语文教材国家形象表征。

(四) 语文学科属性

语文学科属性即工具性与人文性相统一，其奠定语文教材国家形象表征的基本基调，决定语文教材具有自我表征功能，以及语文教材国家形象表征的学科化特征。语文学科属性也决定语文教材国家形象表征空间的延伸性，决定语文教材国家形象表征空间多维化，以及决定语文教材国家形象表征空间可延伸性。

(五) 学生发展特征与需求

学生发展特征决定国家形象表征呈现学段与年级差异。语文教材作为语文教育教学的基本凭借，其本质是育人，其使用主体主要是学生，这决定了语文教材在编写过程中必须遵循学生身心发展规律，将语文教材内容基于身心发展逻辑加以组织；学生发展需求决定国家形象表征呈现学段与年级差异。语文教材作为语文知识的载体，其内容组织也贯穿了知识逻辑线。单一知识逻辑线未考虑学生身心发展规律，单一学生身心发展的逻辑线未考虑知识延展规律，都不能有效组织语文教材内容，只有知识逻辑参照学生身心发展规律而延展才能兼顾知识与个体间的相互平衡。

第二节 研究建议

基于对现有研究结果的思考，现回归教材国家形象建构的基础性问题，思考面向新时代的教材国家形象到底如何建构，旨在为未来语文教材国家形象建设提供理论参考。

一　应明确语文教材国家形象建构的方位性

（一）重视国家意志引领教材国家形象建构的关键点

1. 中国共产党把控教材国家形象建构的主导权

2014年，中国共产党第十八届中央委员会第四次全体会议通过了《中共中央关于全面推进依法治国若干重大问题的决定》，其中明确指出"党的领导是中国特色社会主义最本质的特征"。这是以习近平同志为核心的党中央总结中国特色社会主义发展历程得到的深刻结论。"六合同风，九州共贯。"毫无疑问，在当代中国，中国共产党作为长期的执政党，对国家与社会起着引领、支配与影响的巨大力量。这种力量源自中国共产党依宪治国、依宪执政的法理基础，它在总体上表现为对中国特色社会主义道路、理论体系、制度的领导，在具体上表现为对政治、经济、文化等领域的实际支配与影响。因此，新时代教材国家形象建构必须在中国共产党领导的框架下加以讨论，必须厘清中国共产党与教材国家形象建构的内在联系。

中国共产党对教材国家形象建构的主导权，突出体现在对教材国家形象建构知识取向与道德取向的引导。中华人民共和国成立以来，教材建设与中国共产党领导的社会主义发展走向紧密相关，从体现"又红又专"，到转向"知识为本"，到关注"创新为本"，再到开启"效能为本"。教材建设始终是中国共产党意识形态领导权的直接反映。"意识形态领导权"最早由西方马克思主义理论家安东尼奥·葛兰西提出，是指"知识和道德的领导权"。社会主义意识形态领导权是中国共产党带领的中国人民对存在于中国政治、经济与文化等领域中的知识、价值观等方面的绝对主导权，是国家政治文化安全的制度性保障。随着中国共产党领导的社会主义发展进程的推进，中国共产党的意识形态领导权从引领教材内容建设，到引领教材体系建设，再到引领教材制度建设，使教材建设服务于社会主义现代化发展要求。而教材国家形象建构作为教材建设的构成部分，其必然服务于社会主义现代化建设，受中国共产党的意识形态领导权所支配。教材国家形象建构知识取向与道德取向奠定了教材国家形象建构的基点。中国共产党对教材国家形象建构知识取向与道德取向的把控，是基于对教材显性知识体系与隐性知识体系的综合考量，是从国家治理层面主导国家形象建构内容的基本取向，以确保以教材为媒介进行的国家形象建构总体方向与国家战略相统一。

2. 新时代历史方位奠定教材国家形象建构的基调

新时代历史方位决定教材需进行新时代国家形象建构。党的十九大报告中指出"经过长期努力，中国特色社会主义进入了新时代，这是中国发展新的历史方位"。新时代是承前启后，继往开来，在新的历史条件下继续夺取中国特色社会主义伟大胜利的时代，是决胜全面建成小康社会、进而全面建设社会主义现代化强国的时代，是全国各族人民团结奋斗、不断创造美好生活、逐步实现全体人民共同富裕的时代，是全体中华儿女勠力同心、奋力实现中华民族伟大复兴中国梦的时代，是中国日益走进世界舞台中央、不断为人类作出更大的贡献的时代。新时代凸显了我们党对中国历史机遇与战略机遇方向的把控，是党和国家实现"两个一百年"奋斗目标的深层规划。这是中国现阶段发展的基本定位。新时代内涵指出了新时代的历史脉络、实践主题、人民性、民族性与世界性，为教材进行新时代国家形象建构提供具体方位。

理解新时代的国家形象内涵，首先，新时代的国家形象既体现出对中华民族上下五千年理性智慧的继承，又呈现了马克思主义中国化的最新成果，展现继往开来、守正出新的国家风貌。其次，新时代的国家形象是以实现从大国形象向强国形象跨越为目标，即表现为从数量转向质量，从效率转向公平，从硬实力转向软实力，从器物现代化转向制度现代化，最终生成全面现代化的国家形象。再次，新时代国家形象的突出特征是国家综合实力的质性提升。表现为：物质维度上，经济发展从单一生产总值的优势走向质量与效益不断提升，生态环境从资源消耗、环境损害走向低碳循环、绿水青山；文化维度上，优秀传统文化从体现深厚民族底蕴、博大精深的哲学思想走向展现永恒魅力、精神感召力，中国特色社会主义文化从筑牢核心价值、文化力量走向厚植红色基因、中国底色；制度维度上，经济体制从集中权力、单向主导转向简政放权、规则公平，政治体制从完善制度、规范程序转向巩固治理、权力转移；行为维度上，社会行为从强调责任意识、权利意识转向强调公共理性、共同体命运感，个人行为从对政治身份的理性自觉、伦理自觉走向对政治身份的理性自信、伦理自信。最后，新时代国家形象的建构路径是从国家治理层面设定国家形象建构标准。一是新时代国家形象建构主体来自中国，由多元行动者、政府、社会等组成。二是新时代国家形象建构的客体包含物质、精神、人与制度，由多元主体协同选择。三是新时代国家形象建构规则是由多元主体协同制定，代表多方权力与利益。从国家治理层面设定国家形象建构标准是新时代国家形象建构从立足"他者"转向彰显"自我"的基本保障，充分体现国家形象建构主体的主导地位，发挥主体独特的历史与现实价值，推动新时代国家形象从大国向强国的迈进。因此，明确新时代国家形象建构标准的主体以及建构主体的历史定位，形成自我化国家形象建构话语、自我化国家形象建构维度、自我化国家形象建构媒介是新时代国家形象建构的基本思路，是实现建构新时代现代化强国的重要标志。

3. 国家统筹管理确保教材国家形象建构的过程效能

国家统筹管理是从制度化层面把控教材国家形象建构的诸环节。2020年1月，国家教材委员会印发《全国大中小学教材建设规划（2019—2022年）》，从教材编写、审定、选用、评价等多方面明确权责，落实党和国家对于教材建设的明确要求。同年，教育部印发《中小学教材管理办法》，对教材管理、编写修订、审核、出版发行、选用使用等方面作出详尽规范，为提高教材建设水平提供准则性纲领。自此，党和国家对教材建设实行统筹管理，对教材施行全方位监督与审查，以确保教材建设系统化、合理化进行。在此背景下，党和国家对教材国家形象建构需施行统筹管理，以保障教材国家形象建构有效进行。首先，国家统筹教材国家形象建构的主体。国家作为教材国家形象建构宏观层面的主体，肩负着全面规划与设计的统领职责，不仅对教材国家形象进行总体定位，而且对地方、学校两级主体的教材国家形象建构进行总体导向。其既要整合各类资源背后的"国家意志"，统筹多级主体，推进教材国家形象建构，又要在教材国家形象建构过程中，维护国家在国家形象建构中的话语权以及绝对主导地位，充分承担国家在权力配置中的"导向者"角色，以实现教材国家形象建构主体制度化。其次，国家统筹教材国家形象建构的制度。教材国家形象建构的制度即指向以国家形象建构为导向的教材管理制度，其是国家统筹管理教材建设的重要组成部分，也是国家事权深入教材领域的基本操作。具体来说，国家需构建国家形象建构标准，在教材编写、审核、选用与评价

第八章 研究结论与建议

等环节中，从国家形象的知识逻辑、国家形象的事权逻辑、国家形象的传播逻辑以及国家形象的生成逻辑等视角介入教材管理，对教材国家形象建构进行制度化管理，切实监督教材国家形象建构的合理性与有效性。最后，国家统筹教材国家形象建构的机制。教材国家形象建构的机制涉及对教材国家形象建构过程诸环节的规范化，是推动教材国家形象建设的主要力量。其既包括教材国家形象建构主体间监测共治的机制，也包括教材国家形象建构的直接动力机制，即国家、教材审查机构以及教材市场等针对国家形象话语立场、国家形象表征要素等方面建立统一的准入与淘汰机制。

（二）重视时代精神贯穿教材国家形象建构的重点

新时代教材建设必须坚持马克思主义指导地位，体现马克思主义中国化要求，体现中华民族风格，体现党和国家对教育的基本要求，体现国家和民族基本价值观，体现人类文化知识积累和创新成果。这即是说，新时代教材建设需集中回答当代中国需要建设什么样的教材，建设什么样的教材才能充分体现国家意志、服务社会发展、满足群众需要，科学阐释了教材的国家属性、民族属性、教育属性、价值属性、文化属性。从这个意义上来讲，教材国家形象建构作为教材建设的重要组成部分，必须遵循新时代教材建设的应然要求。

1. 马克思主义中国化理论引领教材国家形象建构的基本方向

马克思主义中国化理论是马克思主义基本原理扎根中国大地，同中国具体实际相结合，形成的具有中国特色的马克思主义理论。其是马克思理论中国化实践与创新的成果，是党和人民实践经验和集体智慧的结晶。从以毛泽东同志为代表的中国共产党人，以民族独立、人民解放为己任，将马克思主义基本原理与中国革命经验相结合，形成毛泽东思想；到以邓小平、江泽民、胡锦涛为代表的中国共产党人，以建成小康社会为阶段性目标，将马克思主义基本原理与中国改革开放经验相结合，形成了包括邓小平理论、"三个代表"重要思想、科学发展观在内的中国特色社会主义理论体系；再到以习近平同志为核心的党中央，以实现中华民族伟大复兴为目标，将马克思主义基本原理同新时代中国实际相结合，创立习近平新时代中国特色社会主义思想。经历几代共产党人的不懈努力，马克思主义中国化理论具有鲜明的本土特色,成为我党解决中国实际问题的理论依托。

马克思主义中国化理论是教材国家形象建构的理论指南。教材国家形象建构是一个国家或者民族"想象共同体"自我认知的过程,是上层建筑的重要组成部分,承载和凝聚着国家发展和人才培养的知识、思想、观念、价值和行为方式,具有鲜明的意识形态属性。[①] 马克思主义中国化理论引领的教材国家形象建构,可将这一"自我认知"过程合理化与正当化。主要体现在：第一,马克思主义中国化理论为教材国家形象建构提供理论方位。新时代马克思主义理论最新成果指向习近平新时代中国特色社会主义思想,其立足中华民族"强起来"的现实愿景,给予新时代教材国家形象建构以明确的价值定位；第二,马克思主义中国化理论为教材国家形象建构提供理论内涵。马克思主义中国化理论在民族独立与解放、民族复兴与中国梦实现的道路上发挥重要引领作用,它不仅以其深邃的理论和无可辩驳的科学精神唤起了世界范围内诸多民族的觉醒,促进中国实践取得了民族独立和人民解放的成果,还以其解放思想、实事求是的价值哲学与中国传统文化的思想施行对接,促进中国优秀传统文化传承与发展。[②]这为教材国家形象建构给予丰富民族内涵与文化内涵；第三,马克思主义中国化理论为教材国家形象建构提供方法论。马克思主义中国化理论作为一个统一的思想体系,既有一脉相承的内核及传统,又有与时俱进的应变及创新传递着不断变化着的时代精神。[③] 其能与各民族的特点相融合,能随着实践、科学和时代的发展而发展,是一个与世开放、广泛包容、善于吸纳进步文明成果而不断创新的伟大理论。作为新时代教材国家形象建构的方法论,其不仅开启了教材国家形象建构问题方法论的变革,达到国家战略地位的新境界,将教材国家形象建构与国家的政治、经济、制度及文化相联系,注重国家形象建构的整体性发展逻辑,还开拓了教材国家形象建构的理论视野,使国家形象建构坚守本国民族立场,以世界胸怀和国际眼光弘扬中国精神,并与国家、民族的历史文化相契合,与奋斗不息、艰苦卓绝的民族精神相结合,与时代问题相适应,将民族性与世界性相统一,

---

① 郝志军：《教材建设作为国家事权的政策意蕴》,《教育研究》2020 年第 3 期。
② 刘洁、白启鹏：《马克思主义中国化的民族性内涵新论》,《理论学刊》2014 年第 4 期。
③ 钟君：《论马克思主义中国化理论创新的方法论特征》,《西北大学学报》(哲学社会科学版) 2009 年第 4 期。

第八章 研究结论与建议

以此实现教材国家意志表达与民族精神传承。

2. 国家与民族基本价值观打牢教材国家形象建构的中国底色

国家与民族基本价值观为教材国家形象建构注入中国特色社会主义基因，使教材国家形象建构具有鲜明中国烙印。国家与民族核心价值观是一个国家大多数社会成员共同认可、共同遵循、自觉践行的主流价值观念、价值追求。其反映本社会的意识和利益，决定着整个社会的价值导向。[①] 教材体现国家和民族基本价值观，是世界各国的通例。如，美国各州政府制定教材审定标准皆强调教材应体现"多元文化"，加拿大安大略省教材审定标准关注教材"是否消除偏见"，德国中小学教材州级审查标准重视教材传递观念不存在严重错误，尤其是"不存在性别、残疾、宗教和种族歧视"。国家和民族基本价值观融入教材，本质上来说，是推进各国国家制度建设的具体化操作，即通过建立统一价值来建设国家制度。有学者指出软实力从三个层次加以界定，其中"核心层软实力主要是一国的主流价值理念特别是政治意义形态、政治价值观在国际上所形成的道义力量，包括自由、民主、人权、法治、公平等"[②]。作为软实力的主要标志，国家形象建构必然被赋予主流价值意蕴，进而成为一国政治感召力的根基。社会主义核心价值观作为当代中国主流价值观，是国家制度建构的价值基础，集中体现了中国特色社会主义制度的价值内涵。社会主义核心价值观渗入教材国家形象建构，是将中国特色社会主义制度内涵转化为普适性价值话语的重要依托。首先，教材国家形象建构需将传统与现代价值融合。从国家形象的内容来看，它是一种主体意识，是国家或民族精神中的闪光点。它是在历史文化传统与当代核心价值的基础上，融入现代化的要素，经萃取、提炼而成，是渗透于民族文化中的精髓部分，是民族文化特有的表现形式。当其纳入教材中，需带有传统与现代融合的印记。其次，教材国家形象建构需将"民族"与"民主"融合。新时代中国国家形象的塑造，无论是澄清新时代民族文化认同的问题，抑或是铸牢新时代中华民族共同体意识，必须要以民族国家和民主国家建构为前提，必须要以文化、文明国

[①] 孙立会：《关于电子教科书的争议、正确理解与科学使用》，《课程·教材·教法》2014年第3期。

[②] 龙小农：《从形象到认同：社会传播与国家认同建构》，中国传媒大学出版社2012年版，第9页。

家擘画为着力点，来实现中国国家形象的自我化建构。① 教材作为国家在特定历史语境与文化逻辑中形成的教育活动文本，在建构国家形象过程中，必须集中体现国家意志、民族文化、社会进步和科学发展，来铸牢中国印记。

3. 人类文化知识积累和创新开拓教材国家形象建构的国际视野

人类文化知识积累和创新为教材国家形象建构提供国际化视角。人类文化知识积累和创新的价值意义在于，它为新时代国家形象建构提供了一种"普世的价值观"。我们也得清醒地认识到，"普世的价值观"并非是完全适合中国发展需要，但是其所蕴含的人类社会价值理念，世界互惠共赢，合作共生的价值理念，与中国所坚持并着力建构的人类命运共同体理念有共通之处。② 构建人类命运共同体，彰显中国和平崛起、谋求世界大同的时代使命和大国担当，是对中华文明传统文化和世界优秀文化的深度挖掘和守正创新，为推动世界发展、擘画人类命运提供了现实指南和前进动力。③ 教材作为人类文化知识传承与发展的文本载体，将人类文化知识与创新的精华转化为符合"人的发展"的知识而得以被选择与传承。新时代教材国家形象建构，首先，着重吸收人类文明的共同成果，反映人类最美好的目标理想和价值追求，充分利用人类文化知识和创新的价值共性，构建具有本土化特色的话语体系，实现中国话语权的不断提升；其次，要妥善处理意识形态与民族文化、价值观念之间的关系，继续兼收并蓄人类社会创造的一切文化成果，其中自然包括人类政治文化的有益成果，将其纳入教材国家形象建构内容之中；最后，要坚持"为我所用"，对于国外好的东西大胆吸收，不仅要吸收先进的自然科学成果，也要吸收社会科学领域的优秀成果。"体现国家与民族风格"与"体现人类文化知识积累与创新成果"不是矛盾的、对立的，而是辩证统一的。立足中国才能放眼世界，放眼世界是为了更好地服务中国。

---

① 李武装：《国家形象塑造与民族文化认同：思想史的视角——基于梁启超的思想转变对晚清以降中国民族主义思想所做的审视》，《青海社会科学》2019年第2期。

② 孙欢、廖小平：《人类共同价值与国家价值安全》，《伦理学研究》2019年第1期。

③ 张静、马超：《论习近平人类命运共同体思想对中华传统文化的传承与超越》，《学术论坛》2017年第4期。

（三）重视人的发展导向教材国家形象建构的终点

从 1921 年中国共产党成立到 2021 年建党一百周年，中国共产党带领广大人民群众探索中国道路、中国理论、中国制度的现代筑梦历程，展现的正是中华民族伟大复兴文化自信基础之上确立道路自信、理论自信、制度自信的过程。教材国家形象建构，最终指向"人的发展"，其核心本质是国家意志与文化传承，其核心目的是培育学生的国家认同与民族精神，培养符合国家建设需要的建设者与接班人，适应社会主义建设发展需要，培养认同自己国家、认同自己文化、认同自己制度、认同自己道路的可靠接班人和合格建设者。

1. 通过教材国家形象建构筑牢文化基因

教材国家形象建构着力于文化基因的传承。中华民族优秀传统文化是中华民族能够紧紧凝聚在一起的文化纽带，只有不断继承和弘扬中华优秀传统文化，才能增强中华民族的凝聚力，筑牢各族人民的中华民族共同体意识。英国学者安东尼·史密斯指出："多族群国家渴望民族一统并且寻求通过调适和整合将不同的族群变为统一的民族。"[1] 这里所说的"统一的民族"，实际上就是"国家民族"。"国家民族"是建立在"各个民族"基础之上并超越于各个民族。因此，"国家民族"意识的形成则是建立在统一的民族观念基础之上。而这种观念的形成，文化发挥了不可或缺的作用。教材作为文化的载体与传承媒介，其内部的文化要素形构为国家形象。在形式上，教材通过对不同的文化元素按照固定体例、结构进行编排以呈现具体形态，使得国家意志与民族精神得以呈现与表达；在内容上，这些文化符号、意象、话语，多为国家意志、利益与价值观的表征；在方法上，教材将文化元素加以有目的、有意识地传承与嬗递，使得教材国家形象建构借助文化元素的再选择与再组合，进而实现文化的改造与创新。教材文化再选择与再创造的过程中，需要对原有文化元素及传统予以文化认同，而这一文化认同的过程，就是文化自觉到文化自信的过程。如费孝通先生所说，"文化自觉是一个艰巨的过程，只有在认识自己的文化、理解所接触到的多种文化的基础上，才有条件在这个正在形成中的多元文化的世界里确立自己的位置，然后经过自主的适应，和其他文化一起，取长

---

[1] 代悦、张永红：《文化自信与国家形象的逻辑关系》，《人民论坛》2019 年第 26 期。

补短,共同建立一个有共同认可的基本秩序和一套各种文化都能和平共处、各抒所长、联手发展的共处守则。"① 教材国家形象建构正是由文化自我觉醒而起,由文化自信得以强化。

2. 通过教材国家形象建构强化核心价值观

教材国家形象建构应着力核心价值观的具象化。核心价值观是一个人、一个民族的精神支柱、行动向导,丰富着人的精神世界,承载着一个民族、一个国家的精神追求,体现了一个社会评判是非曲直的价值标准。② 强化核心价值观是教材国家形象建构的最根本出发点,是落实国家在特定时期的国家战略、国家意识形态及国家记忆在教育建设上的基本要求。2013 年,中共中央办公厅印发《关于培育和践行社会主义核心价值观的意见》指出:"社会主义核心价值观是社会主义核心价值体系的内核,体现着社会主义核心价值体系的根本性质和基本特征,反映着社会主义核心价值体系的丰富内涵和实践要求,是社会主义核心价值体系的高度凝练和集中表达。"③ 要把社会主义核心价值观融入社会发展各方面,转化为人们的情感认同和行为习惯。这对教材国家形象建构中核心价值观的强化提出实践层面的要求。为兼顾教育教学实践的教学要求以及国家意志传递的政治诉求,教材国家形象建构必须避免抽象的、范畴化的核心价值观形式,回归到学习者所熟知、所体验的形象化生活场景,才能被学习者完全所认知与深度理解,正如习近平同志在考察上海的时候所说的那样,"培育和践行社会主义核心价值观,贵在坚持知行合一、坚持行胜于言,在落细、落小、落实上下功夫。要注意把社会主义核心价值观日常化、具体化、形象化、生活化,使每个人都能感知它、领悟它,内化为精神追求,外化为实际行动,做到明大德、守公德、严私德。"④

3. 通过教材国家形象建构渗透新时代国家观

教材国家形象建构应着力渗透新时代国家观。国家观是一种关于国家

---

① 邱柏生:《论文化自觉、文化自信需要对待的若干问题》,《思想理论教育》2012 年第 1 期。
② 徐佑翔:《生命教育中融入社会主义核心价值观的思考与实践》,《上海教育科研》2020 年第 6 期。
③ 《关于培育和践行社会主义核心价值观的意见》,人民出版社 2013 年版,第 1 页。
④ 施歌:《习近平在上海考察》,2014 年 5 月,新华网(http://www.xinhuanet.com//photo/2014-05/24/c_126543488.htm)。

属性、利益等的自我认知，其核心是维护国家利益，集中体现为国家安全观、政治利益观、经济利益观和文化利益观。① 国家观是形塑国家形象的支撑，核心在于其蕴含的国家价值观念是否被国家内部的人民和世界人民所认同。中国共产党领导人们致力于国家复兴与中国梦实现，这是中国共产党立足于国家国情和国家现阶段发展问题，以新时代国家观审视国家发展的基本观点和根本看法，体现了中国共产党勇于承担历史责任与使命的担当，也体现了中国特色社会主义制度与文化的巨大魅力。教材作为一种特殊的出版物，其特殊性就表现在必须体现明确的国家意志，也就是说通过教材这种特殊的"印刷语言"，创造一种符合国家意志的权力语言，进而增强学生对国家、民族、政党的认同。② 教材国家形象建构对于新时代国家观的融入，其本质在于新时代国家价值观念的建构。新时代国家价值观念的建构，应以马克思主义批判性思维，运用"批判的武器"瓦解西方意识形态的话语霸权，将国家形象的被动自塑转向国家形象的积极自塑，用马克思主义方法论探究国家形象话语体系的内在本质，揭开国家形象话语体系的意识形态面纱，挖掘背后匿藏的话语霸权。同时，应当用国家形象的话语体系重构教材话语形态，掌握国家形象的话语权，保证马克思主义意识形态能够占领教材的舆论阵地，通过思想交锋、观点争鸣、文化交流等方式建构以马克思主义为核心的话语体系，以提升教材国家形象建构的生命力和竞争力。

二 建立多层面语文教材国家形象表征体系

语文教材国家形象表征是自制度化的语文教材产生之日起便已存在。诚然，在语文教材演进过程中，其内部国家形象表征的问题并未以直接、明晰的方式被讨论，但是，当聚焦语文教材，乃至语文教育时，就会发现，语文教材国家形象表征不是凭空出现，而是早已在经历长时间的演进、发展与探索中，形成了纵向衔接、横向配合的内容体系。国家形象不仅表现在教材层面，还体现在统摄教材的理念以及目标层面。基于这一逻

---

① 陈蓉：《浅议我国国家形象传播观念：国家观与国际观》，《现代传播》2014 年第 7 期。
② 俞明雅、范蔚：《社会主义核心价值观融入语文教科书的限度及实现》，《教育科学研究》2018 年第 7 期。

辑，语文教材国家形象表征应贯穿于教育目标、课程标准、编写理念、单元主题诸环节，生成多层面的表征体系。

（一）第一表征层面：教育目标中的国家意志

语文教材国家形象表征的第一层面来自教育目标。教育目标即人们希望受教育者通过教育在身心诸方面发生什么样的变化，或者产生怎样的结果。教育目标是社会个体发展的纲领性标准，对各学科教育教学起着统领作用。语文教材国家形象表征即是在教育目标统摄下进行的国家形象建设行为，是落实国家意志的基本操作。党的十八大以来，中国国家形象的战略定位经历了历史性的转变。2013 年，习近平同志在中共中央政治局第十二次集体学习时首次从战略高度提出"要注重塑造我国国家形象"①，并将展示"大国形象"作为时代主题。2022 年，在党的二十大报告中，习近平同志指出新时代新征程中国共产党的使命任务，即"从现在起，中国共产党的中心任务就是团结带领全国各族人民全面建成社会主义现代化强国、实现第二个百年奋斗目标，以中国式现代化全面推进中华民族伟大复兴。"② 新时代的到来，将中国国家形象定位为"强国形象"。从大国形象到强国形象的战略定位转变，使得强国形象的塑造开始成为重要议题。这意味着人们对于国家的认识需要经历重塑。作为国家制度化媒介，语文教材国家形象也需经历重塑。鉴于教育目标中国家意志对语文教材国家形象表征的统领作用，大国向强国转变的基本要求必须在其中得到深度转化，才能从根本上促进语文教材国家形象重塑。

（二）第二表征层面：课程标准中关于国家形象的内容标准

语文教材国家形象表征的第二层面来自课程标准中国家形象取向的内容标准。语文课程标准中国家形象取向的内容标准设定为语文教材国家形象表征提供具体落实标准。语文课程标准中关于国家形象的内容标准是将育人目标中的国家意志下放到语文学科中去，发挥从宏观表征向中观表征转化的作用。语文课程标准关于国家形象的内容标准，在语文学科属性的

---

① 习近平：《建设社会主义文化强国　着力提高国家文化软实力》，2014 年 4 月，中国理论网（https://www.ccpph.com.cn/jbllhzdxwt_10174/ldjhhzywj/201404/t20140402_172663.htm）。

② 习近平：《高举中国特色社会主义伟大旗帜　为全面建设社会主义现代化国家而团结奋斗——在中国共产党第二十次全国代表大会上的报告》，2022 年 10 月，中国政府网（https://www.gov.cn/xinwen/2022－10/25/content_5721685.htm）。

第八章 研究结论与建议

争论中不断变化着。

"工具性"决定了语文课程标准侧重国家形象的知识性标准，这决定了语文教材国家形象表征的国家知识性内涵。"工具性"即强调语文课程是表情达意的工具，将学生习得语言文字运用规律视作语文课程的基本价值效用。在此层面上，语文教材国家形象表征即是借以语言文字运用规律形化的国家知识。1950年，教育部颁布的《小学语文课程暂行标准（草案）》中提到"所谓语文，应是以北京音系为标准的普通话和照普通话写出的语体文"，"小学语文科是各科教学的基础"。自此标准化的语言文字标准开始进入语文教材编写规则中，致使语文教材国家形象表征开启了标准化语言建构。1963年，教育部颁布《全日制小学语文教学大纲（草案）》中进一步阐释"语文是学好各门知识和从事各种工作的基本工具"。语文学科工具属性的明晰，使得语文教材编写更加注重语言文字运用基本规律的落实，促使语文教材国家形象表征凸显国家知识性内容。而后，直至90年代中期，教学大纲和语文教材先后明晰了语文的学科属性是基本工具或基础工具[1]，这进一步促使语文教材国家形象主要是以语言知识及其运用规律为导向的形式化表征。

"工具性与思想性相统一"决定了语文课程标准侧重国家形象知识性标准与思想性标准相统一，这决定了语文教材国家形象表征的双重内涵。"工具性与思想性相统一"即是强调语文课程兼顾语言文字运用的本体属性与其负载政治的价值属性，前者为表，后者为里，表里辩证统一、相辅相成。在此层面上，语文教材不仅是学生习得语言文字运用规律的参照，还是政治价值理念传递的媒介。语文教材国家形象表征即是将国家知识与国家核心价值形化。例如，1978年《全日制十年制学校小学语文教学大纲（试行草案）》及其修订版将"思想教育和语文教学的辩证统一"界定为语文学科特点。这一时期，语文教材国家形象表征被赋予浓重的政治价值。1986年《全日制小学语文教学大纲》、1988年《九年制义务教育全日制小学语文教学大纲（初审稿）》以及1992年《九年义务教育全日制小学语文教学大纲（试用）》强化了语文学科性质的"思想性"。工具性与思想性相统一将语文学科置于国家建构与政权维护层面，使得语文课程标准

---

[1] 倪文锦：《准确认识与把握语文课程性质》，《语文建设》2017年第19期。

中纳入国家形象的知识性标准与思想性标准，赋予了语文教材国家形象表征以思想教育和爱国教育的内涵。这就使得语文教材国家形象表征具备了政治合理性。

"工具性与人文性相统一"决定了语文课程标准在关注国家形象的知识性与人文性的标准，这决定了语文教材国家形象表征的知识内涵以及文化内涵。"工具性与人文性相统一"即语文课程兼具工具以及人文双重属性，两者之间辩证统一。在此意义上，语文教材成为学生语言文字运用规律习得与人文价值理念获取的重要凭借。而语文教材国家形象表征即为国家知识与国家人文理念的形化。2001年，《全日制义务教育语文课程标准》中明确指出："工具性和人文性的统一，是语文课程的基本特点。"这即是从官方层面明确了语文学科属性。① 2011年，《义务教育语文课程标准（2011年版）》中也指出"工具性与人文性的统一，是语文课程的基本特点"。2017年，《普通高中语文课程标准（核心素养版）》中再次指出"工具性与人文性的统一，是语文课程的基本特点"。可以看出，21世纪以来，中国已给予语文课程属性以明确定位。自此，语文教材肩负语言文字运用与人文价值传递双重功能，这促进了语文教材将物质要素、文化要素、政治要素、国民要素等内容皆融入其中，尤其纳入了新时代以来中国特色社会主义现代化建设成果，这就为语文教材国家形象表征提供了丰富内涵。

（三）第三表征层面：编写理念中国家形象转化的取向

语文教材国家形象表征的第三层面来自编写理念中国家形象转化的具体方向。编写理念中国家形象转化的取向为语文教材国家形象表征提供理论指引。编写理念中国家形象转化的取向是将课程标准中关于国家形象的内容标准下放到语文教材中去。编写理念中国家形象转化的取向，随着语文课程标准的变化而转变，主要涵盖三种转化取向。

其一，语文课程标准中的工具观促进编写理念中国家形象转化的实用取向发展。例如，中华人民共和国成立初期，语文学科属性凸显工具性，受此影响，20世纪60年代起，中国语文教育改革和语文教材编写以凸显工具观为标准参照。在1963年颁布的《全日制小学语文教学大纲（草

---

① 李青、苑昌昊、李广：《小学语文课程性质研究70年回顾与展望》，《现代教育管理》2020年第7期。

第八章 研究结论与建议

案)》中指出"小学语文教学的目的,是教学生正确地理解和运用祖国的语言文字,使他们具有初步的阅读能力和写作能力"。遵循语文教学大纲的要求,语文教材编写重在突出语文知识的顺序化编排,即将学生应掌握的语文基础知识与基本技能按照由易到难的逻辑顺序进行编排。知识实用取向的编写理念,促使国家形象转化向实用取向与真实取向靠拢,这使得语文教材国家形象表征化作学生实际语言理解与运用的生活实践,增强了国家形象的真实性。

其二,语文课程标准中的人文观促进编写理念中国家形象转化的人文取向发展。语文课程标准的人文观与传统语文教材编写的工具观形成鲜明对比,主要体现在不再完全遵循单一语文基础知识与基础技能延展逻辑进行编写,而是开始关注语文知识背后负载的价值理念。例如,文化导向、意识形态、价值观念等,这促使语文教材编写取向凸显人本化、整合化、生活化与活动化。[①] 人文取向的编写理念,促使国家形象向人性化取向转化,关注人性本身、人与自然、人与动物等,这使得语文教材国家形象表征以人性为中心,深化了国家形象表征的具体内涵。

其三,语文课程标准中的工具观与人文观促进编写理念中国家形象转化的实用与人文并存取向发展。进入 21 世纪,语文学科性质明确定位为"工具性与人文性相统一",受此影响,语文教材编者基于对工具性与人文性相统一的把控,开始以工具性与人文性并重为编写理念。统编版语文教材正是此种编写理念下的产物。统编版语文教材国家形象表征凸显国家、人、自然与社会之间存在的强制性、人性与真实性,使国家形象呈现丰富的样态。

(四)第四表征层面:国家形象在单元主题中的表征

课程目标中的国家意志、课程标准中关于国家形象的内容标准、编写理念中国家形象转化取向所进行的语文教材国家形象表征,是国家形象从宏观、中观向微观语文教材本体转化的单向历程,在转化的各个环节中,其各自以显性的方式影响与制约着语文教材中显性的国家形象表征。语文教材中单元主题正是处于这一链条的最末端,它是语文教材中由系列模块

[①] 曹明海、史洁:《语文教材的文化建构理念与模型》,《山东师范大学学报》(人文社会科学版)2007 年第 1 期。

构成的组织系统，通常围绕某一个主题，将选文、课外拓展资源等高度整合为相对独立的整体。语文教材中单元主题共同表征了语文教材国家形象。可涉及文化主题单元、人物主题单元、自然风景主题单元等。除此之外，也存在一些传统文学、神话故事、文学名著等。各单元主题将特定类别的国家形象主题集中表征，从较微观层面形构国家形象。

三　探索由外而内的语文教材国家形象表征路径

教材国家形象表征作为人类社会发展的产物，是在人类社会生产力水平提高带动生产关系变革下，国家主观映像在教材中的投射。其与国家政治、经济、文化等方面的发展息息相关，同时又能够以一种隐性的力量参与、推动社会变迁。① 随着全球化程度的不断加深，世界各国政治、经济、文化等方面的往来与合作已成不可逆的趋势。尤其是，2019 年末新冠疫情暴发以来，世界格局不断调整，以美国为代表的发达国家话语式微，以中国为代表的发展中国家开始承担全球治理的重大责任。在此背景下，作为母语语言文字习得与文传承的凭借，语文教材国家形象表征承载了塑造新时代国家样态、传递新时代国家观的重任。基于对语文教材国家形象建构整体方位性以及语文教材国家形象表征体系的反思，现从以下方面思考语文教材国家形象表征路径。

（一）从教育目标上把控语文教材国家形象的总体定位

教育目标回答的是通过教育落实培养什么样人的问题，是一个国家教育实践落实的基本性问题，也是党的教育方针政策转化到现实人才培养环节的核心问题。教育目标的确定是一个与时俱进的过程，自中华人民共和国成立，中国教育目标经历了从建设者到劳动者，再到社会主义建设者和接班人的发展过程。② 与此同时，教育目标在语文课程目标中的转化经历了从语言能力培养，到语文核心素养培养的发展历程。这深刻反映了不同时代对人才需求的变化。

伴随中国特色社会主义进入新时代，中国对人才不仅定位在高素质、

---

① 黄金辉、丁忠毅：《中国国家软实力研究述评》，《社会科学》2010 年第 5 期。
② 王学俭、施泽东：《新中国 70 年党的育人目标的演进与发展》，《马克思主义理论学科研究》2019 年第 6 期。

第八章　研究结论与建议

创新等传统要求上，而且更着重于对人才品性方面的塑造，这也为语文教材国家形象表征提供应然定位。2018年，在北京大学师生座谈会上，习近平同志指出"爱国，是人世间最深层、最持久的情感，是一个人立德之源、立功之本"[①]。这即是说，从宏观层面上立足国际国内形势，必须将爱国主义贯穿教育全过程，从微观层面上立足个人身心发展之诉求，必须将爱国融入个人发展全环节。宏观层面上将爱国主义贯穿教育全过程，正是将语文教材国家形象表征置于教育目标落实层面来看，这意味着，语文教材国家形象表征正是教育目标导向下的应然要求；微观层面上将爱国贯穿个人发展全环节，正是将语文教材国家形象表征置于作为主体人的实然需求层面看来，这意味着，语文教材国家形象表征正是主体人集体归属的现实诉求。宏观层面与微观层面对教育目标的现实阐释，指明了语文教材国家形象表征的总体方位，即坚守"为党育人、为国育才"的理念，注重个人诉求与国家要求的统一。

（二）依托语文课程标准，深化国家形象表征的学科属性

语文教材国家形象表征是以语文学科为出发点，以语文教育教学的凭借为载体，以语文学科核心素养为内容要素，形成的意象化国家样态。因此，语文教材国家形象表征必然以语文课程标准为基，立足语文学科，将语文教育与爱国主义教育融会贯通，生成符合语文学科属性的国家样态。

1. 充分把控工具性与人文性相统一的标准，给予国家形象表征明确定位

语文作为"言""意"兼顾的学科，其本质属性定位于"工具性与人文性相统一"，这既是对其包含的语言文字运用规律等显性内容的凸显，也是对其所负载的文化、价值观、意识形态等隐性内容的强调。作为语文教育教学的凭借，语文教材将工具性与人文性相统一落实到具体实践层面，其内部国家形象表征也是依此标准生成的产物。语文课程标准中充分把控工具性与人文性相统一的标准，可确保语文教材国家形象表征的"语文味道"。一方面是把控工具性尺度。语文学科的工具性是与人文性并存的，这使得语文教材国家形象与政治教材国家形象以及历史教材国家形象

---

① 习近平:《在北京大学师生座谈会上的讲话》,2018年5月,中国政府网（http://www.gov.cn/gongbao/content/2018/content_5294413.htm）。

呈现出差异化，形成具有语文学科属性的形象。另一方面是把控人文性尺度。语文学科的人文性是相对于工具性而存在的，在语言文字之外，涵盖了大量隐性内容，这其中，最重要的即是人文价值。人文性作为语文学科的附加属性，使得语文教材国家形象表征充满诗性。充分把控工具性与人文性的标准尺度，可使语文教材国家形象表征以最适宜的比重呈现出关于国家知识、国家情感以及国家价值观的国家象征性符号，展现出语文学科中国家形象的独特魅力。

2. 坚持语文教育与爱国教育相统一，给予国家形象表征明确的价值内涵

语文教育即母语教育，其肩负母语语言技能训练与母语文化传递双重功能，其对民族文化传递以及民族共同体形成起着不可替代的作用。有鉴于此，爱国主义教育实质也融于语文教育，并发挥着思想政治教育的功能，这使得语文教材国家形象表征具有明确爱国主义内涵。《义务教育语文课程标准（实验版）》中指出，语文课程应引导学生"形成自觉的审美意识，培养高雅的审美情趣，积淀丰厚的文化底蕴，继承和弘扬中华优秀传统文化、革命文化、社会主义先进文化，增强对习近平新时代中国特色社会主义思想的理解和认识，全面提升核心素养"[①]。依此规定，语文教材国家形象表征要坚持语文教育与爱国教育相统一。一方面，语文教材国家形象表征可作为一种爱国主义教育的直接媒介，其与语文教材中"识字与写字、阅读、写作、口语交际等能力"的内容相融，将爱国主义知识要素、爱国主义情感要素、爱国主义价值观念要素视为国家形象表征的基本要素，这将促使语文教材成为知识教育与思想教育的阵地，既发挥语文教育基本功能，又发挥爱国主义教育功能。另一方面，语文教材国家形象表征也是语文教材内容要素，其参与语文教材内容选择、内容组织以及内容的呈现与表达，其嵌入语文教材过程中必须既考虑语文学科属性，又考虑爱国主义内容主题的纳入标准。这就要求，语文教材在注重语言文字运用能力训练与文化传承的同时，必须考虑将爱国主义的核心内涵纳入的具体方式，以此在语文学科范畴之下进行爱国主义教育，让语文教材国家形象

---

① 中华人民共和国教育部：《全日制义务教育语文课程标准》，北京师范大学出版社 2022 年版，第 1 页。

第八章 研究结论与建议

表征真正为语文教育所服务。

3. 坚持以语文科学核心素养为基础，明确国家形象表征的具体范畴

语文教材国家形象表征作为构成语文教材内容的基本要素，其具体成分的选择必须符合语文学科核心素养的基本要求。2017年，《普通高中语文课程标准》发布，2020年再次修订，其中明确指出"语文学科核心素养"由"语言的建构""思维发展与提升""审美鉴赏与创造""文化传承与理解"组成。"语文学科核心素养是语文学科价值体系的内核，它应既能体现语文学科的根本性质和基本特征，又能反映语文学科的丰富内涵和实践要求，是语文学科价值体系的高度凝练和集中表达"[①]。语文教材国家形象表征应是基于学科核心素养形成的内容体系。一方面，语文教材国家形象表征是对语言的建构、思维发展与提升、审美鉴赏与创造以及文化传承与理解的具体化过程。"表征"本质上涉及实物本体、符号与意义三者间的关系。语文教材国家形象表征即是从语文教材中获得指代国家的符号，这些符号使得主体人可理解、获得国家的意义。若沿波探源地思考语文教材中到底哪些要素可成为指代国家的符号，按照国家形象表征的逻辑思考，这些内容必须以语言的建构功能为媒介基础，以文化传承与理解为基本内涵，以思维发展与提升为目标，以审美鉴赏与创造为旨归。这即是将语文核心素养形化的过程。另一方面，语文学科核心素养是语文教材国家形象表征的显性标准。语文教材国家形象表征，归根究底，是语文教材内容要素，其必须落实语文学科核心素养。语文教材中的物质要素、文化要素、政治要素与国民要素皆是附着在用于培养学生语文学科核心素养的内容之上。这些国家形象要素融入于语言建构、思维发展与提升、审美鉴赏与创造以及文化传承与理解的实体内容中，它们在成为国家形象要素之前，是落实语文学科核心素养的内容要素。因此，以语文学科核心素养为基础，国家形象表征才不是空洞的，而是具体的。

（三）从语文教材编写理念入手，引领国家形象表征的基本方向

教材编写理念是引领教材编写的基本观念，其是教材编写工作的第一环节，也是最重要的环节，对其他环节起着导向作用。中国特色社会主义进入新时代，语文教材国家形象表征必须体现新时代国家样态，这就需要

---

① 刘晶晶：《语文学科核心素养：内涵及构成》，《教育探索》2016年第11期。

着眼于语文教材编写理念的时代性特质,并以此为起点,强化国家形象的时代价值。

1. 以社会主义核心价值为魂,引领语文教材国家形象的系统转化

"社会主义核心价值观彰显了社会主义意识形态的本质要求,体现了社会主义制度在思想和精神层面的质的规定性,凝结着社会主义先进文化的精髓,是中国特色社会主义道路、理论体系和制度的价值表达,是实现中华民族伟大复兴的中国梦的价值引领"[①]。社会主义核心价值观融入语文教材,可为国家形象表征的系统转化提供依托。2014 年,在中共中央政治局第十三次集体学习时,习近平同志强调"核心价值观是文化软实力的灵魂、文化软实力建设的重点。这是决定文化性质和方向的最深层次要素。一个国家的文化软实力,从根本上说,取决于其核心价值观的生命力、凝聚力、感召力"[②]。这即明确了核心价值对于国家软实力建设的重要性,从根本上明确了作为软实力主要表现形式的国家形象必须以核心价值观为灵魂。鉴于核心价值观对国家形象表征的基础性作用,其纳入语文教材编写理念,必然成为是语文教材国家形象表征的价值锚点。具体来说,其引领作用体现为:一方面,语文教材将社会主义核心价值观具体化为学生可感知、可理解的国家形象要素,引导学生对祖国形成价值归属,让社会主义核心价值观的种子在学生心中生根发芽;另一方面,语文教材国家形象表征将社会主义核心价值观视作国家形象构成要素,通过价值观层面切入国家形象表征的具体转化。

2. 以中华民族优秀传统文化为根,强化语文教材国家形象表征的本质内涵

教材中的国家符号是一系列能够在民族共同体中达成共识的、用于指代国家的记号,源自大量文化实践中共同体成员生成的国家概念表征范式,是建构国家形象的基本要素。语文教材国家形象表征应以文化生产推进国家符号的选择。中华民族拥有深厚的文化传统,孕育了极具民族特色的国家符号,将中国人千年智慧思辨融入其中。这是中国语文教材国家形

---

① 刘晶晶:《语文学科核心素养:内涵及构成》,《教育探索》2016 年第 11 期。
② 习近平:《培育和弘扬社会主义核心价值观、弘扬中华传统美德》,2014 年 2 月,中国政府网(http://www.gov.cn/ldhd/2014 - 02/25/content_ 2621669.htm)。

象表征的优势。以文化生产推进教材中国家符号的选择，既要延续中华文明的精髓，也要与时俱进、吐故纳新。一方面，语文教材国家形象表征需以中华优秀传统文化为主线，体现对中华文明的继承与发扬。如，中华文明上下五千年中关于家庭、宗族、国家与天下的传统观念；另一方面，语文教材国家形象表征也需将优秀革命文化纳入其中，着重对革命传统的弘扬与牢记。如，中国救亡图存、经济变革以及民族解放的演进之路。语文教材国家形象表征是在文化生产中生成与具体化，是对"何以代表国家"的积极回应。

（四）探寻单元主题中凸显新时代国家形象的具体形式

1. 解组新时代爱国主义主题融入系列单元主题的合理化方式

语文教材国家形象表征纳入新时代爱国主义内涵，是中国特色社会主义进入新时代的必然要求。2019年，中共中央、国务院印发的《新时代爱国主义教育实施纲要》中明确指出要大力弘扬爱国主义精神，把爱国主义教育贯穿国民教育和精神文明建设全过程。这是将爱国主义教育提升到了国家战略发展的关键地位。爱国主义与国家形象表征间存在唇齿相依的关系。一方面，爱国主义的本质是主体人对所属国家归属、热爱、眷恋的强烈情感，它可通过主体人对国家的地理风貌、人文景观、生态环境、政治制度等方面的主观评价与情感表达来体现；另一方面，国家形象表征过程也是主体人价值观念表达的过程，国家地理风貌、生态环境、政治人物等方面多是置于积极情感、消极情感的语境下得以表征，这过程中自然存在对归属于国家的情感表达。基于此，爱国主义可通过国家形象表征来体现，国家形象表征中一定存在爱国主义的要素。而当前语文教材国家形象表征对新时代爱国主义的转化存在碎片化、随机化、非系统化的问题，出现对新时代爱国主义内涵界定以及转化过程的模糊化，这不利于新时代爱国主义的有效传递，也不利于语文教材国家形象的有效表征。因此，鉴于新时代爱国主义的基本要求以及语文教材国家形象表征的特殊性，必须寻求有效路径来实现新时代爱国主义在语文教材国家形象表征中的有效转化。

2. 整合各属性国家形象要素，促进国家形象立体化表征在单元主题中的转化

首先，充分融合历时性与共识性国家形象要素。尽管义务教育统编版

语文教材国家形象表征纳入了历时性与共识性国家形象要素，但两类属性要素并未均衡化地融合于语文教材中。在部分表征主题上，表现出关键要点分布与其内在意蕴的显著差异。因此，当前语文教材国家形象表征应加强历时性与共识性国家形象要素相融。对此，第一，语文教材国家形象表征要凸显中国特色社会主义进入新时代的历史方位，将新时代与时俱进的新特征融入其中，使单元主题具有时代气息，以增强学生对新时代中国的理解。第二，语文教材国家形象表征也要注重中华民族优秀传统文化、革命文化的纳入，明确语文教材选文的准入标准，要保证传统与现代并存，不能因选文的时代性标准而忽略选文的传统价值。

其次，充分考虑差异化国家形象要素的纳入。语文教材国家形象表征，需充分考虑区域间、民族间等差异化国家形象要素的纳入。一是语文教材国家形象表征要加强落实区域协调发展战略，要适当地把革命老区、民族地区、边疆地区等区域相关内容作为选文主题，确保语文教材国家形象表征呈现区域均衡化特征。二是语文教材国家形象表征要切实呈现中华民族多元一体格局，以中华民族为核心，以多民族融合为主题，打破时间与空间的限制，将一体又多元的复合体融入选文主题，确保语文教材国家形象表征呈现出民族性特征。

最后，创设积极情感与消极情感双重国家形象表征语境。语文教材国家形象表征应创设积极与消极双重语境，展现国家形象的多方面特征。一方面，要继续纳入大量中华民族在各个时期的伟大成就作为具体主题，展现国家积极奋进的现实样态；另一方面，也要适量纳入其他方面的内容，如民族存亡期间不能坚守立场的人物，以此来与积极的国家形象形成对比。这样，可呈现出较为饱满的国家形象，从而为学生建构立体化的国家映像，更好地促进培养学生国家意识、民族意识以及社会责任感。

3. 将全球化视野下国家形象的典型表征纳入具体单元主题

语文教材国家形象表征凸显全球性取向，是全球化时代是不可避免也不容逃脱的时代趋势。统编版语文教材国家形象表征呈现鲜明的民族性取向，几乎可以说，是在中华民族发展历程的宏观语境下，进行的物质、文化、政治以及国民的制度化表征，总体来说，缺少全球化取向下的国家形象表征。而在全球化浪潮之下，任何国家不可能脱离世界，也不能脱离世界而发展，中国要想发展，就必须融入世界。自2012年以来，习近平同志

第八章 研究结论与建议

在多次讲话中反复强调人类命运共同体的铸造。这是在全球化不断深入的境遇下所形成的全球治理观念。人类命运共同体的出发点是"意识、观念",而意识、观念的转化与传递必须通过教育来实现。语文教材作为承载民族语言与文化传承意义的重要载体,必然需要纳入人类命运共同体意识。这直接决定了,语文教材国家形象表征需要凸显全球性取向,增加全球化取向的典型性表征。

此外,在全纳教育背景下,语文教材国家形象表征形式上要兼顾特殊群体的需要,将符合特殊群体身心发展要求的表征形式纳入单元主题之中。全球化背景下国家形象的典型表征在语文教材中进行转化,也要将特殊群体的身心发展、审美等要求考虑在内。

附 录

一 访谈提纲

（一）受访者个人基本信息

1. 专业
2. 学历
3. 职称
4. 研究专长/学科

（二）访谈问题

1. 对影响语文教材国家形象表征主要因素的看法

（1）您如何理解语文教材国家形象表征？

（2）您认为哪些因素影响语文教材国家形象表征？

（3）你认为这些因素是如何影响语文教材国家形象表征？

2. 对语文教材国家形象各表征要素（物质、文化、政治、国民）分布情况的看法

（1）您如何理解语文教材国家形象各表征要素分布不均的现象？

（2）您认为语文教材国家形象各表征要素分布不均受哪些因素影响？

（3）您认为这些因素是如何影响语文教材国家形象表征的？

3. 对各学段之间在语文教材国家形象表征差异问题的认识

（1）您对语文教材国家形象表征存在学段差异是如何认识的？

（2）您认为语文教材国家形象表征存在的学段差异受哪些因素影响？

（3）您认为这些因素如何作用导致了语文教材国家形象学段差异？

4. 对各年级之间在语文教材国家形象表征差异问题的认识问题

（1）您对语文教材国家形象表征存在年级差异是如何认识的？
（2）您认为语文教材国家形象表征存在的年级差异受哪些因素影响？
（3）您认为这些因素如何作用导致了语文教材国家形象年级差异？

二 国家形象表征类目

第一轮专家讨论的国家形象表征类目框架

附表-1　　　　第一轮专家讨论的国家形象表征类目框架

表征要素	主题	具体要素	教材国家形象具体要素的解释
物质	领土主权	领陆	对国土面积、国土跨度、国土疆界的描绘
		领海	对大陆海岸线、海域边界等的描绘
	地理要素	人文地理风貌	对地理事物（如、城市、国家、港口、要道等）所处空间位置作出宽泛区域的定性、数量化的定量以及人为意义（如军事、文化）上的描绘
		自然地理风貌	对自然界中高原、山地、平原、丘陵、盆地、河流、风、雨、雪等的描绘
	生态环境	生物个体间互动	对人与动物、植物间和谐/不和谐相处的描绘
		生物与环境间互动	对人与自然环境间和谐/不和谐相处的描绘 对动物活动、植物生长等的描绘
文化	文化遗产	非物质遗产	对起源于历史特定时期，通过代代相传，并以人为核心的技艺、经验、精神的各类实践、表演、表现形式的描绘，如文学作品、民间技艺、戏剧、乐器等
		物质遗产	对古代人类活动留下的遗迹描绘，包括遗留的建筑、器物、城池等
	习俗常规	物质生活民俗	对特定民族在一定自然与社会环境中生产、生活、商业活动的描绘，涉及农业活动、手工业活动、衣食住行等方面
		社会生活民俗	对特定民族在一定自然与社会环境中进行社会组织、岁时节日、人生礼俗等活动的描绘，包括社区、家族、婚姻、节庆等方面

续表

表征要素	主题	具体要素	教材国家形象具体要素的解释
政治	政治人物	政治事件中的人物	对从古至今,典型政治意义事件中人物的描绘
		政权中执掌权力的人物	对从古至今,国家政权体系中担任要职的人物的呈现,包括国家领导人、官员等
	政治行为	对内政治行为	对从古至今出于政治目的而诱发的行为的描绘,包括政权稳定时期,以管理国家为目的而施行法令、政策等,以及政权不稳定时期,出现政权分裂、更迭、重组的行为的描绘
		对外政治行为	对从古至今,本国对待处理与其他国家间事物,所采取的行动的描绘
国民	精神风貌	面向国家	对普通民众对于国家的情感、态度与价值观的描绘
		面向社会与个人	对普通民众在社会生活中表现出对自己、他人、群体的情感、态度、价值观的描绘
	个人行为	积极行为	对普通民众在日常生产、生活中表现出的正向行为的描绘
		消极行为	对普通民众在日常生产、生活中表现出的负向行为的描绘

参考文献

一 中文文献

（一）经典文献类

《马克思恩格斯文集》第2卷，人民出版社2009年版。

《马克思恩格斯文集》第3卷，人民出版社2009年版。

《马克思恩格斯文集》第9卷，人民出版社2009年版。

《马克思恩格斯文集》第20卷，人民出版社2009年版。

胡锦涛：《坚定不移沿着中国特色社会主义道路前进，为全面建成小康社会而奋斗——在中国共产党第十八次全国代表大会上的报告》，人民出版社2012年版。

《关于培育和践行社会主义核心价值观的意见》，人民出版社2013年版。

中共中央文献研究室：《习近平关于社会主义经济建设论述摘编》，中央文献出版社2017年版。

中共中央宣传部：《习近平总书记系列重要讲话读本》，学习出版社、人民出版社2014年版。

（二）著作类

波寇克、田心喻：《文化霸权》，远流出版事业股份有限公司1991年版。

常乃惪：《中国思想小史》，上海古籍出版社2014年版。

陈菊先：《语文教育学》，华中师范大学出版社1994年版。

陈茂荣：《马克思主义视野的"民族认同"问题研究》，中国社会科学出版社2014年版。

费孝通：《中华民族多元一体格局》，中央民族大学出版社1999年版。

管文虎：《国家形象论》，电子科技大学出版社2000年版。

江忆恩：《文化现实主义和毛泽东时代的中国战略》，北京大学出版社2009年版。

姜廷玉：《解读抗美援朝战争》，解放军出版社2010年版。

李华兴、吴嘉勋：《梁启超选集》，上海人民出版社1984年版。

李寿源：《国际关系与中国外交——大众传播的独特风景线》，北京广播学院出版社1999年版。

联合国教科文组织国际教育发展委员会：《学会生存——教育世界的今天和明天》，华东师范大学比较教育研究所译，上海译文出版社1979年版。

联合国教科文组织总部：《教育——财富蕴藏其中》，联合国教科文组织总部中文科译，教育科学出版社1996年版。

刘淼：《当代语文教育学》，高等教育出版社2005年版。

龙小农：《从形象到认同：社会传播与国家认同建构》，中国传媒大学出版社2012年版。

陆善来：《语文学实用汉语》，学术出版社1993年版。

马云鹏：《课程与教学论》，中央广播电视大学出版社2002年版。

孟华：《比较文学形象学》，北京大学出版社2001年版。

潘洪建：《教学知识论》，甘肃教育出版社2004年版。

王家福、徐萍：《国际战略学》，高等教育出版社2005年版。

王甦、汪安圣：《认知心理学》，北京大学出版社2006年版。

王文彦、蔡明：《语文课程与教学论》，高等教育出版社2002年版。

吴秀明：《文化转型与百年文学"中国形象"塑造》，浙江工商大学出版社2011年版。

徐蓉：《核心价值与国家形象建设》，复旦大学出版社2013年版。

曾天山：《教材论》，江西教育出版社1997年版。

张文岩、郭术敏：《中学语文教育学》，青岛海洋大学出版社1991年版。

赵毅衡：《符号学原理与推演》，南京大学出版社2011年版。

中国社会科学院近现代研究所：《孙中山全集》（第一卷），中华书局1981年版。

中华人民共和国教育部:《全日制义务教育语文课程标准》,北京师范大学出版社 2022 年版。

中华人民共和国教育部:《全日制义务教育语文课程标准(实验稿)》,北京师范大学出版社 2001 年版。

朱绍禹:《中学语文课程与教学论》,高等教育出版社 2005 年版。

朱永涛:《美国价值观——一个中国学者的探讨》,外语教学与研究出版社 2002 年版。

(三) 译著类

[德] 弗兰茨·奥本海:《论国家》,沈蕴芳等译,商务印书馆 1994 年版。

[加] 卡列维·霍尔斯蒂:《和平与战争:1648—1989 年的武装冲突与国际秩序》,王浦劬译,北京大学出版社 2005 年版。

[美] 亚历山大·温特:《国际政治的社会理论》,秦亚青译,上海人民出版社 2000 年版。

[美] 本尼迪克特·安德森:《想象的共同体:民族主义的起源与散步》,吴叡人译,上海人民出版社 2011 年版。

[美] 约瑟夫·劳斯:《知识与权力:走向科学的政治哲学》,盛晓明等译,北京大学出版社 2004 年版。

[美] 约瑟夫·奈:《软力量:世界政坛成功之道》,吴晓辉等译,东方出版社 2005 年版。

[美] 约瑟夫·奈:《硬权力与软权力》,门洪华译,北京大学出版社 2005 年版。

[英] 埃里克·霍布斯鲍姆:《民族与民族主义》,李金梅译,上海人民出版社 2006 年版。

[英] 安东尼·史密斯:《民族主义:理论、意识形态、历史》,叶江译,上海人民出版社 2006 年版。

[英] 理查德·斯坦利·彼得斯:《道德发展与道德教育》,邬冬星译,浙江教育出版社 2000 年版。

[英] 诺曼·费尔克拉夫:《话语与社会变迁》,殷晓蓉译,华夏出版社 2003 年版。

[英] 斯图尔特·霍尔:《表征:文化表征与意指实践》,徐亮等译,商务

印书馆2013年版。

（四）期刊类

阿幕由：《影响中国国家形象的现实因素分析》，《中国报业》2016年第22期。

曹明海、史洁：《语文教材的文化建构理念与模型》，《山东师范大学学报》（人文社会科学版）2007年第1期。

常安：《国族主义的话语建构与边疆整合（1928—1949）》，《法律和社会科学》2014年第2期。

陈昌升：《权力的祛魅——论摩根索在〈国家间政治〉中对威望因素的遮蔽》，《国际论坛》2007年第3期。

陈金龙：《新中国初期的纪念活动与国家形象建构》，《新视野》2012年第4期。

陈蓉：《浅议国家形象传播观念：国家观与国际观》，《现代传播》2014年第7期。

陈向阳：《中国领袖的天下情怀——学习贯彻习近平"人类命运共同体"战略思想》，《人民论坛》2017年第28期。

陈宗章：《文化生态意识与"学习共同体"的建构》，《南京社会科学》2010年第3期。

程曼丽：《大众传播与国家形象塑造》，《国际新闻界》2007年第3期。

程平源：《对殷周之变的再探讨——以殷周"德"义变迁为线索》，《江苏社会科学》2005年第3期。

村田雄二郎：《孙中山与辛亥革命时期的"五族共和"论》，《广东社会科学》2004年第5期。

达尼埃尔－亨利·巴柔、孟华：《比较文学意义上的形象学》，《中国比较文学》1998年第4期。

代悦、张永红：《文化自信与国家形象的逻辑关系》，《人民论坛》2019年第26期。

董海洲：《从"身份"到"场所"——属人法连结点的历史与发展》，《法学家》2010年第1期。

董珂：《初中语文教科书中"人物形象"价值取向的转型——以人教社78

年、93年、07年版教科书为例》,《教学管理与教育研究》2016年第11期。

范红、胡钰:《国家形象与传播战略》,《新闻战线》2016年第1期。

范晓玲、苏燕:《丝绸之路文化融入研究——哈萨克斯坦历史教科书中的中国形象》,《新疆大学学报》(哲学·人文社会科学版)2016年第4期。

方长平、冯秀珍:《国家利益研究的范式之争:新现实主义、新自由主义和建构主义》,《国际论坛》2002年第4期。

冯惠玲、胡百精:《北京奥运会与文化中国国家形象构建》,《中国人民大学学报》2008年第4期。

高廉怡、郑富兴:《论全球化时代国家认同感的培养》,《比较教育研究》2002年第1期。

郭澍:《试论国家的观念发展的几个阶段》,《政治学研究》1989年第5期。

韩彩英、殷杰:《认识活动实在性的语言符号表征》,《科学技术与辩证法》2005年第2期。

郝志军:《教材建设作为国家事权的政策意蕴》,《教育研究》2020年第3期。

贺东航、慕良泽:《全球化背景下现代国家构建的检视与反思》,《当代世界与社会主义》2008年第1期。

贺东航、谢伟民:《新中国国家认同的历程》,《当代中国史研究》2012年第6期。

洪宗礼、柳士镇、倪文锦:《〈母语教材研究〉总论》,《全球教育展望》2007年第7期。

胡定荣:《教材分析:要素、关系和组织原理》,《课程·教材·教法》2013年第2期。

胡发贵:《诚信、修身、知耻、行善:中国传统美德研究笔谈:"人无信不立"》,《学海》2007年第6期。

黄金辉、丁忠毅:《中国国家软实力研究述评》,《社会科学》2010年第5期。

李丹：《政治传播视角下主流媒体的政府形象塑造——以〈人民日报〉的精准扶贫报道为样本》，《江汉学术》2018年第6期。

李格琴：《大国成长与中国的国家形象塑造》，《现代国际关系》2008年第10期。

李洁：《论历史观、民族观、国家观、文化观的新时代意涵》，《高校马克思主义理论研究》2019年第4期。

李青、苑昌昊、李广：《小学语文课程性质研究70年回顾与展望》，《现代教育管理》2020年第7期。

李武装：《国家形象塑造与民族文化认同：思想史的视角——基于梁启超的思想转变对晚清以降中国民族主义思想所做的审视》，《青海社会科学》2019年第2期。

李智：《"中国想象"塑造的变化——对1978年后两版小学语文教科书的对比分析》，《社会科学论坛》2014年第10期。

林震：《论台湾民主化进程中的国家认同问题》，《台湾研究集刊》2001年第2期。

刘超：《孔子形象：历史知识与社会意识——以清末民国时期中学历史教科书中的孔子叙述为中心》，《安徽大学学报》（哲学社会科学版）2009年第5期。

刘丹凌：《国家形象建构：作为表征意指实践的"文化循环"》，《南京社会科学》2016年第4期。

刘根成：《新加坡价值观教育对社会主义核心价值观教育的启示》，《亚太教育》2016年第21期。

刘洁、白启鹏：《马克思主义中国化的民族性内涵新论》，《理论学刊》2014年第4期。

刘晶晶：《语文学科核心素养：内涵及构成》，《教育探索》2016年第11期。

刘茂军、孟凡杰：《课程改革的意识形态话语分析》，《国家教育行政学院学报》2015年第2期。

刘小燕：《从国民形象传播看国家文明形象的构建》，《国际新闻界》2007年第3期。

刘云：《土改与现代民族国家的生成——重读〈暴风骤雨〉与〈太阳照在桑干河上〉》，《小说评论》2008 年第 6 期。

陆韵：《人教版小学语文教科书儿童形象的课程社会学分析》，《现代中小学教育》2015 年第 5 期。

吕梦含：《润物无声 爱国有声——语文教科书"国家形象"的建构与实效》，《湖南师范大学教育科学学报》2016 年第 5 期。

罗晓婷：《"我将无我，不负人民"：习近平的敬业观及其力行》，《陕西师范大学学报》（哲学社会科学版）2019 年第 3 期。

罗志田：《探索主体性：近代天下崩解后国家与文化的紧张——兼及"中国本位文化"的争论》，《社会科学战线》2018 年第 1 期。

马得勇：《国家认同、爱国主义与民族主义——国外近期实证研究综述》，《世界民族》2012 年第 3 期。

门洪华：《建构新自由制度主义的研究纲领——关于〈权力与相互依赖〉的一种解读》，《美国研究》2002 年第 4 期。

门洪华：《罗伯特·基欧汉学术思想述评》，《美国研究》2004 年第 4 期。

倪文锦：《准确认识与把握语文课程性质》，《语文建设》2017 年第 19 期。

邱柏生：《论文化自觉、文化自信需要对待的若干问题》，《思想理论教育》2012 年第 1 期。

任丹凤：《新教材设计：突出三重对话功能》，《课程·教材·教法》2004 年第 7 期。

邵东方：《孟子和亚里士多德的早期国家观》，《江淮论坛》1987 年第 1 期。

邵晓霞、傅敏：《论文化身份认同类型学理论及其对民族团结教育课程的启示》，《贵州民族研究》2011 年第 1 期。

沈汪兵、袁媛：《创造性思维的社会文化基础》，《心理科学进展》2015 年第 7 期。

沈晓敏、权五铉：《中国社会科教科书中的国家形象透析——以人教版和科教版〈品德与社会〉为例》，《全球教育展望》2010 年第 12 期。

石鸥、赵长林：《科学教科书的意识形态》，《教育研究》2004 年第 6 期。

石中英：《从〈反思教育〉中的四个关键概念看教育变革新走向》，《人民教育》2017年第18期。

宋立顺：《论马基雅维利〈君主论〉一书中的"重民"思想》，《学理论》2012年第20期。

苏特·加利、李开：《斯图亚特·霍尔：最后的访谈》，《国外社会科学》2017年1月。

孙欢、廖小平：《人类共同价值与国家价值安全》，《伦理学研究》2019年第1期。

孙立会：《关于电子教科书的争议、正确理解与科学使用》，《课程·教材·教法》2014年第3期。

孙素英：《论语文教材的单元组织》，《首都师范大学学报》（社会科学版）1998年第1期。

孙向晨：《民族国家、文明国家与天下意识》，《探索与争鸣》2014年第9期。

汤拥华：《重审比较文学视域内的"文学性"问题——从韦勒克到罗蒂的考察》，《文艺争鸣》2016年第8期。

王宝贵：《生之为人的尊严：意志自由与理性自律——康德道德人格分析》，《重庆交通大学学报》（社会科学版）2011年第1期。

王光龙：《论周初敬德保民思想对老子哲学的影响》，《西南民族大学学报》（人文社科版）1994年第3期。

王晴川、方舒：《北京奥运与建构国家形象的思考》，《当代传播（汉文版）》2008年第4期。

王学俭、施泽东：《新中国70年党的育人目标的演进与发展》，《马克思主义理论学科研究》2019年第6期。

王曰美：《殷周之际德治思想构建的主体性探析》，《道德与文明》2014年第1期。

王卓君、何华玲：《全球化时代的国家认同：危机与重构》，《中国社会科学》2013年第9期。

吴鲁平、刘涵慧、王静：《公民国家认同的特点及其与对外接纳度的关系研究——来自ISSP（2003）的证据》，《国际社会科学杂志》（中文版）2010年第1期。

吴小鸥：《教科书，本质特性何在？——基于中国百年教科书的几点思考》，《课程·教材·教法》2012年第2期。

吴小鸥、雷熙：《新中国语文教科书60年之演进》，《湖南师范大学教育科学学报》2015年第10期。

吴小鸥、李想：《中小学教材建设对中华优秀传统文化的创造性转化》，《教育研究》2019年第8期。

谢晓光、李彦东：《构建社会主义核心价值观的国际话语权："自我"与"他者"语境》，《江南社会学院学报》2017年第3期。

谢翌、马云鹏、张治平：《新中国真的发生了八次课程改革吗？》，《教育研究》2013年第2期。

徐新建：《语言的裂变与文化的整合——瑶族多语文现象的时代特征》，《贵州民族研究》1994年第3期。

徐佑翔：《生命教育中融入社会主义核心价值观的思考与实践》，《上海教育科研》2020年第6期。

许纪霖：《现代中国的民族国家认同》，《世界经济与政治论坛》2005年第6期。

许章润：《论"家国天下"——对于这一伟大古典汉语修辞义理内涵的文化政治学阐发》，《学术月刊》2015年第10期。

闫闯、郑航：《小学德育教科书中传统文化教育的嬗变——以四套人教版小学德育教科书为文本》，《课程·教材·教法》2015年第10期。

杨代雄：《伦理人概念对民法体系构造的影响——民法体系的基因解码之一》，《法制与社会发展》2008年第6期。

杨和狄：《习近平：中国要永远做一个学习大国》，《当代社科视野》2014年7月。

杨明全：《儒家伦理课程对现代文化价值观的形塑：新加坡的经验与启示》，《比较教育研究》2014年第6期。

杨文炯：《从民族自在到民族自觉——近代至抗战时期中华民族的觉醒与国家认同的熔铸》，《北方民族大学学报》2015年第4期。

杨宜勇：《习近平经济思想开启中国经济新篇章》，《人民论坛》2017年第34期。

叶波：《教科书本质：历史谱系与重新思考》，《课程·教材·教法》2018年第9期。

叶江：《当代西方的两种民族理论——兼评安东尼·史密斯的民族（nation）理论》，《中国社会科学》2002年第1期。

余治平：《差异、本质与辩证法的误读——本体论对认识论的抗争》，《宁夏大学学报》（人文社会科学版）2003年第2期。

俞明雅、范蔚：《社会主义核心价值观融入语文教科书的限度及实现》，《教育科学研究》2018年第7期。

虞伟庚：《教科书与社会控制》，《社会科学战线》2013年第2期。

郁建兴：《黑格尔的国家观》，《政治学研究》1999年第3期。

曾河山：《从英法韩文化战略看国家形象的塑造》，《对外传播》2007年第2期。

曾楠：《试论政治仪式强化国家认同的逻辑演进》，《高校马克思主义理论研究》2018年第1期。

曾润喜、杨喜喜：《国外媒体对中国公共政策议题的舆情解读与形象建构——基于计划生育政策议题的案例分析》，《西南民族大学学报》（人文社会科学版）2017年第2期。

张汉：《质性研究与量化研究是截然对立的吗？——社会科学研究中的本体论和认识论辨析》，《国外理论动态》2016年第5期。

张静、马超：《论习近平人类命运共同体思想对中华传统文化的传承与超越》，《学术论坛》2017年第4期。

张昆、王创业：《考量国家形象的政治维度》，《陕西师范大学学报》（哲学社会科学版）2017年第1期。

张奇伟：《仁义礼智四位一体——论孟子伦理哲学思想》，《吉林大学社会科学学报》2001年第3期。

张伟：《国家形象的文化塑造——基于价值认同的视角》，《理论视野》2017年第3期。

张锡金：《霍布斯人权思想论要》，《学海》2002年第5期。

张燕华、郑国民：《教科书属性分类的理论框架及运用——以语文教科书为例》，《课程·教材·教法》2013年第4期。

张毓强:《国家形象刍议》,《现代传播》2002 年第 2 期。

钟君:《论马克思主义中国化理论创新的方法论特征》,《西北大学学报》(哲学社会科学版) 2009 年第 4 期。

周东华:《坚定文化自信 建设社会主义文化强国》,《党政论坛》2017 年第 12 期。

周宁:《跨文化形象学:当下中国文化自觉的三组问题》,《厦门大学学报》(哲学社会科学版) 2008 年第 6 期。

周宁:《跨文化形象学:问题与方法的困境》,《厦门大学学报》(哲学社会科学版) 2012 年第 5 期。

周宁:《在西方现代性想象中研究中国形象》,《南京大学学报》(哲学·人文科学·社会科学版) 2008 年第 4 期。

周泽之:《费希特政治哲学初探》,《深圳大学学报》(人文社会科学版) 1993 年第 4 期。

朱勇:《中国古代社会基于人文精神的道德法律共同治理》,《中国社会科学》2017 年第 12 期。

朱振明:《权力的消失:被扭曲的福柯——基于〈话语与社会变迁〉的分析》,《国际新闻界》2020 年第 42 期。

邹威华、刘波:《斯图亚特·霍尔的"撒切尔主义"研究》,《南京社会科学》2012 年第 11 期。

(五) 学位论文类

董军:《国家形象是如何可能的——"中国威胁论"的话语生产》,博士学位论文,复旦大学,2013 年。

董入雷:《服装符号与中国国家形象建构研究》,博士学位论文,外交学院,2017 年。

韩艳梅:《语文教科书编制研究》,博士学位论文,华东师范大学,2004 年。

李广:《中日小学语文课程价值取向跨文化研究》,博士学位论文,东北师范大学,2008 年。

李凯:《全球性媒介事件与国家形象的建构和传播——奥运的视角》,博士学位论文,复旦大学,2005 年。

刘景超：《清末民初女子教科书文化传承与创新之研究》，博士学位论文，湖南师范大学，2014年。

蒙慧林：《中国大陆出境旅游公民的媒介形象研究——以联合早报网为例》，博士学位论文，西南大学，2016年。

蒙象飞：《中国国家形象建构中文化符号的运用与传播》，博士学位论文，上海外国语大学，2014年。

孟慧丽：《话语权博弈：中国事件的外媒报道与中国媒体应对》，博士学位论文，复旦大学，2012年。

邵静：《〈纽约时报〉和〈华盛顿邮报〉的涉华报道研究》，博士学位论文，上海大学，2011年。

沈琬：《中国国家形象之建构：一种品牌国家形象的研究》，博士学位论文，复旦大学，2013年。

吴小鸥：《清末民初教科书的启蒙诉求》，博士学位论文，湖南师范大学，2009年。

吴也东：《晚清中小学历史教科书与近代国家观念的塑造》，硕士学位论文，扬州大学，2015年。

县祥：《当代中国国家形象构建研究》，博士学位论文，西南财经大学，2011年。

于源溟：《预成性语文课程基点批判》，博士学位论文，湖南师范大学，2004年。

张建琴：《20世纪上半叶美国电影中的中国形象》，博士学位论文，辽宁大学，2016年。

邹雅艳：《13—18世纪西方中国形象演变》，博士学位论文，南开大学，2012年。

（六）电子文献

崔清新、崔静、胡浩：《百川奔流终归海 同心筑梦正当时——党的十八大以来形成最大规模留学人才"归国潮"》（http://www.rmzxb.com.cn/c/2017-02-22/1357131.shtml）。

施歌：《习近平在上海考察》，2014年5月，新华网（http://www.xinhuanet.com//photo/2014-05/24/c_126543488.htm）。

童黎（编译）：《美媒：最新国家形象德国居首，西方国家在前十有绝对优势》，2017 年 11 月，观察者网（https：//www.guancha.cn/global-news/2017_11_19_435490.shtml）。

颜晓峰：《中华优秀传统文化是实现中国梦的深厚软实力》，2016 年 2 月，国务院新闻办公室网站（http：//www.scio.gov.cn/m/32621/32640/Document/1468797/1468797_1.htm）。

中共中央纪律检查委员会、中共中央文献研究室：《习近平关于党风廉政建设和反腐败斗争论述摘编》（一），2015 年 1 月，中国共产党新闻网（http：//theory.people.com.cn/n/2015/0116/c392503-26397745.html）。

中国外文局、凯度华通明略、Lightspeed：《中国国家形象全球调查报告 2016-2017》，2018 年 1 月，中国政府网（http：//www.gov.cn/xinwen/2018-01/06/content_5253734.htm）。

二 外文文献

（一）著作类

Alayan Samira, *History Curricula And Textbooks in Palestine: Between Nation Building And Quality Education*, New York: Oxford University Press, Politics of Education Reform in The Middle East. Self And Other in Textbooks And Curricula, 2012.

Beresniova Christine, "An Unimagined Community?", *Constructing Memory*, 2014.

Cox Cristián and Carolina García, *Evolution of Citizenship Education in Chile: Recent Curricula Compared*, Rotterdam: Civics And Citizenship, Brill Sense, 2017.

Hall Kira and Mary Bucholtz eds., *Gender Articulated: Language And The Socially Constructed Self*, London & New York: Routledge, 1995.

Henderson Deborah and Joseph Zajda, *The National Curriculum And History School Textbooks in Australia And The Russian Federation*, Springer, Cham: Globalisation, Ideology And Politics of Education Reforms, 2015.

Khamsi Khatera and Paul Morris, ConstructingThe Nation: Portrayals of National Identity in Singapore's School Textbook Narratives of the Japanese Occupation. Controversial History Education in Asian Contexts, New York: Routledge, 2014.

Kiros Teodros, *Self – Construction And the Formation of Human Values: Truth, Language, And Desire*, Santa Barbara: Greenwood Press, 1998.

Kizilyürek Niyazi, *National Memory and Turkish – Cypriot Textbooks*, Braunschweig: Internationale Schulbuch for Schung, 1999.

Lee D. B, "New Ideologies of Everyday Life in South Korean Language Textbooks", *Struggles over Difference: Curriculum, Texts, And Pedagogy in the Asia – Pacific*, 2005.

Lee Suman, *A Theoretical Model of National Image Processing and International Public Relations*, New York: Syracuse University.

Lee Yoonmi, *Modern Education, Textbooks, And the Image of The Nation: Politics and Modernization and Nationalism in Korean Education: 1880 – 1910*, New York: Routledge, 2012.

Moscovici Serge and W. D. Halls, *The Invention of Society: Psychological Explanations for Social Phenomena*, Polity Press, 1993.

Moscovici Serge, "*The Making of Modern Social Psychology: The Hidden Story of How an International Social Science was Created*", *Psychoanalysis, Its Image And Its Public*, 2008.

Moscovici Serge, *Why A Theory of Social Representations*? Representations of The Social: Bridging Theoretical Traditions, Oxford: Blackwell Publishing, 2001.

Ngo Federick J., "Revision for Rights?: Nation – Building through Post – War Cambodian Social Studies Textbooks, 1979 – 2009", *Constructing Memory*, 2014.

Or Iair G. and Elana Shohamy, *Contrasting Arabic and Hebrew Textbooks in Israel: A Focus on Culture. Language, Ideology and Education*, New York: Routledge, 2015.

Rasiwasia Nikhil, *Semantic Image Representation for Visual Recognition*, San Diego: University of California.

Silova Iveta, et al., "Pedagogies of Space: (Re) mapping Territorities, Borders, And Identities in Post‐Soviet Textbooks", *Constructing Memory*, 2014.

Unesco, *Education in A Multilingual World: UNESCO Education Position Paper*, Pairs: Unesco, 2003.

(二) 期刊类

Asanova Jazira, "Teaching The Canon? Nation‐building and Post‐Soviet Kazakhstan's Literature Textbooks", *Compare*, Vol. 37, No. 3, June 2007.

Aström Elmersjö Henrik, "The Meaning and Use of 'Europe' in Swedish History Textbooks, 1910‐2008", *Education inquiry*, Vol. 2, No. 1, March 2011.

Bannister Jim P. and John A. Saunders, "UK Consumers' Attitudes towards Imports: The Measurement of National Stereotype Image", *European Journal of marketing*, Vol. 12, No. 8, August 1978.

Bauer Martin W. and George Gaskell, "Social Representations Theory: A Progressive Research Programme for Social Psychology", *Journal for The Theory of Social Behaviour*, Vol. 38, No. 4, December 2008.

Blakkisrud Helge and Shahnoza Nozimova, "History Writing and Nation Building in Post‐independence Tajikistan", *Nationalities Papers*, Vol. 38, No. 2, March 2010.

Boulding Kenneth E., "National Images and International Systems", *The Journal of Conflict Resolution*, Vol. 3, No. 2, February‐March 1959.

Bromley Patricia, "Legitimacy and The Contingent Diffusion of World Culture: Diversity and Human Rights in Social Science Textbooks, Divergent Cross‐national Patterns (1970‐2008)", *Canadian Journal of Sociology*, Vol. 39, No. 1, Jaunuary 2014.

Campos Pedro Humberto Faria and Rita de Cássia Pereira Lima, "Social Positions And Groups: New Approximations between Pierre Bourdieu's Sociology And Social Representation Theory", *Culture & Psychology*, Vol. 23, No. 1,

July 2017.

Coman, Paul, "Reading about the Enemy: School Textbook Representation of Germany's Role in the War with Britain during the Period from April 1940 to May 1941", *British Journal of Sociology of Education*, Vol. 17, No. 3, July 1996.

Dror Yuval, "Textbook Images as A Means of 'Nation/State Building': Zionist Geographical Textbooks 1918 to 1948", *History of Education Review*, Vol. 33, No. 2, October 2004.

Elgueta-Cancino Edith, et al., "Motor Cortex Representation of Deep and Superficial Neck Flexor Muscles in Individuals with and without Neck Pain", *Human Brain Mapping*, Vol. 40, No. 9, May 2019.

Finlayson Alan, "Psychology, Psychoanalysis and Theories of Nationalism", *Nations And Nationalism*, Vol. 4, No. 2, Apirl 1998.

Garcia Jesus., "The Changing Image of Ethnic Groups in Textbooks", *The Phi delta Kappan*, Vol. 75, No. 1, September 1993.

Ghosh Shreya, "Identity, Politics, And Nation-building in History Textbooks in Bangladesh", *Journal of Educational Media, Memory, And Society*, Vol. 6, No. 2, November 2014.

Grever Maria, and Tina Van der Vlies, "Why National Narratives are Perpetuated: A Literature Review on New Insights from History Textbook Research", *London Review of Education*, Vol. 15, No. 2, July 2017.

Gulliver Trevor, "Banal Nationalism in ESL Textbooks", *Canadian Journal of Education*, Vol. 34, No. 3, October 2011.

Haas Claus R, "The History Canon Project as Politics of Identity: Renationalizing History Education in Denmark", *History Education Research Journal*, Vol. 15, No. 2, October 2018.

Herrmann Richard K., et al., "Images in International Relations: An Experimental Test of Cognitive Schemata", *International Studies Quarterly*, Vol. 41, No. 3, September 1997.

Hilburn Jeremy and Paul G. Fitchett, "The New Gateway, An Old Paradox:

Immigrants and Involuntary Americans in North Carolina History Textbooks", *Theory & Research in Social Education*, Vol. 40, No. 1, March 2012.

Hirsch Irwin, "Special Issue on Psychoanalysis And The Media: Discussion – Portrayal of Psychoanalytic Therapists in The Media", *Contemporary Psychoanalysis*, Vol. 46, No. 2, October 2010.

Holmén Janne, "Nation – Building in Kenyan Secondary School Textbooks", *Education Inquiry*, Vol. 2, No. 1, March 2011.

Kartal Cemile Burcu, "The New Turkey – National Geography: National Identity in Geography Textbooks 1923 – 1928", *International Journal of Turcologia*, Vol. 11, No. 23, Apirl 2017.

Kelman Herbert C., and Lotte Bailyn, "Effects of Cross – cultural Experience on National Images: A Study of Scandinavian Students in Americal", *The Journal of Conflict Resolution*, Vol. 6, No. 4, December 1962.

Klein Stephan, "Preparing to Teach a Slavery Past: History Teachers and Educators as Navigators of Historical Distance", *Theory & Research in Social Education*, Vol. 45, No. 1, March 2017.

Korostelina Karina, "Constructing Nation: National Narratives of History Teachers in Ukraine", *National Identities*, Vol. 15, No. 4, October 2013.

Lerch Julia C., S. Garnett Russell, and Francisco O. Ramirez, "Wither the Nation – state? A Comparative Analysis of Nationalism in Textbooks", *Social Forces*, Vol. 96, No. 1, July 2017.

Luzón María – José, "Constructing Academic Identities Online: Identity Performance in Research Group Blogs Written by Multilingual Scholars", *Journal of English for Academic Purposes*, Vol. 33, No. 3, May 2018.

Marcus L., "Self – Construct", *Schoolarts the Art Education Magazine for Teachers*, Vol. 110, No. 8, Apirl 2011.

Martin Ingrid M. and Sevgin Eroglu. "Measuring a Multi – dimensional Construct: Country Image", *Journal of Business Research*, Vol. 28, No. 3, November 1993.

Matušková Alena and Magdalena Rousová, "Czech – German Relations in the

Context of Shadows of the Past And Geographical Education", *Journal of Geography*, Vol. 113, No. 1, October 2014.

Mentz Olivier, "The Development of Nation and Europe in French Geography Textbooks since 1945", *International Research in Geographical and Environmental Education*, Vol. 12, No. 3, September 2003.

Michaels Deborah L, "Holocaust Education in the 'Black Hole of Europe': Slovakia's Identity Politics and History Textbooks Pre – and Post – 1989", *Holocaust Education: Promise, Practice, Power and Potential*, Vol. 24, No. 1 – 2, May 2013.

Moon Rennie J. and Jeong – Woo Koo, "Global Citizenship and Human Rights: A Longitudinal Analysis of Social Studies and Ethics Textbooks in the Republic of Korea", *Comparative Education Review*, Vol. 55, No. 4, November 2011.

Moscovici Serge, "Notes Towards a Description of Social Representations", *European journal of Social Psychology*, Vol. 18, No. 3, July 1988.

Moscovici Serge, "The Myth of the Lonely Paradigm: A Rejoinder", *Social research*, Vol. 51, No. 4, December 1984.

Nasser Riad, "Exclusion and the Making of Jordanian National Identity: An Analysis of School Textbooks", *Nationalism & Ethnic Politics*, Vol. 10, No. 2, October 2007.

Poonam T., T. V. Prasad, and M. S. Aswal, "Comparative Study of Three Declarative Knowledge Representation Techniques", *International Journal of Advanced Trends in Computer Science and Engineering*, Vol. 2, No. 7, July 2010.

Popow Monika, "The Analysis of Discursive Constructions of National Identity in Polish Literature Textbooks", *IARTEM e – Journal*, Vol. 6, No. 2, August 2014.

Ramdas Kamalini, Elaine Lynn – Ee Ho and Chih Yuan Woon, "Changing Landscapes as Text: Geography And National Education in Singapore", *Area*, Vol. 50, No. 1, March 2018.

Raudsepp Maaris, "Why Is It So Difficult to Understand The Theory of Social

Representations?", *Culture & Psychology*, Vol. 11, No. 4, December 2005.

Saigol Rubina, "Enemies Within and Enemies Without: The Besieged Self in Pakistani Textbooks", *Futures*, Vol. 37, No. 9, January 2005.

Sakki Inari, "Raising European Citizens: Constructing European Identities in French and English Textbooks", *Journal of Social and Political Psychology*, Vol. 4, No. 1, June 2016.

Sakki Inari, "Social Representations of European Integration as Narrated by School Textbooks in Five European Nations", *International Journal of Intercultural Relations*, Vol. 43, No. 10, August 2014.

Salem-Gervais Nicolas, and Rosalie Metro, "A Textbook Case of Nation-building: the Evolution of History Curricula in Myanmar", *Journal of Burma Studies*, Vol. 16, No. 1, June 2012.

Saripudin Didin and Kokom Komalasari, "The Development of Multiculturalism Values in Indonesian History Textbook", *American Journal of Applied Sciences*, Vol. 13, No. 6, June 2016.

Shackleton R., "Review La Littérature Comparée Guyard, M.-F", *French Studies*, Vol. 6, No. 4, October 1952.

Sinha Roy Ishita. "Worlds Apart: Nation-branding on the National Geographic Channel", *Media, Culture & Society*, Vol. 29, No. 4, July 2007.

Soda Naoki, "The Malay World in Textbooks: The Transmission of Colonial Knowledge in British Malaya", *Japanese Journal of Southeast Asian Studies*, Vol. 39, No. 2, September 2001.

Tan Bee Piang, Noor Banu Mahadir Naidu and Zuraini Jamil, "Moral Values And Good Citizens in A Multi-ethnic Society: A Content Analysis of Moral Education Textbooks in Malaysia", *The Journal of Social Studies Research*, Vol. 42, No. 2, Apirl 2018.

Van der Vlies Tina, "Multidirectional War Narratives in History Textbooks", *Paedagogica Historica*, Vol. 52, No. 3, March 2016.

Vom Hau Matthias, "Unpacking The School: Textbooks, Teachers, And the

Construction of Nationhood in Mexico, Argentina, and Peru", *Latin American Research Review*, Vol. 44, No. 3, Janurary 2010.

Vural Yücel and Evrim Özuyanık, "Redefining Identity in the Turkish – Cypriot School History Textbooks: A Step towards A United Federal Cyprus", *South European Society and Politics*, Vol. 13, No. 2, June 2008.

Wagner Wolfgang, Nicole Kronberger and Franz Seifert, "Collective Symbolic Coping with New Technology: Knowledge, Images and Public Discourse", *British Journal of Social Psychology*, Vol. 41, No. 3, December 2002.

Wang Hongying. "NationalImage Building and Chinese Foreign Policy", *China: An International Journal*, Vol. 1, No. 1, March 2003.

Weiner Daniela RP, "Tendentious Texts: Holocaust Representations and Nation – rebuilding in East German, Italian, And West German Schoolbooks, 1949 – 1989", *Journal of Modern Jewish Studies*, Vol. 17, No. 3, November 2018.

Xie Tao, and Benjamin I. Page., "What Affects China's National Image? A Cross – national Study of Public Opinion", *Journal of Contemporary China*, Vol. 22, No. 83, May 2013.

后　记

　　教材国家形象建设的相关问题，一直是我所感兴趣的研究领域。2016年，我开始跟随刘学智教授进行教材研究工作，从基础的教材概念、教材内容、教材结构等问题出发，逐层递进式剥开教材的现象学外衣，最终选取教材国家形象作为研究方向。从那时起，我就常常思考"何为国家""何为国家形象""何为教材国家形象"等问题，并查阅国内外大量资料，试图解决这些疑惑。本书即是在解惑过程中我对这些问题思考的阶段性成果。

　　本书的完成离不开众多人的帮助。感谢史万兵教授、李广海教授对于出版此书的鼓励与支持。感谢编辑赵丽女士对本书出版所做的全部努力。感谢刘学智教授对本书形成过程中给予的指导。没有你们的帮助，这本书将无法完成。

　　本书虽然即将画上句号，但教材国家形象建设的相关研究还将继续。修改、校对本书的过程中，我跟随最初的探究逻辑重新思考了教材国家形象建设的本源性问题，进一步认为新时代教材国家形象建设问题的核心在于教材国家形象话语体系的建构，即国家形象话语体系在教材话语体系中同化、顺应、融合与平衡的问题，这需要在兼顾国家形象话语属性与教材话语属性基础之上，探究教材国家形象话语体系建构的方法论，以此回应教材国家形象建设中的热点问题。这也是未来要深入探究的方向。